体育旅游公共服务理论构建与实践研究

张松奎　曹芳平　著

中国矿业大学出版社
·徐州·

内 容 提 要

本书以体育旅游中的公共服务问题为核心关注点,以需求侧管理促进供给侧改革,立足于需求牵引供给、供给创造需求的动态均衡逻辑,以体育旅游者的服务需求为纽带,综合运用公共服务、公共产品、公共管理等跨学科的相关理论和知识,从供需平衡的视角,明确体育旅游公共服务"是什么""为什么""怎么样"等基本问题,涉及体育旅游公共服务为谁服务、谁来提供服务、提供什么服务、在什么发展阶段提供、在什么地域范围提供、为什么提供、如何提供等,以此构建体育旅游公共服务理论框架并进行实践研究。

图书在版编目(CIP)数据

体育旅游公共服务理论构建与实践研究/张松奎,
曹芳平著.—徐州:中国矿业大学出版社,2023.10
ISBN 978 - 7 - 5646 - 6048 - 2

Ⅰ.①体… Ⅱ.①张… ②曹… Ⅲ.①体育-旅游业
-公共服务-研究-中国 Ⅳ.①F592.3

中国国家版本馆 CIP 数据核字(2023)第 216610 号

书 名	体育旅游公共服务理论构建与实践研究	
著 者	张松奎 曹芳平	
责任编辑	何晓明 何 戈	
出版发行	中国矿业大学出版社有限责任公司	
	(江苏省徐州市解放南路 邮编 221008)	
营销热线	(0516)83885370 83884103	
出版服务	(0516)83995789 83884920	
网 址	http://www.cumtp.com E-mail:cumtpvip@cumtp.com	
印 刷	苏州市古得堡数码印刷有限公司	
开 本	787 mm×1092 mm 1/16 印张 11.75 字数 230 千字	
版次印次	2023 年 10 月第 1 版 2023 年 10 月第 1 次印刷	
定 价	48.00 元	

(图书出现印装质量问题,本社负责调换)

前　言

　　我国体育旅游学科至今没有在国家知识体系创新的学科建设系统中受到足够重视的一个根本原因,就是理论体系建构不足,即缺乏体育旅游研究中自己形而上的理论架构和认知体系,以至于人们经常使用体育旅游的表面现象作为体育旅游研究中的核心概念进行表述。新发展阶段亟待更多的体育及旅游学者从致敬传统的学术研究转向面向未来的体育旅游理论体系建设。因此,提出体育旅游研究的科学问题,搭建体育旅游学科的科学理论体系,是体育旅游科学研究中亟须解决的重要课题。

　　体育旅游公共服务是旅游公共服务建设的主要内容之一,也是我国公共服务建设的重要组成部分,同时也是一个需要不断发展和逐步完善的系统体系。随着我国国际地位的不断提升和影响力的日益扩大,国民经济持续、快速增长以及国家扩大内需、促进消费和加快发展服务业等一系列方针、政策的颁布和实施,我国体育旅游经济与市场服务进入快速发展期。然而,体育旅游领域中的公共服务却显得捉襟见肘,无法满足大众旅游和全民健身时代体育旅游者的多元化服务需求。目前,国内外学界和业界针对体育旅游公共服务的研究还比较缺乏,体育旅游公共服务实践还处于初级探索阶段,客观上需要相关的理论支撑和实践论证。当代体育旅游公共服务发展理论的建设过程,也是与体育旅游业发展实践紧密互动、通过思想赋能和价值引领推进体育旅游公共服务高质量发展的过程。没有实践支撑的理论是空洞的,没有理论指导的实践则是盲目的。

　　党的十八大以来,全民健身和健康中国上升为国家战略,促进了体育旅游需求和供给的快速增长。《"十四五"公共服务规划》(发改社会〔2021〕1946号）明确指出："公共服务关乎民生，连接民心。"人民群众日益增长的美好生活需求对公共服务体系提出了新的更高要求。正如习近平总书记在党的二十大报告中所强调的那样："一切脱离人民的理论都是苍白无力的，一切不为人民造福的理论都是没有生命力的。"在习近平新时代中国特色社会主义思想的指引下，探索以人民为中心的体育旅游发展理论建构和实践问题，必须回答体育旅游发展的时代之问和新时代体育旅游的发展之问。

本研究以体育旅游中的公共服务问题为核心关注点，以需求侧管理促进供给侧结构性改革，立足于需求牵引供给、供给创造需求的动态均衡逻辑，以体育旅游者的服务需求为纽带，综合运用公共服务、公共产品、公共管理等跨学科的相关理论和知识，从供需平衡的视角，明确体育旅游公共服务"是什么""为什么""怎么样"等基本问题，涉及体育旅游公共服务为谁服务、谁来提供服务、提供什么服务、在什么发展阶段提供、在什么地域范围提供、为什么提供、如何提供等，以此构建体育旅游公共服务理论框架并进行实践研究。笔者希望在一定程度和范围内为我国体育旅游公共服务建设提供必要的理论支持和实践建议，通过完善体育旅游公共服务进一步丰富和拓展体育旅游研究体系的重要内容，发挥体育旅游业对推动经济社会发展的重要作用。

本书在撰写过程中参考了大量的文献，在此向相关文献作者表示感谢。由于水平所限，书中疏漏和不足之处在所难免，恳请同行专家和广大读者批评指正。

著 者

2023 年 10 月

目　　录

第一章　绪论 ……………………………………………………………… 1
　　第一节　研究背景与目的意义 ……………………………………… 1
　　第二节　研究思路与研究方法 ……………………………………… 9
　　第三节　研究主要创新点 …………………………………………… 11

第二章　研究综述 ………………………………………………………… 14
　　第一节　体育旅游研究综述 ………………………………………… 14
　　第二节　体育旅游公共服务研究综述 ……………………………… 19

第三章　体育旅游公共服务理论认知 …………………………………… 24
　　第一节　体育旅游相关概念辨析 …………………………………… 24
　　第二节　体育旅游公共服务范畴界定 ……………………………… 36

第四章　体育旅游公共服务体系理论框架构建 ………………………… 46
　　第一节　体育旅游公共服务体系基本架构 ………………………… 46
　　第二节　体育旅游公共服务体系系统结构与功能 ………………… 55

第五章　体育旅游公共服务供给机制 …………………………………… 58
　　第一节　体育旅游公共服务供给机制释义 ………………………… 58
　　第二节　体育旅游公共服务政府供给机制 ………………………… 61
　　第三节　体育旅游公共服务市场供给机制 ………………………… 69
　　第四节　体育旅游公共服务社会非营利组织供给机制 …………… 80
　　第五节　体育旅游公共服务多元主体合作供给机制 ……………… 89
　　第六节　体育旅游公共服务政府和市场协同创新机制 …………… 96

第六章　体育旅游公共服务多元化供给模式选择 ······· 101
　第一节　政府主导型体育旅游公共服务供给模式 ······· 102
　第二节　市场主导型体育旅游公共服务供给模式 ······· 105
　第三节　体育旅游公共服务社会非营利组织供给模式 ······· 108
　第四节　体育旅游公共服务综合联动供给模式 ······· 110

第七章　区域体育旅游公共服务合作建设 ······· 113
　第一节　区域体育旅游公共服务合作机制 ······· 113
　第二节　淮海经济区体育旅游资源开发布局 ······· 118
　第三节　淮海经济区体育旅游公共服务协同建设 ······· 124

第八章　体育旅游小镇建设规划与公共服务实践 ······· 133
　第一节　基于体旅融合的体育旅游小镇建设规划 ······· 133
　第二节　江苏体育小镇公共服务建设经验与启示 ······· 145

第九章　赛事体育旅游公共服务实践 ······· 156
　第一节　亚运会驱动下杭州赛事体育旅游公共服务建设 ······· 156
　第二节　赛事体育旅游安全事故典型案例剖析
　　　　　——以"白银马拉松事件"为例 ······· 164

第十章　体育旅游公共服务研究局限与发展建议 ······· 171
　第一节　体育旅游公共服务研究不足 ······· 171
　第二节　体育旅游公共服务发展建议 ······· 172

参考文献 ······· 176

第一章 绪 论

第一节 研究背景与目的意义

一、研究背景

随着我国经济的快速发展、社会文明程度的不断进步,人们的闲暇时间越来越多,对于健康和休闲的要求也越来越高,因而人们更加关注健康休闲生活方式的选择。现代旅游市场发展迅速,传统意义上的观光旅游已经无法满足人们的心理期望。体育旅游业作为体旅融合形成的新兴市场产业,正逐渐成为新时期我国居民休闲、健身、娱乐消费的新热点。体育旅游业是融实体经济与数字经济于一体的现代服务业,也是满足人民美好生活需要的幸福事业。大力发展体育旅游是丰富旅游产品体系、拓展旅游消费空间、促进旅游业转型升级的必然要求,也是开发体育资源、实现全民健身和全民健康深度融合、推动体育产业提质增效的必然选择,对于培育经济发展新动能、拓展经济发展新空间具有十分重要的现实意义。全面建成小康社会以来,人们对体育旅游产品与服务的个性化和品质化需求更加凸显,为适应和满足体育旅游爱好者日益增长的多样化、个性化、品质化的体育旅游产品与服务需求,对我国体育旅游公共服务体系建设研究势在必行。

（一）以人民为中心的发展理念引领体育旅游公共服务高质量发展

习近平总书记指出:"人民对美好生活的向往就是我们的奋斗目标"。[①]2023年2月,中国旅游研究院院长戴斌在接受《中国旅游报》采访时提出,旅游业与大众生活幸福感、获得感紧密相关,在国民经济中发挥着重要作用。在全面

---

① 王金雪.习近平接受俄罗斯电视台专访[N].人民日报,2014-02-09(1).

建成社会主义现代化国家、全面推进中华民族伟大复兴的进程中,体育旅游业面临着以人民为中心的发展理念重构和实践创新的现实课题。以民生视角思考和研究体育旅游及其公共服务问题,是理论研究者、政策制定者和产业实践者应该坚持也必须坚持的立场、观点和方法。

20世纪80年代,旅游发展以"创汇导向、入境为主,政府主导、适度超前"为指导思想,强调了旅游业的经济属性和市场化取向;20世纪90年代,提出发展国内旅游,培育"国民经济新的增长点";1999年的"国庆黄金周",标志着城乡居民旅游意识的觉醒和以国内消费为基础的大众旅游市场的形成;2009年,国务院发布了《关于加快旅游业发展的意见》,明确提出"把旅游业培育成为国民经济战略性支柱产业和人民群众更加满意的现代服务业";2013年颁布的《中华人民共和国旅游法》,以立法的形式彰显了保护公民旅游权利和发展旅游产业的国家意志;2019年,文化和旅游部《关于实施旅游服务质量提升计划的指导意见》中要求着力解决影响广大游客旅游体验的重点问题和主要矛盾,推动旅游业高质量发展;《"十四五"公共服务规划》中又一次提出了推动公共服务发展,健全完善公共服务体系,是落实以人民为中心的发展思想、改善人民生活品质的重大举措;2021年,国务院办公厅发布的《"十四五"文化和旅游发展规划》以及文化和旅游部印发的《关于加强旅游服务质量监管 提升旅游服务质量的指导意见》,进一步阐明了满足人民群众美好生活需要和以人民为中心的旅游发展理念。《国民旅游休闲纲要(2013—2020年)》实施以来,我国旅游休闲环境持续优化,公共服务体系更加完善,产品和服务质量显著提升,与相关业态融合程度不断加深,旅游休闲内容持续拓展延伸,人民群众的满意度节节攀升。2022年由国家发展改革委、文化和旅游部联合印发的《国民旅游休闲发展纲要(2022—2030年)》和2023年国务院办公厅颁布的《关于释放旅游消费潜力推动旅游业高质量发展的若干措施》再次强调了加快推进国民休闲旅游高质量发展,进一步满足人民群众美好生活需要。旅游是人民的权利,是日常的生活方式。让每一位公民有得游、游得起、游得开心、玩得放心,让诗和远方的梦想照进全面小康社会的千家万户,是新时代的国家旅游方略和旅游发展新格局,应当是也必须是文化和旅游系统、体育系统和所有涉旅工作的本质规定和内在要求。

为了更好地满足体育旅游爱好者多样化、个性化、品质化的体育旅游需求,必须坚持以人民为中心的工作导向。坚持以人民为中心的发展理念,将"游客满意度高不高""市场主体竞争力强不强""发展动能新不新"作为新时代体育旅游业高质量发展的衡量指标,在质的有效提升基础上寻求量的合理增长。以新发展理念为引领,以推动体育旅游公共服务高质量发展为主题,从需求侧入手,以深化供给侧结构性改革为主线,以改革创新为根本动力,以满足人民日益增长的美好生活需要为根本目的,不断推进体育旅游服务为民。发挥文化和旅游产业带动作用,坚持体育旅游业供给侧结构性改革,同时注重需求侧管理,大力发展体育旅游公共服务,推动体育旅游产品和服务提质升级,更好地满足人民群众的体育旅游公共服务需求,不断增强体育旅游爱好者的获得感和幸福感。

（二）体育旅游公共服务提升是体育旅游业高质量发展的重要维度

2018 年 12 月,中共中央办公厅、国务院办公厅联合印发《关于建立健全基本公共服务标准体系的指导意见》,明确要从国家、行业、地方、基层等 4 个层面构建基本公共服务标准体系,并提出涵盖社会服务、公共文化体育等 9 个领域的国家基本公共服务质量要求。2019 年 3 月,国务院办公厅印发《关于促进全域旅游发展的指导意见》,其中提出要加强基础配套,提升公共服务。该意见提出,要扎实推进"厕所革命",完善综合交通运输体系,改善公路通达条件,推进旅游休闲设施建设,构建畅达便捷的交通网络;积极完善集散咨询服务体系,规范完善旅游引导标识系统;完善和实施服务标准,加强涉旅行业人员培训,强化服务品牌建设,利用高科技手段完善智能化旅游服务系统。

当体育游客不再被动地坐上旅游大巴从一个景区到另一个景区打卡,当体育游客越来越多地进入体育旅游目的地全域生活空间,当游客到访目的地要去亲自感受当地居民的真实生活场景,此时体育游客的体验已不再只取决于旅行服务商的体育旅游产品和服务,而是很大程度上取决于目的地公共治理水准和公共服务水平。以畅达便捷的交通网络、完善的集散咨询服务、规范的旅游引导标识和干净舒适的厕所卫生服务等为标志的体育旅游公共服务体系,是全域旅游发展的重要基础,也是现代化城镇建设的重要部分。一个成熟有吸引力的体育旅游目的地,不仅要有丰富的体育旅游资源,更要有科学的体育旅游管理水平,过硬的体育旅游公共服务供给能力。体育旅游散客化出行依赖的主要是公共服务。现阶段对于全域旅游的公共服务的要求,即在于构建面向散客的体育旅游接待与供给体系,这也是我国体育旅游服务中长期存在的"最后一公里"问题。随着大众旅游时代的到来,体育旅游公共服务供给问题也更加凸显,建设完善、优质、高效、普惠的体育旅游公共服务体系,是体育旅游业转型升级、提质增效的内在要求,也是体育旅游业向高质量发展的重要保障。

（三）体育旅游公共服务在政府职能中的地位日益突出

随着大众旅游的兴起,人们对高品质、个性化的旅游需求不断提高,旅游业将实现由高速增长阶段转向优质旅游发展阶段的转变,传统的观光旅游已远远不能满足人们日益增长的旅游需求。党和政府高度重视我国体育旅游业的发展。近年来,国家文化和旅游部、国家体育总局及国家相关政府部门制定了一系列政策文件,采取了多种强化措施,加快推进体育旅游公共服务发展进程。

在国家大政方针政策的指引下,2016年12月国家旅游局、国家体育总局共同印发的《关于大力发展体育旅游的指导意见》中指出,以满足人民群众日益增长的体育旅游休闲需求为宗旨,培育壮大体育旅游企业主体,加快体育旅游的供给侧结构性改革,不断完善体育旅游配套设施,提升我国体育旅游服务的现代化、专业化和国际化水平。该指导意见还在重点任务中强调了加强体育旅游公共服务设施建设,明确体育产业和旅游产业基础设施建设要向体育旅游倾斜,推动各地加大对体育旅游公共服务设施的投入。2019年3月5日,时任总理李克强同志在政府工作报告中多次提到,"丰富人民群众精神文化生活""发展壮大旅游产业"等多处与文化旅游密切相关的内容。《中共中央关于制定国民经济和社会发展第十四个五年规划和2035年远景目标的建议》中明确提出加快发展健康产业、乡村旅游,全面促进消费等政策建议,多方面为新时期我国体育旅游发展释放需求潜力,提供广阔空间,增添发展动力。《"十四五"公共服务规划》主要目标中提出,到2025年公共服务制度体系更加完善,政府保障基本、社会多元参与、全民共建共享的公共服务供给格局基本形成,民生福祉达到新水平。为加快推进国民旅游休闲高质量发展,更好满足人民群众的美好生活需要,2022年7月国家发展改革委、文化和旅游部联合印发《国民旅游休闲发展纲要(2022—2030年)》,旨在进一步优化我国旅游休闲环境,完善相关公共服务体系,提升产品和服务质量,丰富旅游休闲内涵,促进相关业态融合,提出部署培育现代休闲观念、保障旅游休闲时间、优化旅游休闲空间、丰富优质产品供给、完善旅游休闲设施、发展现代休闲业态、提升旅游休闲体验、推进产品创新升级、持续深化行业改革、不断加强国际交流等10项重点任务,具体包括优化全国年节和法定节假日时间分布格局、规划建设环城市休闲度假带、以社区为中心打造休闲生活圈、完善休闲服务设施、发展新兴休闲业态、实施旅游休闲高品质服务行动、开发数字化文旅消费新场景等具体举措。一系列政策文件的颁布实施将有助于进一步激发我国旅游休闲发展的内生动力。

党的二十大报告进一步对新时代推进文化和旅游融合发展提出了新的更高要求。国家和政府政策文件的长远规划和精心设计将更加全面系统地为体育旅游公共服务建设构筑良好的发展平台。坚持以习近平新时代中国特色社会主义思想为指导,贯彻落实总书记关于文化和旅游工作的重要批示指示精神,建设以人民为中心的当代体育旅游公共服务发展理论,为体育旅游强国方略提供强大的精神动能,是当前我国体育旅游学术研究、理论建设和思想战线的重要任务。

(四)体育旅游公共服务契合了供给侧结构性改革的现实诉求

在经济发展新常态背景下,我国经济社会发展呈现出消费引领、供给驱动的特征。"十四五"时期,我国旅游业持续保持强劲的市场需求。当前旅游业发展的突出问题主要是旅游业发展不平衡、不充分的矛盾还比较突出,城乡差距、区域差距依然存在,旅游产品的供给和需求不完全匹配,与高质量发展要求存在一定差距,体育旅游公共服务体系建设尚处于起步阶段,缺乏实践经验和理论指导。《"十四五"文化和旅游发展规划》明确提出了以推动旅游高质量发展为主题,以深化供给侧结构性改革为主线,以改革创新为根本动力,以满足人民日益增长的美好生活需要为根本目的的指导思想。

推进供给侧结构性改革,是以习近平同志为核心的党中央深刻把握我国经济发展大势做出的战略部署,是适应和引领经济发展新常态的重大创新,旨在提高供给体系的质量和效率,充分发挥市场在配置资源中的决定性作用,增强供给结构对需求变化的适应性和灵活性。基于我国供给侧结构性改革的时代背景,充分考虑我国体育旅游发展现状和现实需求,为了优化体育旅游公共服务供给结构,提供丰富优质的体育旅游产品和服务,满足体育旅游爱好者的体育旅游公共服务需求,努力实现我国体育旅游产业高质量发展,需要逐步形成需求牵引供给、供给创造需求的更高水平的动态平衡。

(五)体育旅游公共服务发展面临前所未有的机遇与挑战

2020年以来,由于受到新冠疫情的影响,我国体育旅游发展面临前所未有的困难和挑战。以习近平同志为核心的党中央高度重视旅游业纾困解难、恢复发展,曾多次做出重要指示批示;国务院出台了一系列普惠性纾困政策、针对性帮扶举措。在党中央的坚强领导下,体育和旅游系统迎难而上,既严格落实疫情防控要求,又创新推出体育旅游新产品、新服务、新模式,努力满足人民的精神文化需求,稳住体育旅游行业发展基本盘。

当前,旅游市场复苏回暖,旅游业生机重现,同时也面临很多问题和挑战。随着新冠疫情防控政策的调整和优化,我国经济社会发展逐步恢复常态化,文化和旅游行业也迎来了新的发展机遇。"乙类乙管"政策实施后,国内居民出游意愿增加、出游需求迅速释放。从2023年春节假期到"五一"假期再到"十一"长假的时间脉络和节点,可以窥见我国旅游市场发展的一波三折。

首先,以2023年春节假期旅游市场复苏为转折点。文化和旅游部坚决贯彻落实党中央、国务院的决策部署,高效统筹疫情防控和经济社会发展,全力做好文化和旅游假日市场各项工作。经文化和旅游部数据中心测算,新冠疫情防控政策调整后,2023年春节假期全国国内旅游出游3.08亿人次,同比增长23.1%,恢复至2019年同期的88.6%;实现国内旅游收入3 758.43亿元,同比增长30%,恢复至2019年同期的73.1%,春节假日全国文化和旅游市场总体安全平稳有序,极大地提升了广大游客的出游预期和市场主体的发展信心。文化和旅游部、国家体育总局联合发布"春节假期体育旅游精品线路",开展新春旅游休闲推广活动。北京、天津、河北联合推出 10 条京津冀主题旅游精品线路,举办京津冀冰雪旅游季。海南三亚推出游艇旅游、水上旅游、低空旅游、乡村旅游等特色旅游产品和旅游线路。黑龙江以"醉美冰雪季、非遗过大年"为主题,举办"第二届黑龙江冰雪非遗周"。2023 年春节假日成为 2020 年以来最好的春节假日旅游市场,春节旅游市场的繁荣奠定了市场快速回暖的主基调。然而,中国旅游研究院 2023 年春节假日文化和旅游市场专项调研数据显示,21.2％的受访企业认为旅游接待量完全恢复但接待能力跟不上,供给侧恢复滞后直接影响了游客体验;29.4％的受访游客认为景区或场馆内各项服务跟不上;11.8％的游客感觉旅游成本大幅上涨,部分地区不合理涨价和临时取消订单等现象引发负面舆情。由于旅游企业的产品、服务和供应链没有跟上变化的旅游消费,导致整个旅游经济出现供需两端的不平衡、不充分。由此可见,旅游行业的价格体系监管、客流监测与疏导、旅游安全管理等现代化治理水平有待提升。

其次,"五一"假期旅游市场平稳过渡。"五一"期间旅游行业表现出复苏的强劲势头,全国假日市场平稳有序。经文化和旅游部数据中心测算,全国国内旅游出游合计 2.74 亿人次,同比增长 70.83％,按可比口径恢复至 2019 年同期的 119.09％。尽管出行人口增加了,但游客消费水平却从 2019 年人均 600 元变成了人均 500 元,花钱消费比以前更加小心谨慎。随后,"十一"长假旅游市场空前高涨。2023 年的中秋节和国庆节前后相连,形成了调休后的 8 天超长假期,加上杭州亚运会和政策效应的叠加影响,形成了有统计记录以来热度最高的假日旅游市场。据文化和旅游部官网消息,中秋、国庆节假日国内旅游出游人数 8.26 亿人次,按可比口径同比增长 71.3％,按可比口径较 2019 年增长 4.1％;实现国内旅游收入 7 534.3 亿元,按可比口径同比增长 129.5％,按可比口径较 2019 年增长 1.5％,实现了预期的增长。从游客平均出游距离、目的地平均游憩半径、旅游消费结构、自驾游比重以及游客满意度等微观结构性指标来看,旅行旅游和接触性消费正常化政策的边际效应趋于递减,旅游经济开始步入市场内生和创新驱动的新常态,在科技、创意、投资和企业家信心的共同作用下,旅游经济将稳步转入理性繁荣的新阶段。

全面建成小康社会以来,人民群众对旅游休闲的需求已经从"有没有"到"好不好",从"缺不缺"到"精不精"。散客、自助、个性和品质等已经成为主流的旅游方式和消费诉求,市场期待新场景、新业态、新产品,游客对体育旅游的个性化和品质化期待更加凸显。从需求层面来看,当前游客出游意愿回升,旅游消费相对谨慎,新冠疫情对体育旅游的影响有短期效应也有中长期效应,游客的旅游边际消费倾向较疫情之前发生了较大变化,我国体育旅游经济从"探底回升"开始稳步转入"理性繁荣"的新阶段。从产业层面看,体育旅游市场主体将呈现逐步分化、格局重构的新态势。从政策层面看,政府将由托底为主转向托举为主的新阶段。面对今后旅游经济将呈"谨慎偏乐观"态势,旅游产业边界不断拓展,"微度假""反向旅游"等新业态和新模式继续涌现,需要新的市场主体为游客提供更加多样化、个性化、品质化的旅游体验,游客对于实现公民的旅游权利和享有更加优质的公共服务更加迫切。因此,需要进一步加强对散客、自助旅游需求的理论研究、政策创新和行政指导,推动体育旅游供给侧结构性改革,创造新场景、研发新产品。服务品质是旅游业实现可持续发展良性循环的第一道护城河,唯有服务品质的提升,体育旅游才能够形成有可持续增长的竞争力,体育旅游产业才能构筑供需匹配、有市场需求和供给体系支撑的高质量发展的基础。

"十四五"时期,面对中华民族伟大复兴战略全局和世界百年未有之大变局,体育旅游需要立足新发展阶段的历史方位,贯彻创新发展理念,构建体育旅游业创新思维,助力我国体育旅游现代化建设进程。实施新冠疫情防控"乙类乙管"后,社会经济发展和人民生活节奏恢复了常态化,体育旅游复苏的转折点也比预期来得更早。卫健、交通、文化和旅游等部门节前密集发布的政策都指向一个共同的目标——繁荣市场、保障供给,努力营造一个安全、有序和高品质的旅游市场环境。2023年旅游市场继续攀升,呈"高开稳走、加速回暖、理性繁荣"的递升态势,体育旅游业迎来了从市场复苏到高质量发展的战略转折。为了推动和加快体育旅游发展的良好势头,必须深刻认识体育旅游环境变化和体育旅游需求导向带来的新机遇、新挑战,善于在危机中育先机、于变局中开新局,攻坚克难、改革创新,以体育游客满意度为导向推进供给侧结构性改革,不断推动体育旅游公共服务体系建设取得新突破、迈上新台阶,并把体育旅游业真正培育成体育经济的支柱产业和体育旅游者更加满意的现代服务业,进一步彰显新时代中国特色社会主义制度的优越性。

二、研究目的与意义

(一)研究目的

学术界普遍认为体育旅游是纯粹的市场化产业,不具有公共产品属性,尤其在直接满足体育旅游者需求方面应由市场提供服务而无须政府支持,由此导致了我国体育旅游在发展过程中存在种种矛盾和问题,其实质都是体育旅游公共服务体系建设不完善及服务供给不足造成的。为解决人民群众日益增长的多元化体育旅游需求与体育旅游公共服务供给不足之间的突出矛盾,适应新发展格局下国家经济与社会发展的需要,本研究运用公共服务和公共产品理论,从理论和实践两个层面较为系统地探究了体育旅游公共服务体系建构问题。

首先,对体育旅游公共服务内涵、外延、特征及体系的总体架构进行分析,旨在从供需平衡的视角为探索体育旅游公共服务多元主体供给与制度安排奠定基础,从而进一步实现提升体育旅游公共服务资源配置效率、指导我国体育旅游公共服务建设实践的目的。

其次,基于需求侧改革、需求牵引供给、供给创造需求的更高水平动态均衡的考量,构建体育旅游公共服务供给机制和保障对策,提出多元化的体育旅游公共服务供给模式选择,力图形成一个较为系统的体育旅游公共服务体系基本理论框架,这也是我国体育旅游发展过程中亟待解决的重要理论和现实问题之一。

最后,对区域体育旅游、体育旅游小镇以及赛事体育旅游公共服务建设实践进行分析研究,通过实证调研所揭示的问题在一定程度上也反映了我国体育旅游公共服务建设中存在的一些共性问题。书中提出了关于体育旅游公共服务建构的系列优化路径及策略建议,以期对提高我国体育旅游公共服务的供给水平和供给效率提供一定的参考价值。

总之,通过对我国体育旅游公共服务理论与实践研究,进一步推进体育旅游公共服务高质量发展和社会效益大幅提升,形成政府主导有力、社会充满活力、市场规范有序、人民积极参与、与基本实现社会主义现代化相适应的体育旅游公共服务创新发展格局。

(二)研究意义

在我国开启全面建设社会主义现代化国家新征程、向第二个百年目标奋进的新发展阶段和新发展格局下,党中央多次强调需求侧改革的重要性和紧迫性,人民群众日益增长的美好生活需要对公共服务体系提出了新的更高要求。推动公共服务发展,健全完善公共服务体系,是落实以人民为中心的发展思想、改善人民生活品质的重大举措,对增强人民群众的获得感、幸福感、安全感以及促进人的全面发展和社会全面进步都具有十分重要的意义。

在全面推进依法治国、落实全民健身国家战略的背景下,如何科学把握体育旅游市场的基础设施、环境条件、消费特征、供需矛盾及公共服务发展趋势,有针对性地制定促进体育旅游公共服务构建的政策体系以及提供优质高效的体育旅游公共服务,对推动体育旅游公共服务体系建设具有非常重要的作用。加强体育旅游公共服务理论研究,探寻体育旅游公共体育服务实践路径,并提出合理化策略建议,既是政府与学术界面对的新课题,也是全社会关注的焦点问题,具有重要的现实意义和实践价值。

随着《中华人民共和国旅游法》《国民旅游休闲发展纲要(2022—2030年)》《"十四五"公共服务规划》等一系列法律法规政策的颁布实施,构建科学完善的体育旅游公共服务体系,并进行实践研究,首先,能够有效地满足广大人民群众日益增长的体育旅游需求,有力保障人民群众积极参与体育旅游活动,促进国民身心健康发展,逐步建立形式多样、内容丰富、机制健全、运行有效、主动融入新发展阶段的政治、经济、文化和体育事业条件下的社会公共服务体系;其次,探寻体育旅游公共服务供给机制及多元化供给模式合宜选择,既是实现我国体育旅游公共服务供给更好更快发展的必然选择,更是促进我国国民旅游休闲公共服务体系构建的重要组成部分和主要内容;最后,在确保基础设施合理规划和生态环境健康发展的前提下,全面构建体育旅游公共服务体系及运行机制,加强体育旅游政府及相关行政管理部门合作联动机制,充分发挥市场和社会组织在体育旅游公共服务供给中的作用,合理开发体育旅游资源和体育旅游产业,对实现我国体育旅游的可持续发展具有重要的战略意义和现实意义。

深入贯彻落实习近平总书记关于文化旅游工作的重要论述、指示批示精神以及中央政治局会议精神,始终坚持稳中求进的工作总基调,进一步优化我国体育旅游发展环境,丰富体育旅游健身、健康、休闲内涵,促进相关业态融合,完善相关体育旅游公共服务体系,提升产品和服务质量,乘势而上促进体育旅游业健康发展,推动体育旅游公共服务实现"质"的有效提升和"量"的合理增长,不断提升人民群众的生活品质和幸福指数。

第二节 研究思路与研究方法

一、研究思路

体育旅游公共服务体系属于涉及面广、内涵丰富、关联多学科和多领域交叉的研究范畴。从广义的公共服务定义和政府职能看,体育旅游公共服务包括体育旅游公共设施服务、体育旅游交通服务、体育旅游信息服务、体育旅游安全保障服务、体育旅游权益服务、体育旅游惠民服务、体育旅游行政服务等诸多内容。本研究以我国体育旅游公共服务内容体系中最具代表性且与体育旅游者需求直接相关的服务作为主要研究内容,聚焦于体育旅游基础设施(重点是体育旅游交通)服务、体育旅游信息服务、体育旅游安全服务、体育旅游权益服务、体育旅游惠民服务等方面。

首先,体育旅游公共服务作为一项兼具理论性和应用性的研究,研究前期,应对体育旅游公共服务主要相关理论进行分析,为后续研究搭建一个基本的理论框架,在理论层面主要对体育旅游公共服务的内涵、外延、内容构成、系统结构等进行深入研究。

其次,围绕体育旅游公共服务内容体系的主要部分,针对性地开展实证研究,深入体育、文化和旅游、休闲旅游管理等部门及体育旅游一线服务网点进行访谈调研,并征询专家的意见和建议,全面了解体育旅游公共服务经营管理、运行方式、存在问题以及政府、市场、社会及业界对体育旅游公共服务领域的关注点,同时获取体育旅游目的地游客对体育旅游公共服务的需求与认知。通过对区域体育旅游、体育旅游小镇以及赛事体育旅游公共服务建设实践研究,在一定程度上了解我国体育旅游公共服务某些领域建设的现状、问题及成因等。

最后,在进行相关理论探索和实证调研的基础上,对我国体育旅游公共服务发展状况做出分析与判断,明确体育旅游公共服务供给侧结构性改革的着力点,坚持动态性、平衡性、适宜性、前瞻性与创新性原则,针对我国体育旅游公共服务建设的理论和实践问题提出促进高质量发展的策略与建议。

本研究基于体育旅游公共服务"是什么""为什么""怎么样"等基本问题的考量,明确体育旅游公共服务为谁服务、谁来提供服务、提供什么服务、为什么需要提供服务、如何提供服务,并进一步阐明体育旅游公共服务体系整体结构、内在联系及建设规划。

二、研究方法

本研究在学习与借鉴国内外先进经验和理论研究最新成果的基础上,采取理论研究与实证研究相结合、制度分析与经济分析相结合等多理论和多学科相互交融的综合性研究方法。按照理论分析→实证研究→政策设计的研究途径,将文献研究法、访谈调研法、统计分析法、逻辑分析法等紧密结合,注重规范研究与实证研究、制度分析与经济分析、总体研究与个案研究、定性分析与定量分析的综合运用,试图构建科学严谨的体育旅游公共服务体系,并提出富有创新性的体育旅游公共服务有效供给的建议性意见。

（一）文献研究与调研研究相结合的方法

通过中国知网（CNKI）、超星数字图书馆、读秀知识库等国内外文献数据库,以及谷歌、百度等互联网搜索引擎,搜集和分析有关体育旅游和体育旅游公共服务研究方面的文献资料,归纳总结已有的研究成果经验,确定本研究对象的范畴,并将已有的基本理论和研究成果运用到研究实践中。

在实际调研中,综合运用观察法、访谈法等研究方法,选取国内旅游研究专家、体育旅游行业权威学者、体育旅游相关管理者及企业负责人为重点访谈对象;为了获取更加全面真实的体育旅游公共服务认知及需求,对主要研究属地的体育旅游交通站点、咨询中心和集散中心等体育旅游者主要集聚地随机开展游客系列感知和体验专题调研。通过专家深度访谈与实地考察相结合的方法进行咨询和调研,了解体育旅游公共服务相关领域建设的基本情况、存在的主要问题,并征求专家的意见和建议,进而得出有关经验结论或解决问题的方法途径。

(二)规范分析和实证研究相结合的方法

以理论研究指导实证分析,以实证分析完善理论研究框架,力求以规范研究为范式,从理论上构建契合我国实际的体育旅游公共服务体系框架,力图全面系统地探讨我国体育旅游公共服务供给机制、供给模式和保障措施,并在此基础上提出我国体育旅游公共服务建设的策略建议。在规范研究的基础上,运用实证分析的方法对淮海经济区、江苏体育小镇、杭州市大型赛事体育旅游公共服务建设的现状进行调研和剖析,揭示体育旅游公共服务体系建设的现实问题,利用理论探讨成果对实践进行指导,提出切实可行的路径选择与发展规划。

(三)制度分析与经济分析相结合的方法

制度分析普遍运用于社会科学研究中,其核心在于从整体的、相互联系的、辩证发展的及历史的视角研究制度的变迁。本研究把制度分析作为主要的分析框架,廓清政府、市场、社会非营利组织对体育旅游公共服务供给的有效性边界,探讨政府、市场、社会非营利组织在体育旅游公共服务供给中的制度安排与供给模式。体育旅游公共服务属于公共产品和准公共产品的领域范畴,在遵循公共产品的经济属性前提下,运用一定的经济分析方法界定体育旅游公共服务相关的研究结果。

第三节   研究主要创新点

通过对体育旅游公共服务及相关文献资料的大量搜集和综合分析,发现目前学术界对体育旅游公共服务的研究相当缺乏,一方面反映了体育旅游公共服务建设实践处于初级探索阶段,另一方面也说明了加强体育旅游公共服务理论研究尤为重要。因此,本研究以"体育旅游公共服务理论构建与实践研究"为题具有一定的前瞻性,这也是我国体育旅游发展过程中亟待解决的重要理论和现实问题之一。

本研究对我国体育旅游公共服务内涵、特征、类型划分以及体系的总体架构进行客观分析,并探索体育旅游公共服务供给机制与制度安排,构建多元化的体育旅游公共服务供给模式,提出我国体育旅游公共服务体系有效运行的机制和保障策略,力图形成一个适合我国新发展阶段体育旅游发展现实需求和时代变革要求的体育旅游公共服务体系基本理论框架。以理论性为基础,以应用性为核心,实证分析了相关体育旅游公共服务建设现状,调查研究所揭示的现实问题在一定程度上体现了我国其他地区体育旅游公共服务建设中需要解决的共性问题,这对提高我国体育旅游公共服务供给水平和供给效率具有重要的参考价值。

一、理论层面

综合运用经济学、公共管理学、体育学、旅游学等学科体系以及公共产品、公共服务等相关理论建立本研究的理论基础,较为系统地对体育旅游公共服务体系构建进行深入探索,理论上弥补了行政管理、公共政策等领域对体育旅游公共服务研究的不足。

第一,对体育旅游公共服务的内涵及范畴进行系统的界定。通过对体育旅游公共服务理论渊源的梳理,从理论上界定并试图廓清"体育旅游公共服务"与"体育旅游公共服务体系"的联系与区别。

第二,探索性构建体育旅游公共服务体系理论框架。借助公共产品理论和公共服务理论,系统解析体育旅游公共服务产品的公共属性和市场属性,在对体育旅游公共服务体系内涵深入剖析的基础上,尝试从内容构成、供需主体、供给模式以及政府、市场、社会的作用与职责等方面对体育旅游公共服务体系进行架构,并从系统结构、系统环境等方面对构建的体育旅游公共服务体系进一步探讨。

第三,剖析体育旅游公共服务有效供给的分析思路。从经济学和社会学角度探讨了体育旅游公共服务有效供给的效率本质,立足于需求牵引供给、供给创造需求的动态均衡的理念和逻辑,阐释体育旅游公共服务有效供给的实现途径。

第四,分析体育旅游公共服务多元化供给模式选择。依据体育旅游公共服务提供过程中政府的行政命令机制、市场的价格驱动机制和社会非营利组织的社群网络机制之间合作的逻辑模式,系统地分析政府、市场及社会在体育旅游公共服务中多元供给主体之间的相互关系,根据理论分析构建复合供给机制框架下体育旅游公共服务有效供给的多种模式,试图为体育旅游管理机构推进体育旅游供给侧结构性改革提供参考。

二、实践层面

实践上,通过本研究提出的理论体系和部分研究结论,考虑到供给主体权利职责与供给能力,基于满足体育旅游者(可拓展到当地居民、旅游企业和当地政府)的体育旅游公共服务需求为导向,选取淮海经济区、江苏体育小镇、杭州市大型体育赛事等为案例样本,较为系统地从供需平衡视角对体育旅游公共服务建设进行有益探索,揭示我国当前体育旅游公共服务资源配置的系列问题,进而提出供给机制与模式创新的政策设计,并提出体育旅游公共服务优化路径及策略建议。

三、研究方法

在研究方法上,综合运用跨学科知识与借鉴经典基本理论,通过引入典型案例、采用定量分析的方法开展相关研究,在一定程度上能够为政府制定决策提供分析依据。本研究注重规范研究与实证研究、制度分析与经济分析、总体研究与个案研究、定性分析与定量分析的综合运用,对很多问题尝试性地做了较为宏观层面的理论分析,实证研究中提出的策略建议尽可能做到具有较强的针对性和可操作性。

第二章　研　究　综　述

体育旅游公共服务是一般公共服务、旅游公共服务等在体育旅游领域的特殊表现形式,国内外有关旅游、体育旅游、公共产品、公共服务、旅游公共服务的研究成果和实践经验为体育旅游公共服务理论研究和实践探索提供了重要的启迪和借鉴。

第一节　体育旅游研究综述

一、体育旅游发展脉络

为体育而旅行,最早可以追溯到公元前 776 年到公元 394 年的古希腊,公民为参加或观看奥林匹克运动会而前往奥林匹亚,这可能是体育旅游最早的形式之一。16—18 世纪欧洲开始盛行"大旅行",这对体育旅游也具有实质性意义。从 16 世纪开始,交通运输的快速发展使得人们的旅行变得容易,因此人们参加体育旅游的机会也大大增加。19 世纪工业革命后,铁路的发展为旅行带来了便利,旅游时间和成本大大减少,普通大众的体育旅游在民间得到广泛开展。1896 年在雅典举行的第一届现代奥运会为体育旅游奠定了基础。因此,体育旅游是伴随着工业革命的发展、城市化进程的不断加速和人们对体育旅游需求的增加而不断发展起来的。随着体育赛事商业化和职业化的不断发展,人们可自由支配收入增加,加之休闲时间增多,体育观众数量迅速增多。体育旅游最终得以发展是在 20 世纪后半期。由于充分的就业和经济繁荣确保了人们收入的稳定增加,人们的生活态度和价值观也随之改变,休闲和度假成了人们生活的重要组成部分。体育旅游兴起并发展于欧美,与体育赛事发展密不可分。大型体育赛事的不断涌现是 20 世纪体育旅游发展的重要因素。从欧洲各地的职业足球比赛到美洲大陆的职业篮球联赛,从举世瞩目的奥运会、世界杯到各个国家或地区每年举办的网球公开赛、国际马拉松赛、高尔夫球赛等各类大中型体育赛事,这些高端大型赛事每时每刻都在吸引着世界各地的体育爱好者。参与或观看体育赛事产生的旅游行为并不仅仅局限于职业体育赛事,还包括众多精彩纷呈的业余体育赛事。除体育赛事外,在国家湿地公园、国家森林公园等自然地带旅行中的垂钓、登山、野营等各种户外游憩活动,也是体育休闲娱乐中的重要组成部分。交通运输条件的大大改善带来了体育旅游史无前例的发展,国际旅游的发展也带来了体育旅游形式的繁荣。20 世纪 90 年代,体育旅游首先在欧美受到关注,西方学者将体育旅游作为旅游的一个分支进行研究。20 世纪末,许多国家的政府开始意识到大型体育赛事可以吸引游客、繁荣经济,于是开始积极申办大型国际体育赛事。与此同时,旅游部门与体育部门的交流也更加密切。1999 年,世界旅游组织(WTO)和国际奥委会(IOC)开始在体育与旅游方面进行合作,并在 2004 年把第 25 个世界旅游日的主题确定为"体育与旅游"。

综上所述,体育旅游得以迅速发展的主要原因包括:首先,19 世纪铁路的发展为人们的旅行带来了极大便利;其次,工业化的发展使得人们可自由支配的收入大幅增加,加之休闲度假时间的延长,使得体育观众迅速增加;再次,商业化和职业化大型体育赛事的不断涌现是 20 世纪推动体育旅游发展的重要因素之一;最后,拥有特殊旅游资源和项目设施的旅游目的地开展的户外游憩及休闲活动也吸引了大批体育旅游爱好者。

二、体育旅游国外研究

国外关于体育旅游的研究起步较早。最早将体育与旅游相关联的外文资料是 1907 年 Nicholson(尼科尔森)发表于美国《皇家陆军医疗队杂志》(*Journal of the Royal Army Medical Corps*)上的《美国得克萨斯州的旅行和体育》一文,但该文实际上只是一篇分享个人海边垂钓经验的游记,并非严格意义上的学术研究文献。受英国户外休闲运动的影响,20 世纪 60 年代,英国学者安东尼为英国体育休闲中心委员会撰写了一篇题为《体育和旅游》的文章,该文章成为最早描述体育与旅游相互联系的文献,虽然它只是简单地描述了度假旅游中体育活动扮演的角色,但却开启了体育旅游领域研究的先河。安东尼的这篇文章并没有激起人们深入探讨体育旅游的兴趣。威廉姆斯通过分析大型赛事引发旅游业发展的独特现象,为体育旅游研究构建了基本框架。因此,克诺普指出,体育旅游的学术研究开始于 20 世纪 70 年代。格里帕提斯关于欧洲五国体育和旅游的研究,则标志着体育和旅游相互关系研究的真正开端。随后,很多学者从不同的层面研究了体育和旅游的相互关系,一批体育旅游的专著陆续出版。20 世纪 90 年代后期,英国、加拿大、澳大利亚、日本等国的专家学者先后出版和发表了大量与体育旅游相关的著作和论文,逐渐建立了体育旅游体系,一些研究成果在实际应用中得到推广。其中最早的当属 1999 年英国学者斯坦迪文和比利时学者克诺普出版的第一本体育旅游教材——*Sports Tourism*;甘蒙等对体育旅游的研究状况做了系统分析;此后是罗宾逊等出版的著作,主要是针对体育旅游的影响进行的研究,书中概括性地回顾了体育旅游的发展等;2003 年,哈德森出版了《体育与探险旅游》;2004 年,辛奇等出版了《体育旅游发展》;2005 年,海厄姆出版了《体育旅游目的地》。此外,旅游界研究学者还发表了大量体育旅游学术文章,如《旅游娱乐研究》《旅游业当前问题》《体育与旅游期刊》等。进入 21 世纪后,国外体育旅游研究规模和论文发表数量大幅增加,主要针对体育旅游相关领域问题进行研究。有的学者分析了体育旅游中的各种关系,阐明了该领域中的经济关系、主体关系以及体育旅游与社会关系等;也有学者从地理学角度分析体育旅游的地理环境、空间、场所等,建立了基础的系统性体育旅游理论研究。

在国际体育旅游交流方面,体育和旅游的研究主题在很多国际会议上受到广泛关注。1986 年,英国体育委员会举办的游憩管理研讨会可以看作最早把"体育旅游"作为主体研究的会议之一,会议主要讨论了旅游过程中体育活动的角色以及体育旅游的相关问题;1997 年,美国首次召开了体育旅游年会;2001 年的"休闲研究学会大会"和 2002 年的"欧洲体育管理代表协会",均把体育旅游列为专门议题。2001 年 2 月联合国世界旅游组织(UNWTO)和国际奥委会(IOC)在巴塞罗那联合举办的"首届世界体育和旅游大会"最具代表性,本次大会主要讨论了体育旅游的影响和管理问题[①]。

国外相关旅游研究往往将体育旅游作为一种社会文化现象,侧重于对其基本概念和基本理论的探讨,注重研究体育旅游中人和环境的因素,探索相关个体和社会行为规律,并倾向于将体育视为愉悦、休闲的现象,理论探索的导向性十分明显[②]。尤其值得一提的是,国外学者并不是盲目地追求体育旅游产业的发展,他们已经意识到了体育旅游产业发展是一把双刃剑。

三、体育旅游国内研究

中华人民共和国成立不久,受 1953 年琼哈顿带领的英国登山队登顶珠穆朗玛峰历史性成功的影响,我国现代体育旅游以登山运动形式拉开序幕。1956

① 维德,布尔.体育旅游[M].戴光全,朱竑,译.天津:南开大学出版社,2005.
② 谢彦君,吴凯,于佳.体育旅游研究的历史流变及其具身体验转向[J].上海体育学院学报,2021,45(11):16-30.

年,国内组建了第一支国家登山队,并于同年 5 月首次完成人类从珠峰北坡登顶的伟大壮举。1984 年,西藏自治区体育运动委员会为了满足国内外登山爱好者攀登珠穆朗玛峰的需求,成立了我国第一家体育旅游专业公司——西藏国际体育旅游公司。该体育旅游公司的成立标志着我国体育旅游产业开始步入起步阶段,也为我国真正意义上的体育旅游开了先河。1986 年,国家体育运动委员会(国家体育总局的前身)正式组建了全国体育旅游管理机构——中国国际体育旅游公司,统筹兼顾全国范围内的体育旅游组织和管理工作。随后,我国一些省(区)市也相继开始成立了体育旅游公司(社)[①]。我国 1995 年开始实行双休日工作制,1999 年开始实施"十一"国庆旅游黄金周。20 世纪 90 年代以来,随着我国改革步伐不断加快、社会经济快速发展、人民收入不断增加,以及国务院颁布的休假条例,旅游业开始步入大众旅游时代。登山、滑雪、漂流、探险等一些体育及旅游项目开始兴起。1995 年,国家体委副主任张发强做了题为《关于体育旅游业的几个问题》的报告,从此吹响了体育旅游业大发展的号角。进入 21 世纪后,在市场经济体制及运行机制的推动下,我国体育旅游迅猛发展。2000 年悉尼奥运会期间,我国第一次大规模组织了 1 000 多名国内游客奔赴悉尼感受奥运会的独特魅力。在《2001 年中国体育健身游活动方案》中总共推出 60 项具有地方特色的大型体育健身旅游活动和 11 大类 80 个专项体育健身旅游产品和路线,为我国体育旅游在新世纪快速发展奠定了基础。2005 年,国家体育总局公布了在全国范围内建设以"环青海湖民族体育圈"为代表的 16 个"体育圈"项目。2007 年,国家体育总局和国家旅游局联合在上海举办了首届体育旅游博览会,并且由国家体育总局批准建设的首个国家体育旅游产业基地落户深圳。2008年,我国开展了"中国奥运旅游年"活动,大大提高了全民体育旅游的参与意识和参与行为。2014 年,国务院颁布《关于加快发展体育产业促进体育消费的若干意见》,明确大力支持水上运动、登山攀岩、射击射箭、马术、航空、极限运动等群众喜闻乐见并具有极大发展潜力的体育旅游休闲项目。2016 年,国家旅游局、国家体育总局联合出台了《关于大力发展体育旅游的指导意见》。2022年,举世瞩目的北京冬季奥运会在我国成功举办,吸引了成千上万来自世界各地的体育旅游爱好者。随着体育产业的发展和体育旅游法规政策的出台以及大型体育赛事的成功举办,我国体育旅游发展并开始步入正轨,体育旅游也逐渐成为业内学者关注的重要研究领域。

相较于国外体育旅游研究而言,国内的研究起步稍晚,中文文献中有关体育和旅游的话题起初也是分开讨论的。最早将旅游和体育相提并论的文章是王占

---

① 黄海燕,张林.体育旅游[M].北京:高等教育出版社,2016.

春 1984 年发表的《旅行、旅游与体育》,该文已经敏锐地注意到了体育与旅游的内在联系。刘杰是早期将体育旅游作为独立领域进行研究的学者,他在 1991 年发表的《论体育旅游》一文中将体育旅游分为运动型、观赏型和兼备型。进入 21 世纪后,国内的体育旅游研究呈现出数量上的快速性增长。鲍明晓认为,以体育观光、休闲和度假为主要内容的体育旅游在我国从无到有、汇涓成溪,展现了活跃的生机和光明的前景。国内体育旅游研究主要体现在体育旅游概念及相关理论、体育旅游资源与体育旅游产品开发、区域体育旅游发展规划与对策、体育旅游产业集群发展、中外体育旅游发展比较等方面。一是体育旅游概念及相关基础理论研究。主要是对体育旅游内涵、类型、特征及相关理论等方面进行研究,其中代表性的文献有:朱红香的《体育旅游的界定及归属问题》、林宏的《论体育旅游的特征》、侯迎锋的《体育旅游的研究范式:以西方体育旅游研究的四种理论为分析视角》、郑向敏的《体育旅游:理论、方法与研究框架》、马越斐等的《体育旅游具身体验研究知识谱系:理论溯源、焦点议题、动向研瞻》、王璐等的《体旅融合视域下体育旅游研究结构与层次的建构逻辑》等。二是体育旅游资源与产品开发研究。此类研究呈现出多元化发展趋势,内容主要涉及体育旅游自然资源、人文资源的类型以及开发模式和策略建议等方面,主要文献有周立华的《体育旅游资源"多类多元"开发模式构建》、韩忠培的《中国体育旅游资源和体育旅游市场开发研究》、刘健等的《我国无居民海岛休闲体育旅游资源开发利用困境与对策》等。三是区域性体育旅游发展规划研究。主要从体育旅游的区域发展环境、市场培育、发展模式及优化策略等方面进行实证研究,如孙桂英的《山东省体育旅游发展区域特征及其规划研究》、邹勇的《西南地区体育旅游经济圈的构建策略》、刘宗豪的《"中原经济区"建设中河南省体育旅游区域特点与发展战略研究》、李娜的《晋陕豫黄河金三角区域体育旅游联动发展研究》、兰顺领的《长三角一体化背景下区域体育旅游协同发展的困境与出路》等。四是体育旅游产业集群及融合发展研究。五是体育旅游价值共创与利益分享研究。六是体育旅游风险识别、安全管理及法律建设研究。七是体育旅游中外比较研究。近年来,由于新理念、新政策、新观点向体育旅游领域不断渗透,检索从 2016 年到 2023 年的文献可以发现,"互联网+""全域旅游""乡村振兴""一带一路""新时代"等成为这一阶段体育旅游研究的热点词汇。从发展现状来看,对国内体育旅游的研究还存在许多薄弱环节,比如基础理论研究相对缺乏,学界还未达成一致共识;体育旅游的文化流变、空间演化及体育旅游发展过程中的资本、权利、法规、政策、安全、权益维护及服务保障等方面的研究刚刚起步。

从国内研究类型上看,我国体育旅游以对策和规范研究为主的成果数量远远超过相关的基础理论研究,这也集中暴露了国内体育旅游研究在理论诉求上并未达到应有的规模和水平[①]。对 CNKI 数据库中的文献进行检索发现,在国内旅游学术界,从经济和管理的视角研究体育旅游显得特别突出,并多以促进产业经济发展为导向,主要集中在对策、产业、资源相关的主题上。从学术角度看,体育旅游是个实践性较强的跨学科研究领域,集体育学、旅游学、经济学、管理学、教育学等多学科为一体,因此,体育旅游研究需要综合性知识的积累。由于不同区域之间存在经济、文化、科技、教育、环境等方面的差异,因此,对区域之间体育旅游发展的横向比较也相对较难。站个"两个一百年"奋斗目标的历史交汇点上,中国体育旅游研究应结合新的发展需要,结合新经济、新基建、新需求、新客源,力求取得多元化突破性发展[②]。

总之,由于中外体育旅游的发展环境、发展历程、发展现状等不同,其发展面临的问题也有很大差异,因此,国外学者与我国学者重点关注的体育旅游研究领域也各不相同。国外体育旅游研究主要关注体育旅游发展与经济、社会、文化、环境的关系与影响,体育旅游者特征、行为与市场,体育旅游安全管理等。我国体育旅游的研究内容主要侧重于体育旅游资源开发与规划等方面,而对体育旅游者的需求、市场需求、体育旅游经营与管理的关注较少。当前我国旅游业正处在由传统的观光型旅游向休闲度假型旅游转换的关键期,体育旅游也必将成为我国旅游业发展的新亮点。

第二节 体育旅游公共服务研究综述

近年来,国内外公共管理学界、公共行政学界对公共服务的研究取得了显著成果,而对体育旅游公共服务领域的认识才刚刚起步。研究内容主要涉及与体育旅游相关的公共服务理论构建与服务对策层面,尚未与体育旅游公共服务建设实践更好地结合,没有形成共识性的体系结构支撑。在研究广度和深度上,缺乏对体育旅游公共服务建设相关规制及实施的研究,对于政府、市场、社会非营利组织等在体育旅游公共服务建设中的关系、作用及协同探讨不足。

① 谢彦君,吴凯,于佳.体育旅游研究的历史流变及其具身体验转向[J].上海体育学院学报,2021,45(11):16-30.

② 翟方,岳贤锋,朱钦楠.中国体育旅游研究特征与趋势:基于 CiteSpace 知识图谱分析[J].山东体育科技,2023,45(4):25-32.

一、体育旅游公共服务体系构建研究

体育旅游公共服务体系内涵和构建是近年来学界开始讨论的话题。武恩钧较早地对我国健身体育旅游公共服务体系构建中的动力机制进行了研究,在探究健身体育旅游公共服务体系动力机制构建的生成机制和构成要素的基础上,提出了实现我国健身体育旅游公共服务体系动力机制构建的策略建议[①]。卢青等提出,主要旅游资源及休闲体育旅游文化特色是实现构建休闲体育旅游公共服务体系的主要条件,休闲体育旅游公共服务体系的服务对象与主体、主要服务内容和模式是休闲体育旅游公共服务体系构建的基本框架,建议休闲体育旅游公共服务体系的构建应根据休闲体育旅游发展的不同阶段、不同区域和不同实际现状,实施不同的发展策略模式与实现路径[②]。邱建国等分析了《国民旅游休闲纲要(2013—2020 年)》实施目标下我国健身体育旅游公共服务体系构建面临的主要问题,强调了人民群众日益增长的多元化健身体育旅游需求与健身体育旅游资源之间的矛盾突出是我国健身体育旅游公共服务体系构建的瓶颈,为此,提出构建和完善健身体育旅游公共服务供给保障体系、大力发展健身体育旅游保险市场、建立健身体育旅游资源保护补偿机制等发展策略[③]。吴玲敏对体育旅游公共服务体系的现状、影响我国体育旅游公共服务现代化的重要因素进行了深入分析,提出了构建完善的生态体育旅游公共服务设施、加强体育旅游公共服务人才队伍建设、完善公共服务保障体系、提升公共服务能力等思路构想[④]。严馨分别从管理系统、供给系统、产品系统和服务系统对新疆冰雪体育旅游服务体系进行构建,并在理论构建与案例剖析的基础上,提出了优化新疆冰雪体育旅游服务体系的建议[⑤]。刘健等分析了我国无居民海岛休闲体育旅游公共服务保障体系构建的影响因素,从无居民海岛休闲体育旅游公共服务保障体系构建的生成机制入手,探索无居民海岛休闲体育旅游公共服务保障体系构建的驱动模

① 武恩钧.我国健身体育旅游公共服务体系动力机制构建研究[J].山东体育科技,2013,35(5):115-118.

② 卢青,颜秉峰.山东休闲体育旅游公共服务体系构建研究[J].山东体育学院学报,2014,30(5):28-33.

③ 邱建国,徐瑶,任保国,等.《国民旅游休闲纲要》实施目标下我国健身体育旅游服务体系的构建[J].北京体育大学学报,2015,38(11):36-42.

④ 吴玲敏.论体育旅游公共服务体系构建[J].同行,2016(11):407.

⑤ 严馨.新疆冰雪体育旅游服务体系构建研究[D].北京:北京体育大学,2018.

式,以公共信息服务、公共安全服务、交通便捷公共服务、惠民便民公共服务为主题,构建休闲体育旅游公共服务保障体系的框架,提出保障体系构建的策略①。

综观以上研究,学术界对体育旅游公共服务体系深层次问题的探讨较为缺乏,有关体育旅游公共服务体系理论发展滞后于实践,仅部分学者提出我国体育旅游公共服务体系构建的主客共享、政府职权、多方协调和体系构建完备性,这对构建完善的体育旅游公共服务体系的支撑力度显然不足。

二、体育旅游公共服务供给相关研究

尤来菊等对苏州发展体育旅游供给侧结构改革路径进行了研究,提出苏州发展体育旅游应统筹兼顾大众旅游、健身与名城保护、生态建设和经济发展各方效益,着力打造适宜的体育旅游环境,推出一批有影响力的体育旅游产品,培养体育旅游管理人才等②。于秋芬等通过对齐齐哈尔市冰雪体育旅游公共服务供给模式、现状、存在的弊端以及供给模式创新的必要性进行分析,提出了通过优化整合资源改善冰雪体育旅游公共服务利用率、发挥社会供给力量打造多元化供给模式、加强公共服务供给信息平台建设以及完善服务保障体系等创新供给模式,提升冰雪体育旅游产业的核心竞争力③。王岭磊分析了北京市体育旅游供给与需求现状及影响因素,分别从体育旅游环境、服务设施、交通、服务质量、线上体育旅游管理五个方面为突破口,优化体育旅游供给,促进体育旅游未来高质量发展④。

三、体育旅游公共服务发展路径与策略研究

曹晓晓通过对淮海经济区体育旅游公共服务中的交通网络通达性差、体育旅游规划不合理等短板分析,提出了以供给侧结构性改革推进体育旅游公共服务建设、以精品旅游景区为核心打造体育旅游公共服务基础设施建设、坚持成员市政府引导和区域市场主导等发展路径,加快实现淮海经济区区域体育旅游公

① 刘健,王美娟,刘林星.我国无居民海岛休闲体育旅游公共服务保障体系构建研究[J].山东体育学院学报,2022,38(4):110-118.

② 尤来菊,梁徐静,汤际澜,等.苏州发展体育旅游供给侧结构改革路径探讨[J].广州体育学院学报,2017,37(2):49-52.

③ 于秋芬,付波,李玉君.齐齐哈尔市冰雪体育旅游公共服务供给模式创新研究[J].齐齐哈尔师范高等专科学校学报,2022(2):95-97.

④ 王岭磊.顾客需求视域的北京市体育旅游供给优化研究:基于北京市居民调查结果[D].北京:首都体育学院,2022.

共服务一体化和空间结构化①。林志刚等对2022年北京冬奥会推动京津冀冰雪旅游公共服务协同发展策略进行研究,分析了京津冀冰雪旅游公共服务存在的主要问题,提出了构建北京冬奥会推动京津冀冰雪旅游公共服务协同发展的运行机制、协同发展的保障体系、多元化供给模式、创新公共服务协同发展支撑平台、协同发展协会治理模式等的发展策略②。赵琳通过对黑龙江省滑雪旅游公共交通服务、公共信息服务、行业指导服务、优惠便民服务及安全保障服务现状及困境的分析,从需求为导向重塑滑雪旅游公共服务观念、优化滑雪旅游公共服务多主体定位、系统规范滑雪旅游公共服务功能、建立滑雪旅游公共服务相关协同机制、夯实滑雪旅游公共服务保障与监督体系等方面提出全面优化黑龙江省滑雪旅游公共服务的对策③。

国外有关公共服务问题的研究起步较早,由于体育旅游业发展阶段和发展方式的不同,国外鲜将"体育旅游公共服务"作为独立的学术体系进行直接研究。已有的研究成果大多是围绕与目的地旅游发展相关的服务质量和服务政策来展开,其主要集中于公共部门在目的地旅游发展过程中的作为及相关管理模式,涉及与目的地旅游发展相关的信息服务、公共设施建设、人才技能,以及目的地旅游服务质量满意度等问题。总之,体育旅游对经济、社会、文化、环境等的影响是国外研究的重要领域,经济发达国家对发展体育旅游业的态度充分兼顾其文化事业与经济产业的双重价值,体育旅游基础设施等公共服务与市场化服务相得益彰。

四、体育旅游公共服务研究述评

对国内外相关文献资料的梳理和分析,为体育旅游公共服务的研究思路提供了一些启发性参考。在吸收和借鉴的同时,笔者发现国内外对体育旅游公共服务的研究尚未形成系统的理论架构,研究内容体系缺乏完整性,审视的角度缺乏全面性,无论在深度和广度上都有待进一步提高。

第一,理论研究对体育旅游公共服务实践回应不足。体育旅游公共服务建设在我国还是一个崭新的课题,许多领域都存在亟待探索和论证的未知因素,特

① 曹晓晓.淮海经济区体育旅游公共服务发展路径研究[J].佳木斯职业学院学报,2018(9):364-365.

② 林志刚,李杉杉,吴玲敏.2022年北京冬奥会推动京津冀冰雪旅游公共服务协同发展策略研究[J].中国体育科技,2021,57(9):20-28.

③ 赵琳.黑龙江省滑雪旅游公共服务困境与优化对策研究[D].哈尔滨:哈尔滨体育学院,2022.

别是体育旅游公共服务在理论上的必然性和必要性尚未达成一致共识。目前，有关体育旅游公共服务的研究，局部的现象报道多、专题研究少；一些地方的体育旅游公共服务建设呈现出表面繁荣、内在乏力的现象。尽管相关体育旅游公共服务理论研究为推进我国体育旅游公共服务实践提供了有益的发展启示与经验借鉴，但理论阐释滞后于实践发展，导致实证探索经验匮乏，从而对体育旅游公共服务建设的依据和重要性认识不足，在相关理论研究和实践探索中也出现了一些认知矛盾与判断偏差问题，尤其是对区域体育旅游公共服务一体化发展的研究表现较为明显。

第二，尚未形成系统的理论研究框架。纵观国内体育旅游公共服务研究，近几年才有少数学者开始关注体育旅游公共服务相关的体系构建、有效供给、发展路径与策略建议等问题。而对于体育旅游公共服务的内涵以及体育旅游公共服务政府职能定位、体育旅游交通问题、体育旅游权益保障、体育旅游目的地形象塑造与推广等涉及体育旅游公共服务属性的基本理论问题，体育界及旅游界一直关注较少。体育旅游公共服务的微观层面，也仅体现在就某个地区或特种状态下的体育旅游公共服务的实证研究，具体研究问题也多基于表层现象分析。由于存在体育旅游公共服务相关概念内涵范畴界定不清晰、体系构建不完备、服务需求与有效供给缺乏翔实而具体的论证，因而没有形成自身较为系统、科学、完整的理论体系框架。总体而言，体育旅游公共服务研究还处于一种零散状态，没有一个系统、深入、规范的研究范式，且切入的视角相对狭窄。

随着国民经济持续健康发展，人们对体育旅游消费需求意愿不断提升，伴随国家《“十四五”公共服务规划》《“十四五”体育发展规划》《“十四五”文化和旅游发展规划》的出台，以“创新、协调、绿色、开放、共享”发展理念为引领，客观上要求切实加强体育旅游公共服务理论和实践研究，探索和构建新时代具有中国特色的体育旅游公共服务理论体系。

第三章　体育旅游公共服务理论认知

　　从理论研究的视角,针对体育旅游公共服务的研究实际上是综合运用多学科知识对体育旅游公共服务这一交叉领域进行理论探索。与体育旅游公共服务相关的理论研究相当广泛,但需要围绕主要的学科理论体系进行分析。笔者基于对公共服务研究视角的判断,体育旅游公共服务及其提供机制与模式研究更多以公共管理与公共政策为主要的学科视角,辅以经济学、管理学、社会学、法学、体育学、旅游学等的跨学科知识,并借助国外的学术思想及理论成就(如公共产品理论、公共选择理论、新公共管理理论、治理理论、新公共服务理论等)。根据体育旅游公共服务需求和供给的总体假设——政府应采取动态的体育旅游公共服务供给机制和模式,以满足社会多样化的体育旅游需求偏好,立足新发展阶段我国体育旅游和公共服务的现实条件以及供给侧结构性改革的时代背景,研究如何建构体育旅游公共服务的基本理论框架以及合理选择和创新体育旅游公共服务的供给机制和模式,以提高政府、市场、社会及个人回应体育旅游公共服务需求的能力①。

第一节　体育旅游相关概念辨析

　　概念是人们对事物本质的认识,是通过反映对象的特有属性来指称对象的思维方式②。从逻辑思维分析,概念的主要功能是用于指称对象,其内涵和外延是概念的重要逻辑特征。体育旅游概念体系不仅涉及体育与旅游之间的关系,也涉及运动与休闲之间的关系以及体育旅游与户外运动之间的关联与差异,厘清它们之间的逻辑关系,是体育旅游研究结构与层次逻辑建构的基础。因此,对

---

① 曾博伟.旅游公共服务通论[M].北京:中国旅游出版社,2022.
② 刘江.逻辑学:推理和论证[M].广州:华南理工大学出版社,2004.

"体育旅游"的界定必须以对"体育""旅游""户外运动"等概念的阐释、梳理、辨析为前提和基础。体育旅游与体育、旅游、运动、休闲、户外运动等之间既有概念要义重叠、边界模糊,又有内涵差异、归属难辨的相关关系①。

一、体育

"体育"一词是社会发展的产物,在历史发展长河中,不同的时期、不同的社会以及不同的文化背景赋予它不同的内涵。《现代汉语规范词典》对"体育"一词的解释是"增强体质、促进健康等方面的教育,以各项运动为基本手段"。这一解释是当今人们理解中文"体育"一词最普遍、最一致的共识。也正因如此,偶尔会在中文文献的"体育"一词之后,发现标注的对应英文是 Physical Education。体育是一个典型的西方词汇,一般认为"体育(Physical Education)"一词始于文艺复兴之后。17 世纪英国著名的哲学家、政治家、教育家约翰•洛克在其《教育漫话》中第一个提出了体育、德育、智育,并把体育放在"三育"之首,此后"体育"一词才逐渐流行起来。体育是一种社会文化现象,是社会文化的组成部分,形式多样,丰富多彩。因此,我们从文化的角度(或层次)来探讨体育的本质,如图 3-1 所示。

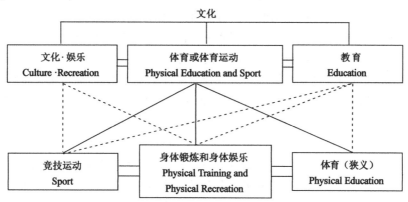

图 3-1　体育概念体系及其与文化、教育、娱乐的关系

体育亦有广义和狭义之分,广义体育(亦称体育运动)的上位概念是文化,它的下位概念包括了狭义体育、竞技运动(竞技体育)、身体锻炼和身体娱乐,形成了一个有层次的概念体系。所谓"狭义体育",就是体育教育或身体教育,主要是

---

① 皮常玲,王璐,王红英,等.基于学科从属规律与"家族相似性"的体育旅游学科属性辨析[J].上海体育学院学报,2020,44(9):1-11.

在学校范围内开展的各种体育教育教学活动;"竞技运动"就是指竞技体育,直到今天,竞技体育依然以自身无与伦比的精神价值在人类文化中具有特殊地位;"身体锻炼和身体娱乐"主要是指人们在闲暇时间里开展的,以健身娱乐、增强体质等为目的的大众体育活动,在我国泛指群众体育,它以锻造人类物化世界能力的基础为生存价值。体育在全面建成小康社会、实现"两个一百年"奋斗目标、实现中华民族伟大复兴的中国梦中的独特功能和价值不断拓展和强化,并获得越来越多的社会认同。总之,体育是一种复杂的社会文化现象,是一种以身体练习为基本手段,以增强体质、培养运动能力、促进人的身心全面发展及社会和谐进步为目的的教育过程或社会文化现象。体育文化以其特有的内容和形式营造了良好的社会文化氛围,不断引导人们形成积极向上的健康生活理念和生活方式。

二、旅游

旅游是人类社会文明发展的产物。现代旅游业的诞生以技术革命带来的交通方式的变革为基础,其历史可以追溯到英国人托马斯·库克于1841年7月5日包租火车组织从莱斯特前往洛赫伯勒的团体旅游,以及其后来创立的世界上最早的旅行社——托马斯·库克旅行社,专门经营旅游服务业务[1]。鉴于托马斯·库克在旅行业方面做出的杰出贡献,他被称为近代旅游业的创始人。

"旅游"的含义包括"旅"和"游"两个方面。"旅"是旅行、外出,即为了实现某一目的而在空间上从甲地到乙地的行进过程;"游"是外出游览、观光、娱乐等,即为达到这些目的所进行的旅行。二者合起来即旅游。所以,旅行偏重于行,旅游不但有"行",而且有观光、娱乐、休闲等含义。和体育一样,旅游的定义也多种多样,大都强调旅游要走出家门,因此,出游是界定旅游的必要因素。同时,更多人认为出游的主要目的是休闲。美国的《韦伯斯特大学词典》中对"旅游"的解释是"以娱乐为目的的旅行"。在国际学术界,最为权威且被普遍公认的旅游定义应该是"艾斯特"定义。该定义由瑞士学者汉泽克尔和克拉普夫在1942年提出,他们认为旅游是非定居者的旅行和暂时逗留而引起的现象和关系的总和,这些人不会导致长期定居,且不牵涉任何赚钱的活动。1975年,世界旅游组织和联合国统计委员会认为旅游是人们为了休闲、商务和其他目的,离开他们惯常的环境,到某些地方去以及在那些地方停留不超过一年的时间[2]。1979年,英国旅游协会(BTS)指出,旅游是人们离开其日常生活和工作的地点向目的地进行暂时

---

① 邹再进,罗光华.旅游公共服务[M].北京:社会科学文献出版社,2015.

② 张吉献.旅游学概论[M].北京:机械工业出版社,2012.

的移动以及在这些目的地进行与短期逗留有关的任何活动①。我国经济学家于光远认为,旅游是现代社会中居民的一种短期的特殊生活方式,这种生活方式的特点是异地性、业余性和享受性②。1991 年,世界旅游组织认为,旅游是指人们离开平时的环境,为消遣、公务或其他目的而到外地旅行或逗留连续时间在一年内的活动。1996 年,法国学者梅特森认为旅游是一种消遣活动,它包括旅行或离开定居地较远的地方逗留,其目的在于消遣、休息或丰富经历和文化教育。英国旅游委员会(BTA)给出了较为宽泛的旅游定义:"人们离开日常工作和生活的地方进行的短暂的外出活动的行为及其在目的地参与的各种活动,包括各种目的的一日游和短途旅行。"

20 世纪 80 年代,我们开始发展以入境为主、创汇导向的旅游业。1999 年10 月,"国庆黄金周"标志着国民消费为基础的大众旅游时代拉开了历史帷幕。今天的旅游社交属性更加明显,以人的连接而非传统的旅行社渠道和 OTA 平台传递旅游线路、体验项目和服务等正在成为发展趋势。旅游已成为衡量现代生活水平的重要指标,逐渐演变成了人民幸福生活的刚性需求和常态化生活方式。2000 年以来,国内旅游持续高速增长,正在促进大众旅游的纵深发展,并深刻影响和支撑着国民旅游经济的持续发展。2018 年 4 月,随着文化和旅游部的组建,受益于文旅融合、城乡居民可支配收入提高、人们旅游出行意识的增强、节假日调休制度合理安排等多方利好因素的大力驱使,国内外旅游市场持续增温的态势日趋显现。从大众旅游到全域旅游,再到文旅融合,旅游理念、旅游需求、旅游供给、旅游功能、旅游产品与服务、旅游产业等都在不断发展变化中丰富完善。

三、体育旅游

体育旅游作为旅游学与体育学的交叉融合学科,不论是基础理论、逻辑结构,还是研究体系、研究内容及研究方法等,都仍然是在移植、套用和借鉴母学科体育学、旅游学的体系和理论,既没有产生自身的原生理论,也没有形成所谓的自我"理论范式",且目前已有的体育旅游研究成果主要表现为经验性、思辨性、推理性研究,在实证、案例方面的研究比较薄弱,导致体育旅游研究不仅在理论体系、内容体系、方法体系等方面显得捉襟见肘,在学科属性、专业归属、范畴识别、行政管理、政策法规与标准规范应用体系等方面也模糊不清③。

①　黄海燕,张林.体育旅游[M].北京:高等教育出版社,2016.
②　于克远.旅游与文化[J].瞭望周刊,1986(14):35-36.
③　王璐,皮常玲,郑向敏.体旅融合视域下体育旅游研究结构与层次的建构逻辑[J].天津体育学院学报,2023,38(3):329-335.

（一）体育与旅游关系辨析

体育是一种文化形式，旅游同样是一种文化现象。斯坦迪文等指出，体育是一种体力活动的文化体验，而旅游是一种感受地方文化的活动。美国著名体育旅游学者希瑟教授认为，对于体育旅游至少需要体育和旅游领域的知识才能有效理解。回顾和梳理体育和旅游的相关研究，目的是更好地把二者融合一起，以便科学界定和全面理解体育旅游的内涵、外延及特征等。体育与旅游的结合丰富了旅游文化的内涵，增添了旅游活动的形式和内容，拓展了旅游资源空间，是旅游业同时也是体育产业发展的需要①。体育旅游集体育学、旅游学、休闲学、文化学、经济学和管理学等多学科知识于一体，具有很强的专业性和实践性。加强体育和旅游二者的联系可以促使两者优势叠加、互促互进、合作共赢。

2016年12月，国家旅游局、国家体育总局联合签署的《关于大力发展体育旅游的指导意见》指出，体育是发展旅游产业的重要资源，旅游是推进体育产业的重要动力。体育产业是极具增长潜力的产业，旅游产业是蓬勃发展的朝阳产业。体育和旅游关系密切，二者之间的融合发展具有天然的优势。首先，在内在关联性上，体育是发展旅游业的重要资源，旅游则是推进体育产业的重要动力和最好的市场渠道。也就是说，体育为度假旅游提供了重要的活动内容支撑，而旅游则为各种体育活动的普及和开展提供了重要的交流平台。其次，从发展的属性看，体育和旅游二者同时都具有产业属性和事业属性方面的特质。最后，从长远战略层面看，体育和旅游必将面临促进产业和事业合作共生、互补互促和协调发展的广阔前景。

（二）体育旅游释义

体育旅游是体育与旅游相互交叉渗透而形成的新兴旅游形式。体育旅游概念是个舶来品。在英文中，"Sport Tourism"和"Sports Tourism"都指"体育旅游"。虽然"Sport"和"Sports"只有一个字母"s"之差，学术界却长期存在争论。欧洲学者认为Sports Tourism只涉及体育项目本身，不涉及其他的旅游活动。相反，美国学者却认为Sport Tourism不仅强调体育赛事或者活动本身，而且也注重期间发生的旅游活动。国内学术界对体育旅游术语的使用，从体育旅游进入学术视野的开始阶段直到现在，呈现相对稳定、专一的态势，"体育旅游"一词基本得到了学术界的普遍认可和长期使用，英文则比较倾向对应"Sports Tourism"这一表达形式。关于体育旅游的概念，目前国内外学者有着不同的观点和解释，其所关涉的现象，尤其是所触发的效应纷繁复杂。

---

① 余昕.西部体育旅游与休闲[M].成都：西南交通大学出版社，2012.

1. 国外学者的观点

首次提出的体育旅游概念可以追溯到 1966 年英国体育游憩中央审议会出版的 *Sport and Tourism* 一书,书中只是描写了体育在旅游中扮演的角色。1969 年,马丁在《企业与社会》(*Business and Society*)上发表的《运动对国际旅游的影响》一文比较全面地从学术角度讨论了运动与旅游之间的关系。这篇文章还富有远见地强调了体育赛事参与者与观赛者在出行动机方面的差异[①]。澳大利亚学者霍尔等认为,体育旅游应分为两类:一类为旅行去参加体育运动,另一类为旅行去观看体育比赛。斯坦迪文等在前人研究的基础上提出了积极型(active)体育旅游和消极型(passive)体育旅游。前者是指在假期中主动参与体育运动的行为,后者是通过旅行到达目的地观赏体育比赛的行为。他们把体育旅游定义为:"一切主动或者被动参与体育活动的形式,且参与形式可以是随意的,也可以是有组织的,但必须是离开居住地和工作地的出游行为。"[②]从主动或被动参与体育活动的行为看,可见该定义的宽泛性。尽管如此,他们却忽视了通过旅行参观体育博物馆、名人堂、体育场等怀旧型体育旅游的部分。2001 年,加拿大学者欣奇和新西兰学者海厄姆强调了体育旅游的时空维度,并将时间结构、体力竞争和玩性本质等概念引入体育旅游。他们认为,体育旅游就是在有限的时间内,以具有一套独特的规则、包含体力和娱乐式竞争为特性的,以体育运动为基础的离开家庭环境的旅行。2004 年,英国学者麦克等将有关活动与场所相互作用的想法引入体育旅游,认为体育旅游是通过活动、场地和参与者之间特殊的相互作用所产生的一种社会、经济和文化现象。2017 年,美国学者瑞安等从学术演变、体育旅游及相关概念和定义的认知出发,总结出体育旅游概念涉及的五大维度。在所有文章中出现频率最高的"体育运动"(90%)成为第一个维度,显而易见,体育旅游发生的前提是"体育运动是主体运动",有了主体运动才会有旅游行为的发生;第二维度是"空间——旅游目的地和场所"(70%);第三维度是"时间"(36.67%),这里的时间既可以指旅游全程用时,也可以指仅仅参加项目活动的时间;第四个维度是"参与者的体验感"(33.33%),包括满意度、制约因素、与健康的关系和休闲的效应等方面;第五个维度是"产业和市场的经济动机"(13.33%)。以上五大维度构成了体育旅游概念中的五个主要方面,其中对"体育运动是旅游的动机"最为重视,这也说明西方学者关注体育旅游概念重点在于体育运动。

---

① MARTYN H.The influence of sports on international tourism[J].Business and society,1969,9(2):38-44.

② 柳伯力.体育旅游概论[M].北京:人民体育出版社,2013.

2.国内学者的观点

国内学者对体育旅游概念进行了诸多探索,至今国内体育学界、旅游学界对体育旅游概念尚未形成统一、权威的定义,但对体育旅游的本质是一种旅游活动形式基本达成一致共识。

朱竞梅认为,体育旅游可以从两个方面进行界定,狭义而言,体育旅游是通过参加各类体育活动、体育赛事和体育会议等形式,以旅游为目的的综合性活动;广义的体育旅游是指以参与多种多样与体育相关的活动为目的的旅行[①]。谭白英等认为,体育旅游是通过让参加者离开家庭所在地、前往某一目的地参与或观摩相关体育活动为主要内容的主题旅游[②]。姜付高认为,体育旅游是人们在闲暇时间离开居住地,在非盈利的前提下与体育旅游地、体育旅游产业及社会间发生各种关系的社会文化教育活动[③]。于素梅认为,体育旅游是指参与者较长时间离开居住地的旅行活动,其目的是旅游和体育,动机为休闲、健身、探险等,旅游形式为欣赏、观看或参与体育运动[④]。罗永义等在回顾了国内外关于体育旅游研究的基础上,认为体育旅游可以看作参与者在旅游过程中参与体育活动的过程,其同时兼具了旅游的社会属性特征和体育锻炼属性[⑤]。宋杰等将体育旅游视为体育事业的重要组成部分,认为体育旅游可以视为参与者的异地健身活动,是全面健身计划的重要实现途径[⑥]。柳伯力把体育旅游定义为:体育旅游是人们以旅行为形式,以体育为内容的休闲游玩活动[⑦]。徐勇认为,体育旅游是以观看、欣赏和参与各种体育活动为目的的旅行游览活动[⑧]。黄海燕等从参与的动机上界定体育旅游是旅游者短期内离开长住地,以休闲娱乐为目的的参与、参观、参加与体育有关的活动的总和[⑨]。在对美国体育旅游的现状进行分析的基础上,董二为从体育旅游的产业动态角度,首次将体育旅游分成职业体育旅游、业余体育旅游、户外运动和其他与体育相关的旅游活动,并认为体育旅游就是在有限的时间内,远离自己常规生活环境,参加与体育和康养相关的活动,或

① 朱竞梅.体育旅游项目问题初探[J].体育与科学,2000,21(2):25-27.

② 谭白英,邹蓉.体育旅游在中国的发展[J].体育学刊,2002,9(3):22-25.

③ 姜付高.体育旅游概念的哲学思辨[J].首都体育学院学报,2005,17(4):30-31.

④ 于素梅.小康社会的体育旅游资源开发研究[J].体育科学,2007,27(5):23-35.

⑤ 罗永义,林民牛.对体育旅游概念的思考[J].四川体育科学,2009,28(2):11-13.

⑥ 宋杰,孙庆祝,刘红建.基于WSR分析框架的体育旅游系统影响因素研究[J].中国体育科技,2010,46(5):139-144.

⑦ 柳伯力.体育旅游概论[M].北京:人民体育出版社,2013.

⑧ 徐勇.中国体育旅游发展研究[M].武汉:华中科技大学出版社,2016.

⑨ 黄海燕,张林.体育旅游[M].北京:高等教育出版社,2016.

者参观和体育相关设施的旅游活动。体育旅游的这种最新分类及界定拓宽了学界对体育旅游概念的多维审视和进一步探索①。王璐等把体育旅游定义为旅游者以目的地的体育元素为活动内容，以体育资源和体育设施为辅助条件，以观看或参与体育活动、娱乐、健身、养生等基本需求和发展需求为参与动机，以游览观光、户外运动、康体锻炼、运动康复、挑战体验等户内外静态或动态体育运动行为为主要活动形式，以旅游过程中的身体锻炼经历获得娱乐、锻炼和教育体验的旅体活动为核心的一种社会文化活动总称②。目前，学界较为一致的看法是，体育旅游是体育与旅游相结合的一种旅行活动。业内学者对体育旅游的界定呈现出逐步深入又不断扩大的趋势，随着体育旅游研究的广泛开展，需要更加准确地把握和界定体育旅游活动的内涵和外延。

体育旅游的界定非常复杂，因为体育和旅游都有其各自独立的领域范畴，在各自范围内研究的内容又比较宽泛，所以相互之间的深度融合比较复杂。体育旅游作为一种特殊复杂的现象，不是体育和旅游的简单糅合，而是通过活动、场地和参与者之间的相互作用产生的一种社会、经济和文化现象。从休闲、旅游、体育等不同的视角来理解体育旅游，休闲是时间的视角，即工作之余闲暇时间的安排；旅游是空间的视角，即离开日常生活环境，前往异地陶冶身心的一种行为；体育是活动方式的视角，即包含身体锻炼、游戏、竞争要素的身体运动。因此，从休闲的角度，体育旅游是居民将一部分闲暇时间用于前往异地从事身体运动；从旅游的角度，体育旅游主要是以身体运动为主要目的的一种旅游产品；从体育的角度，体育旅游大致与时下兴起的户外运动涉及的内容比较相近③。

3. 体育旅游逻辑学界定

"定义"是通过一个概念明确另一个概念内涵的逻辑方法④。逻辑学认为，"属＋种差"法又称为实质定义法，是逻辑学中最常使用的一种概念界定方法。通常而言，在分类规则中，"属"所对应的是总概念范畴，即从大范围定义对象的类别归属，而"种"则对应的是下位概念，是大类别中的一个分支。在同一"属"范畴中，被定义项所独特具有的、能够将自身与其他同位概念区别开的本质属性差别，即为"种差"。事物属的概念反映了该事物的本质，而种差的概念则反映了该事物种概念的本质属性。这个分类规则可以用公式表达为"被定义项＝邻近的

① 董二为.体育旅游发展路径初探:基础与案例[M].北京:科学出版社,2021.

② 王璐,皮常玲,郑向敏.体旅融合视域下体育旅游研究结构与层次的建构逻辑[J].天津体育学院学报,2023,38(3):329-335.

③ 曾博伟,张晓宇.体育旅游发展新论[M].北京:中国旅游出版社,2018.

④ 中国人民大学哲学系逻辑教研室.形式逻辑[M].北京:中国人民大学出版社,1980.

属＋种差"。

通过对体育、旅游和体育旅游等相关概念的综合分析与研判,笔者认为体育旅游就是为满足旅游者的体育需求而兴起的一种活动,从逻辑学的视角对体育旅游做如下界定:体育旅游是指人们离开常规生活或工作环境,为满足参加、参与或观看、游览与体育相关的一切社会实践活动的需求,在与目的地的特殊场合互动交流中所衍生的一种社会、经济和文化现象。也就是说,体育旅游是以体育资源为主导,以旅游要素为系统,以科技创新为驱动,以产业融合为特征的一系列社会活动[①]。体育旅游的定义中包含了参与活动的人群、场所、目的等。在定义中,"体育旅游"是种概念或被定义项;"社会实践活动"是体育旅游的属概念;"人们离开常规生活或工作环境,通过参加、参与或观看、游览与体育相关的活动,与目的地的特殊场合互动交流"是种差。在反映属概念与种概念的关系上,"社会活动"的外延大于"人们离开常规生活或工作环境,通过参加、参与或观看、游览与体育相关的活动"的外延。在其内涵上,体育旅游这一种概念除了具有社会活动这一属概念内涵所指的实践活动的基本属性外,还具有人们参加、参与或观看、游览与体育相关的活动这一内涵属性,种概念内涵多于属概念内涵。在定义概念时,当一个被定义概念既有了它的归属,又有了它的种差,就满足了揭示其特有属性的要求。

对体育旅游概念的界定,实际上也是对体育旅游的定义进行逻辑论证和逻辑检验的过程,逻辑论证和逻辑检验使我们对体育旅游本身有了更为清晰的认识和了解。从总体上看,体育旅游不仅是一项经济现象,在现代社会的背景下,更多地成为旅游者亲近自然、理解文化、发现自我的社会现象[②]。

四、体育旅游者

体育旅游者是体育旅游活动的主体,也是体育旅游发展的服务主体。因此,了解和分析体育旅游者的类型及特征,对体育旅游的可持续发展至关重要。在体育旅游领域,越详细的游客信息越能说明该领域的体育旅游发展状况,而且有助于深入了解体育旅游者的类型划分、行为特征及需求动机等,同样更有利于全面理解体育旅游产生的社会影响及经济效应。

根据世界旅游组织对旅游者的界定,广义的旅游者是指旅游区的所有游客,狭义的旅游者是指积极倡导、参与体育旅游活动,有益于身心健康的旅游者。从

---

① 纪宁.体育旅游产业系统运行研究[D].天津:天津大学,2019.

② 谢彦君,吴凯,于佳.体育旅游研究的历史流变及其具身体验转向[J].上海体育学院学报,2021,45(11):16-30.

需求的角度,格里帕提斯提出体育旅游可以是积极主动的,也可以是消极被动的;体育活动可能是出游的首要动机,也可能是有其他主要动机的"附带性"活动。1996年,日本体育旅游研究的先驱野川春夫教授根据旅行的目的,将体育旅游者分为赛事参与者、赛事观看者和运动爱好者。维德等根据体育旅游参与者的特征及出游动机,把体育旅游者大致分为三种类型:第一,把参与体育活动作为出游首要目的的体育旅游者,称为首要体育旅游者,也是体育旅游市场中的主流群体,包括职业运动员、户外探险及另类体育活动参与者、体育观众以及忠实的球迷等。职业运动员的出游动机大多是为了个人竞技能力和运动成绩的提升以及成就感的实现,本职工作是为职业体育而奋力拼搏,旅行只是附带的动机;户外探险及另类体育活动参与者主要是参与传统户外活动的旅游者,像登山、高山滑雪、航海、攀岩和徒步旅行等,他们大多需要独特的地理和自然环境,通常伴有旅游活动;对于大多数体育观众来说,亲身体验精彩刺激的体育比赛场景及比赛氛围是他们观看比赛的主要动机,对于很多"铁杆"球迷而言,球迷身份是他们参与的主要标签。第二,体育活动往往只是名义上的吸引物或出游的动机之一,参与旅游的原因不仅仅在于体育活动的体育旅游者,称为附带体育旅游者。这类人群往往是在参加商务公务、观光度假、探亲访友之余顺便参加体育旅游活动。附带体育旅游者往往利用高端体育活动而给自己带来更多的社交机会,像马术观众对马术可能没有太大兴趣,或者缺少马术知识,但主要动机是获得交际机会或地位声望,借此炫耀个人生活品位等。第三,出游的首要动机并不是参与体育活动的体育爱好者,而是把参与体育活动的机会作为一项决策因素,往往称为潜在的体育旅游者。这种体育爱好者大多属于怀旧体育旅游者,具有巨大的发展潜力。正如甘蒙描述的"为吸引物、体育赛事而旅游,为曾经在此举行过的赛事而旅游"一样,旅游的内容主要包括体育博物馆、体育名人纪念馆、举办过大型体育赛事的体育场馆等[1]。

柳伯力等认为,体育旅游者是为了享受或实现自我需要,离开常住地24小时以上到1年以内,以参加体育活动、挑战自我为旅游手段的旅行者[2]。陶宇平根据旅游者的基本定义和体育活动的特征,将体育旅游定义:体育旅游者是为了满足精神享受或自我实现的需要,暂时离开常住地,以参加体育活动或观赏体育活动为目的,并在此过程中进行经济消费的人[3]。夏敏慧等结合当今对体育

① 维德,布尔.体育旅游[M].戴光全,朱竑,译.天津:南开大学出版社,2005.
② 柳伯力,陶宇平.体育旅游导论[M].北京:人民体育出版社,2003.
③ 陶宇平.体育旅游学概论[M].北京:人民体育出版社,2012.

旅游者界定的主流观点,对体育旅游者进行了如下界定:体育旅游者是指为了满足精神需求或自我实现的需要,暂时离开常住地到旅游目的地以参加体育活动或观赏体育竞赛为目的,享受体育旅游产品,并在此过程中进行经济消费的旅游者[①]。

通过分析国内外对体育旅游者研究的文献可以看出,学界大都从体育旅游的参与形式把体育旅游者分为参与型体育旅游者和观赏型体育旅游者。参与型体育旅游者就是在旅游中亲自参与到具体的体育活动实践中;观赏型体育旅游者主要是观看或欣赏各种体育比赛、体育表演、体育景点等。夏敏慧依体育活动的强弱程度将体育旅游参与者进一步细分为休闲型体育旅游者、健身型体育旅游者、竞技型体育旅游者、刺激型体育旅游者和民俗型体育旅游者[②]。今天的体育旅游者对景区的诉求不再只是美丽的风景,已经从狭义的体育观赏和体育活动深入更为广泛的目的地居民的日常生活空间和现实场景,主动融入和体验当地美好的生活以及面向未来的调性与质感。外地体育游客旅游和本地居民休闲已经融为一体,并为体育旅游业带来了更加开放的市场空间。

五、体育旅游与户外运动

户外运动起源于18世纪阿尔卑斯山脉的登山科考活动[③]。户外运动是一组在自然环境举行的带有探险或体验探险的运动项目群,包括登山、攀岩、悬崖速降、皮划艇、潜水、帆船、定向运动等项目,户外运动项目多数带有探险性,属于极限和亚极限运动,具有很大的挑战性和刺激性,使参与者能够亲身体验拥抱自然、挑战自我的感受。在其发展历史中,户外运动由彼时的军事服务向现代休闲需求转变,参与群体也由贵族化转向大众化。1857年,世界上最早的户外运动俱乐部诞生在德国,这个以登山、徒步为主要运动项目的民间组织是现代户外运动俱乐部的雏形[④]。英国素称"户外运动之乡",户外运动作为理想的体育休闲手段,以一种更加自由、随意的运动方式,备受英国大众的青睐。随着英国的对外发展,户外运动和游戏的影响很快传到了美国、法国及世界其他国家。

从20世纪80年代起,风靡于欧美的户外运动传入我国。2001年年底,我国以登山、攀岩、野营、远足等为主体的大众户外运动俱乐部发展到150多家。

① 夏敏慧,田晓玉,王辉,等.体育旅游者行为特征的研究:以海南为例[J].沈阳体育学院学报,2015,34(1):56-60,77.
② 夏敏慧.海南体育旅游开发研究[M].北京:北京体育大学出版社,2005.
③ 董范,曹志凯,牛小洪.户外运动学[M].2版.武汉:中国地质大学出版社,2014.
④ 孙永生.户外运动[M].沈阳:辽宁人民出版社,2023.

2005年4月,国家体育总局批准山地户外运动成为我国正式开展的体育项目,归属国家体育总局登山运动管理中心统一管理。随着户外运动项目类型及其运动方式的不断创新,户外运动不仅受到大众的青睐,而且成为大众追求时尚健康的一种生活方式①。"十三五"时期,随着全民健身与全民健康深度融合,户外运动逐渐成为人民群众喜闻乐见的运动方式。一是参与人数持续增加。各类户外运动协会组织、户外运动俱乐部等发展迅速,带动户外运动参与人数不断增加,截至2021年年底,全国户外运动参与人数已超过4亿人。二是产品供给日益丰富。基本形成了山水陆空全覆盖的户外运动产品供给体系,登山、徒步、马拉松、自行车、滑雪、皮划艇、滑翔伞、定向等一大批户外运动项目蓬勃发展。三是场地设施逐渐完善。滑雪场、山地户外营地、航空飞行营地、汽车自驾运动营地、公共船艇码头、攀岩场地以及公园、绿道、健身步道等户外活动场地大幅增加。2022年10月,国家体育总局等八部门联合颁布的《户外运动产业发展规划(2022—2025年)》指出,到2025年我国户外运动产业高质量发展成效显著,总规模超过3万亿元。从现有的研究来看,我国户外运动产业正处于快速增长期,其参与人数不断增加、产品供给日益丰富和政策体系不断完善等是推动户外运动产业发展的重要力量。当然,我国户外运动产业也面临诸多问题与挑战,还存在一些短板和薄弱环节,市场潜力有待进一步释放,自然资源向户外运动开放不足,户外运动器材装备便利化运输难题有待破解,以及存在户外运动专业人才缺乏、设施与产品有效供给不足、品牌影响力有待提升等问题,这些影响因素必须通过深化改革、加强创新才能得以破解。随着《"十四五"体育发展规划》《户外运动产业发展规划(2022—2025年)》的颁布实施,户外运动必将迎来新的发展机遇,也必将成为新发展阶段推进体育强国建设、促进全民健康的重要力量。在全民健身国家战略背景下,人民群众增进健康、亲近自然的需求将刺激户外运动产品和服务供给。

根据国内学者的研究,户外运动有广义和狭义之分。广义的户外运动就是室外运动或一切发生在户外的运动;狭义的户外运动指的是在自然场地进行的体育运动,分为山地户外运动、水上户外运动和空中户外运动②。中国国家体育总局职业技能鉴定指导中心的"户外运动"是指一组以自然环境为场地(非专用场地)的带有探险性质或体验性质的体育项目集群;史登登认为,户外运动是指在自然环境中开展的与自然环境关系较为密切,且参与者与自然生态有互动关

① 陈昆仑,牛笛,赵杰,等.中西方户外运动项目分类对比与启示[J].体育学刊,2022,29(6):99-104.

② 徐勇.中国体育旅游发展研究[M].武汉:华中科技大学出版社,2016.

系的身体活动[①];曾博伟等则从体育的角度分析,认为运动休闲旅游主要指户外运动,也就是在自然环境中开展的、具有一定挑战性的、与大自然关系密切的运动休闲活动[②]。总之,我国学者对户外运动的认知基本达成了三点共识:一是活动空间均在户外或室外;二是参与者与自然环境密切接触;三是活动形式是体育活动或身体活动。

尽管户外运动和体育旅游都具有异地性、暂时性、非就业性等旅游活动的特点,但是户外运动与体育旅游相比具有项目本身的特色:第一,户外运动往往以自然环境为活动场地,是在室外自然环境中进行的或与自然环境紧密结合的挑战性运动,而体育旅游未必如此。第二,户外运动具有一定的探险性,户外运动参与者在户外活动中体验刺激、释放情怀,能够获得一般体育旅游不能给予的超越自我、挑战极限的精神享受。户外运动受自然环境变化影响极大,相关活动项目极具体验性和刺激性,甚至潜藏的各类风险常常诱发安全事故[③]。第三,户外运动参与者直接参与挑战性或刺激性的户外运动项目,户外运动着重于运动,不具有体育旅游过程中的观看、欣赏、游览等之类的参与形式,而体育旅游则侧重于与体育相关的旅行。第四,学科归属不同,依据我国学科分类体系,户外运动属于探险或体验探险的运动项目群,倾向于体育学科范畴。尽管体育旅游具有体育和旅游相互融合的交叉学科性质,在国内旅游界和旅游学论著中,研究者大都认为体育旅游是旅游的一个亚类,体育旅游在一定程度上隶属于旅游学科范畴,是旅游学科的重要组成部分,其母学科是旅游学[④]。

第二节　体育旅游公共服务范畴界定

为了从理论上清晰把握体育旅游公共服务问题,必须了解与体育旅游公共服务直接相关的若干基础理论和前提性问题。体育及旅游界在探讨体育旅游公共服务理论问题时,大都率先梳理和辨析它与公共服务和公共产品之间的理论关系。而新公共服务理论则是将民主作为理论基础与核心,由广大民众共同决定公民利益的理论体系。以相关理论研究为基础,笔者从体育旅游公共服务对

①　史登登.户外运动相关概念辨析与界定[D].沈阳:沈阳体育学院,2013.

②　曾博伟,张晓宇.体育旅游发展新论[M].北京:中国旅游出版社,2018.

③　王立平,孙妍,王磊.当前我国大众户外运动发展现状研究[J].山东体育学院学报,2012,28(4):19-23.

④　余昕.西部体育旅游与休闲[M].成都:西南交通大学出版社,2012.

象、特征以及相关概念之间的区别等方面阐释体育旅游公共服务。这不仅有助于明确把握体育旅游公共服务涵盖的范畴,也是探讨其有效供给条件和供给模式的基础,更是制定合理、高效供给制度安排的重要依据和前提。

一、公共服务理论内涵与研究视角

近年来,公共服务内容的扩展及其基本内涵的探讨逐渐成为公共服务领域关注的焦点。在不同的社会发展阶段及社会制度体系下,公共服务的基本表现形式与实施手段存在历史性流变态势①,这也为公共服务概念界定增加了一定的难度。

公共服务是政治学、行政学和公共管理领域的重要概念,它聚焦于政府如何发挥作用和履行职责。到目前为止,人们认为最早明确提出公共服务概念的是20世纪初期法国公法学派代表莱昂·狄骥,并将公共服务作为现代公法制度的基本概念②。他认为"任何因其与社会团结的实现与促进不可分割而必须由政府来加以规范和控制的活动,就是一项公共服务,只有它具有除非通过政府干预,否则便不能得到保障的特征"③。狄骥对公共服务的界定强调了政府是传统公共服务提供的唯一合法主体,并强调公共服务与政府的规范和控制密切相关。从中可以看出,其观点并不完全适应当今社会治理与发展的需要。按照传统的公共行政学的观点,公共服务是政府提供公共产品的副产品,从属于公共产品。因此,公共服务被定义为提供公共产品的服务形式。这种意义上,公共服务是一个过程概念,是政府履行责任、执行政策的一种途径,是对当事人或选民应尽的义务。随着20世纪80年代公共管理理论的兴起,公共服务的内涵呈现多样化与不断拓展的发展趋势。马庆钰强调了公共服务多元供给主体和对象,认为公共服务是由公法授权的政府和非政府公共组织以及有关工商企业在纯粹公共物品、混合性公共物品以及特殊私人物品的生产和供给中所承担的职责。④ 夏光育提出的"公共服务就是政府利用各种权力或公共资源,为民众的直接需求提供服务,为民众的基本需求提供保障,促进社会基本消费均等化的一系列公共行为"的观点,是一种狭义的公共服务,强调了政府除了直接提供服务,还提供需求

① 袁新锋.公共体育服务质量影响因素与改进策略研究[D].济南:山东大学,2020.

② 李仙飞.西方公共服务有效供给基础理论研究:兼谈其在日本研究型大学建设中的应用[M].北京:北京师范大学出版社,2012.

③ 李军鹏.公共服务学:政府公共服务的理论与实践[M].北京:国家行政学院出版社,2007.

④ 马庆钰.关于"公共服务"的解读[J].中国行政管理,2005(2):78-82.

保障。① 句华认为,广义的公共服务与公共产品相同,既包括保障市场经济正常运行的法律制度等,也包括为纠正市场失灵和功能缺欠所制定的宏观政策、微观体制等抽象的公共产品,还包括政府所提供的具体的公共服务项目,即大多数人认为的广义的公共服务既提供公共产品又提供服务;而狭义的公共服务仅指那些由政府负责安排的具体的公共服务项目,以满足公共需求为核心,不以盈利为目的,具有明显公共属性的产品和服务。②

综合以上分析,公共服务的内涵明确了它以公平性、公益性为要旨,并且强调了政府是服务主体的主要承担者,这与公共产品更多地关注公共性有所不同。笔者认为,公共服务是由政府、市场、社会及其他组织在公共产品的生产和供给、公共需求的满足中所承担的职责和履行的职能。就其范围而言,公共服务包括有形的公共产品和无形的公共产品,一方面包括公共服务主体所从事的满足公共需求的活动;另一方面也包括这些活动的成果,即公共产品的实物形态③。

二、公共产品理论内涵与研究视角

公共产品也称公共物品、公共品。它是与私人产品相对应的概念,主要指为全体社会成员提供消费或使用的产品或服务。对于公共产品的内涵和范围的界定,不同学者的观点也不尽相同。公共产品理论被认为是当代西方财政理论的核心。最早可以追溯到瑞典经济学家威克塞尔 1896 年在《财政理论研究》一书中将边际成本等设计应用于公用事业服务、带有垄断性的寡头产品等,以此开创了"纯公共产品理论"。"Public Goods"一词最早由瑞典经济学家埃里克·罗伯特·林达尔于 1919 年提出,被译为"公共产品"。最早也最有影响的是美国著名经济学家保罗·萨缪尔森于 1954 年界定的公共产品定义,他提出公共产品是指任何一个社会成员对该产品的消费并不会导致其他社会成员对其消费的减少的产品。也就是说,一定数量的公共产品只要被生产或提供,那么所有的社会成员都可以对其进行消费。此外,他还在《公共支出的纯粹理论》一书中归纳了公共产品在消费中的两个本质特征,即公共产品具有消费的非排他性与非竞争性。这也是纯公共产品最基本的特性,后来成为公共产品的经典定义。

现实消费中还存在许多"萨缪尔森归纳"不能完全包容的特殊公共消费的情况,公共选择学派代表人物、美国学者布坎南又对其做了进一步补充。他在1965 年出版的《俱乐部的经济理论》一书中首次提出准公共产品(又叫非纯粹公

① 夏光育.对"公共服务"的几点思考[J].河南科技,2010(14):131-132.
② 句华.公共服务中的市场机制:理论、方式与技术[M].北京:北京大学出版社,2006.
③ 李爽.旅游公共服务体系构建[M].北京:经济管理出版社,2013.

共产品或混合公共产品)的理论。这类公共产品或者只具有非排他性,或者只具有非竞争性。也就是说,这些产品具有一定程度的私人产品属性,不排除公共产品可以通过市场来提供,因而不能同时满足萨缪尔森所提出的两个条件。布坎南还十分注重公共产品的公共性程度差异,指出公共产品的外延范围相当宽泛,不但可以包括萨缪尔森定义的纯公共产品,也可以包括公共性程度从 0 至100%的其他一些商品和服务。这与当代经济学家约瑟夫·E.斯蒂格利茨和安东尼·B.阿特金森提出的观点不谋而合,即私人产品和公共产品处于一个序列的两个极端。至此,公共产品理论从消费特征的角度可分为纯公共产品、准公共产品(或混合产品)和私人产品。在当今市场经济中,私人产品可以通过市场机制由企业和公众提供;由于公共产品的成本具有不可补偿性,因此公共产品需要政府通过一定的政治程序和公共选择来提供;现实中的准公共产品较之纯公共产品和纯私人产品更为普遍,政府和市场均有供给责任[1]。同时,准公共产品还需要根据其竞争性和排他性的强弱而采取多种多样的供给模式和供应方式[2]。总之,公共产品从经济学视角出发,在内涵上凸显其消费特征与效果的观察,也就是效率问题。虽然这一概念的提出渊源其实是为政府干预市场经济、弥补市场失灵而寻找理论依据,但其着重点在于关注效率而非公平、公益等系列问题[3]。

　　通过以上分析可知,公共产品包含的内容丰富,而且外延宽泛,结构复杂。笔者所考察的公共产品是以社会的共同需要——"公共性需求"为基础,强调公共产品首要的、无可争辩的属性是在特定范围内消费的公共性,而其消费的非竞争性和非排他性是选择性成立的。因此,简单而言,公共产品就是由全体社会成员共同消费,而不是专门为任何个人单独消费的产品或劳务[4],大致可以分为有形公共产品、无形公共产品与混合型公共产品三类。

三、新公共服务理论内涵与研究视角

　　由于公共管理范式的缺陷及其在实践中面临的挑战,以美国著名公共行政学家罗伯特·B.登哈特为代表的一批公共行政学者基于对新公共管理理论的反思,特别是针对作为新公共管理理论精髓的企业家政府理论缺陷的批判,提出了替代新公共管理的范式——新公共服务理论。新公共服务的思想来源和理论先

① 邹再进,罗光华.旅游公共服务[M].北京:社会科学文献出版社,2015.
② 李爽.旅游公共服务供给机制研究[D].厦门:厦门大学,2008.
③ 徐菊凤.旅游公共服务:理论与实践[M].北京:中国旅游出版社,2013.
④ 李爽.旅游公共服务体系构建[M].北京:经济管理出版社,2013.

驱包括民主公民权理论、社区与公民社会理论、组织人本主义和新公共行政、后现代公共行政①。

所谓"新公共服务",指的是关于公共行政在以公民为中心的治理系统中所扮演的角色的一套理念。新公共服务理论家认为,公共行政官员的工作重点既不应该是为政府这艘航船掌舵,也不应该为其划桨,而应该建立明显具有完善整合力和回应力的公共机构。具体来说,新公共服务理论的基本观点主要包括:一是政府的职能是服务,而不是"掌舵"。政府公务员日益重要的角色就是要帮助公民表达和满足他们共同的利益需求,而非试图在新的方向上控制或驾驭他们。二是公共利益是目标而非副产品。公共行政官员必须致力于建立集体的、共享的公共利益观念,进而创造共享利益和共同责任,因而广泛的公众对话和协商至关重要,确保公共利益居于主导地位。三是在思想上具有战略性,在行动上具有民主性。满足公共需要的政策和方案可以通过集体努力和协作过程最有效并且最负责任地实现,确保政府为公民服务且为公民创造机会。四是为公民服务,而不是为顾客服务。公共利益产生于一种基于共同价值观的对话协商,政府不仅要对"顾客"的要求做出回应,而且要集中精力与公民以及在公民之间建立信任与合作关系,强调了政府必须关注公民的需要和利益。五是责任并不简单。公共行政官员所应关注的不只是市场,他们还应该关注宪法法律、社区价值观、政治规范、职业标准以及公民利益等的综合影响,而且对这些制度和标准等复杂因素负责。六是重视人,而不只是重视生产率。新公共服务理论家在探讨管理和组织时十分强调"通过人来进行管理"的重要性。七是公民权和公共服务比企业家精神更重要。公共行政官员不仅要分享权力,通过公民来工作,通过中介服务来解决公共问题,而且必须将其在治理过程中的角色重新定位为负责任的参与者,而非企业家。总之,新公共服务理论将公民置于治理体系的中心,更加关注民主价值与公共利益,推崇公共服务精神,强调服务是政府的根本职责,将公民协商机制作为创造共同价值的主要目标,进而以沟通协商的方式实现政府、相关部门、第三方组织的利益最大化和需求协同化。从理论视角分析,新公共服务理论弥补了新公共管理理论与传统公共行政理论的缺陷与不足,也是对新公共管理理论的一种扬弃,其理论观点更加适应现代公共社会和公共管理实践的需要②。

新公共服务理论作为研究的重要理论依据,对本研究的支撑主要体现在以

---

① 邹再进,罗光华.旅游公共服务[M].北京:社会科学文献出版社,2015.

② 吴志鹏.城乡一体化进程中基本公共服务均等化问题研究[D].上海:上海师范大学,2009.

下几个方面:其一,政府需要架构起多维的体育旅游公共服务协同合作方式,扩大体育旅游公共服务供给主体,进而构建体育旅游消费者对政府的认同感和信任感;其二,体育旅游公共服务应当充分践行以人为本的理念,将公民协商机制作为创造共同价值的主要目标,对政府、相关部门、第三方组织的利益最大化和需求协同化提出迫切要求;其三,政府的治理与运行应充分满足体育旅游消费者的内心期待和现实诉求,逐步从"控制或驾驭"功能向"服务"功能转变,实现体育旅游公共服务能力和水平的逐步提升①。

四、体育旅游公共服务内涵与服务对象

把握体育旅游公共服务内涵是研究体育旅游公共服务的基础与前提。对于体育旅游公共服务内涵的认识是一个逐步深入的过程,目前对体育旅游公共服务概念的理解过于模糊和肤浅,学术界关于体育旅游公共服务的定义尚未达成一致共识,对体育旅游公共服务的内涵与外延、服务提供方与受益方、服务的属性特征、服务涵盖的范畴等还缺乏全面的理解和认知。

(一)体育旅游公共服务内涵

"旅游公共服务"作为我国旅游界的专属概念,始于2003年党的十六届三中全会上中央提出的建设服务型政府理念。2009年和2011年国家分别通过的《国务院关于加快发展旅游业的意见》和《中国旅游公共服务"十二五"专项规划》,明确把发展旅游公共服务作为旅游发展的重点。2013年,《中华人民共和国旅游法》的正式颁布实施更是填补了旅游公共服务领域的法律空白。同年,国务院办公厅颁布了《国民旅游休闲纲要(2013—2020年)》(以下简称《纲要》),目的是满足人民群众日益增长的旅游休闲需求,促进旅游休闲产业健康发展,推进具有中国特色的国民旅游休闲体系建设。《纲要》明确提出了改善国民旅游休闲环境、推进国民旅游休闲基础设施建设、完善国民旅游休闲公共服务、提升国民旅游休闲服务质量等主要任务和措施。《纲要》的颁布实施,对促进我国体育旅游公共服务体系的构建,提升体育旅游公共服务质量和水平具有重要意义。2016年12月,国家旅游局、国家体育总局联合出台了《关于大力发展体育旅游的指导意见》,在重点任务中强调了加强体育旅游公共服务设施建设,进一步明确体育产业和旅游产业基础设施建设向体育旅游倾斜,推动各地加大对体育旅游公共服务设施的投入。因此,加强构建我国体育旅游公共服务理论与实践的研究,既是政府与学界面对的新课题,也是全社会关注的焦点,对其研究具有重

---

① 赵琳.黑龙江省滑雪旅游公共服务困境与优化对策研究[D].哈尔滨:哈尔滨体育学院,2022.

要的现实意义和应用价值。

较早对体育旅游公共服务内涵进行研究的学者是武恩钧,他在2013年提出了健身体育旅游公共服务是旅游公共服务的一项特殊的公共服务形式,但并没有对健身体育旅游公共服务概念进行阐释①。在此研究基础上,邱建国等对健身体育旅游公共服务进行了界定,认为健身体育旅游公共服务是指政府或其他社会组织提供的,不以盈利为目的,具有明显公共性的,以满足健身体育旅游者共同需求为核心的公共产品和服务的总称。并进一步提出了健身体育旅游公共服务体系是面对公众的多元化健身体育旅游公共服务需求的保障系统,它是指在一定的健身体育旅游公共服务对象、供给主体、供给模式和政府监管的规范下,依据一定的法律法规构建的健身体育旅游公共服务系统②。这也是我国早期对健身体育旅游公共服务和健身体育旅游公共服务体系进行的界定。尽管国内对体育旅游公共服务内涵的研究较少,但国家法律法规及政策文件的颁布实施和相关学者的前期研究思路为后续深入研究提供了良好的基础和启迪,也有助于将来进一步全面认识和了解体育旅游公共服务的内涵、外延、特征、供给主体、服务对象、服务内容等相关问题。

目前,关于体育旅游公共服务的概念还没有权威性界定。体育旅游公共服务相较于健身体育旅游公共服务研究的范畴更为宽泛,除了满足健身体育旅游者的公共服务外,还必须考虑其他类型的体育旅游者的公共服务需求。体育旅游公共服务以体育旅游业为依托,是满足不同体育旅游消费者多元化需求的服务组合,既是政府、市场与社会组织供给的主要内容,也是体育旅游消费者内在的现实需求,更关系到体育旅游竞争力和相关产业的发展程度。由此可见,体育旅游公共服务是体育旅游业和公共服务的有机统一,以公共服务创新产业发展方式开辟了体育旅游业发展的新思路,形成了体育旅游业与政府、市场、社会、体育旅游消费者之间共生共存的局面。通过前期对体育旅游及公共服务相关研究的梳理和回顾,本研究认为体育旅游公共服务是指由政府、市场、社会非营利组织以服务为纽带,以满足体育旅游消费者共同需求为核心,在体育旅游过程中提供的具有明显公共性和公益性的公共产品和服务的总称。也就是说,体育旅游公共服务就是指通过政府行为或政府主导下的市场或社会行为实施供给的体育旅游公共服务设施和体育旅游公共服务保障等的公共产品系统。由此看来,在

---

① 武恩钧.我国健身体育旅游公共服务体系动力机制构建研究[J].山东体育科技,2013,35(5):115-118.

② 邱建国,徐瑶,任保国,等.《国民旅游休闲纲要》实施目标下我国健身体育旅游公共服务体系的构建[J].北京体育大学学报,2015,38(11):36-42.

政府的政策引导与制度保障下形成的体育旅游公共服务,既可以优化相关体育旅游资源的配置,又能够实现多主体相互配合的协同效应①。

（二）体育旅游公共服务对象

经济规模的倒 U 形曲线说明,体育旅游者和当地居民都需要高质量的体育旅游设施供应及服务需求。体育旅游公共服务具有特定的服务对象或受益者,并且根据受益程度的范围有广义和狭义之分。广义的服务对象不仅包括现实的和潜在的体育旅游消费者,还包括中间受益者,即体育旅游公共服务的服务主体（政府、体育旅游企业、社会组织、社区等）。各服务主体不仅在体育旅游公共服务中提供各自的服务内容和形式,而且也在不断获得或置身共享服务。现实与潜在的体育旅游消费者不仅包括前来目的地到访的体育旅游者,也包括当地生活的居民。这一点也恰好体现了公共服务的公共性、公益性、公平性。此外,从供需平衡的角度分析,体育旅游公共服务面临的主要问题是在需求波动幅度较大的情况下,如何实现体育旅游者与当地居民总体需求最大化满足的问题②。在体育旅游中,面向体育旅游者服务的行业部门与面向当地居民的服务部门相互渗透交叉、互相影响,浑然一体,具有较强的相关性与协同性。实际上,与体育旅游者直接相关的体育旅游公共服务,也是体育旅游及其相关部门现有体制职能可以提供的公共服务,则更接近于狭义范畴,也更具有实践推进价值。本书研究的主要是狭义的体育旅游公共服务,即以满足与体育旅游者直接相关的公共服务需求为主,并兼顾当地居民的日常出行与健身休闲活动。服务是旅游业的本质属性,服务水平的高低决定体育旅游业发展水平的高低。如何改革现有管理体制与运行机制,充分考虑和切实满足广大体育旅游散客需要的多样化、个性化、品质化的体育旅游公共服务,逐步成为体育旅游业实践探索中亟待解决的现实问题。

五、体育旅游公共服务相关概念辨析

体育旅游公共服务、旅游公共服务、一般公共服务三者之间既紧密关联,又互有区别。因此,对其相互关系的准确把握和清晰甄别是一个相对复杂的过程。一般认为,公共服务是旅游公共服务和体育旅游公共服务研究的重要理论根基,旅游公共服务是公共服务在旅游领域的特殊体现,而体育旅游公共服务又是旅游公共服务不可或缺的有机组成部分。此外,体育旅游公共服务和体育公共服

① 赵琳.黑龙江省滑雪旅游公共服务困境与优化对策研究[D].哈尔滨:哈尔滨体育学院,2022.

② 李爽.旅游公共服务体系构建[M].北京:经济管理出版社,2013.

务又有着千丝万缕的联系。本研究认为,体育旅游公共服务(狭义)、旅游公共服务与一般公共服务之间应该是一个包含与被包含的所属关系。

公共服务内涵的界定及其内容的拓展已逐渐成为近年来研究的热点问题。在社会发展的不同阶段,公共服务的基本表现形式与实施手段存在历史性流变态势[①]。公共服务既是政府改革的现行核心理念,又为公民的社会活动和公民权利提供了相应保障,是社会现代化程度和国家治理进程的重要体现。公共服务的价值体现为寻求公众利益,公共服务的内容主体及其基本要素大多来自政府及其相关部门,供给主体多是以政府为主导、多个部门与组织参与协作共同实现公民的公共权利。本研究认为,现阶段的公共服务是指在政府及相关部门的协同引导与保障下,以公众价值需求为导向,采用多元化供给手段满足大众多层次的社会需求,从而达到公众满意目的的服务性集合。

旅游公共服务是公众思维多元化与服务需求差异化的产物,并随着公民旅游意识的增强与服务需求的增长,逐渐成为新兴的旅游公共服务主体。旅游公共服务水平与质量的高低是影响旅游消费者选择旅游目的地的重要标准之一。事实上,旅游公共服务既包括为旅游消费者提供的如旅游基础设施服务、旅游公共交通等有形服务,又包含了大量的无形服务,如旅游信息服务、旅游安全服务和旅游权益服务等。尽管不同学者对旅游公共服务内涵的界定与表述有所差别,但基本上认为旅游公共服务的目的是满足旅游爱好者对旅游的需求,由政府、市场或社会组织提供的具有明显公共性的产品和服务的总称。随着旅游公共服务内容和形式的多样化,其概念也在不断拓展和延伸,内涵随之不断丰富与充实。"十四五"时期,针对旅游消费者而形成的多层次需求,提供旅游公共服务多元化供给模式、构建多样化服务形式、实现基本公共服务均等化等将是今后旅游公共服务的战略重点[②]。

体育旅游公共服务、旅游公共服务与一般公共服务的关系可以从以下几方面考虑:首先,在服务内容上,公共服务是旅游公共服务和体育旅游公共服务有效供给的基础和重要支撑;旅游公共服务和体育旅游公共服务的有效供给依赖于旅游目的地优质的公共服务水平和完善的基础设施建设等。其次,在服务对象上,一般公共服务侧重于满足居民的基本生活需求,服务对象主要是一定生活区域内的广大民众,体现的是社区居民的公共利益和公共服务需求;旅游公共服务和体育旅游公共服务属于满足人们基本物质生活之外的更高级的精神生活需

①　袁新锋.公共体育服务质量影响因素与改进策略研究[D].济南:山东大学,2020.

②　赵琳.黑龙江省滑雪旅游公共服务困境与优化对策研究[D].哈尔滨:哈尔滨体育学院,2022.

要,旅游公共服务的服务对象主要是外地到访的普通游客,体育旅游公共服务更加针对来自世界各地的体育旅游爱好者,提供优质公共服务的主要目的是通过优化旅游和体育旅游产品与服务质量,吸引尽可能多的来自国内外的游客及体育旅游爱好者,以推动区域旅游经济的发展,扩大特色旅游文化的影响力和传播力,提升旅游目的地的知名度等。因此,旅游和体育旅游公共服务更加关注区域的外向性。最后,在边界范围上,旅游业的部门性、依托性和关联性特征决定了旅游公共服务在实施过程中的局限性,同样,体育旅游公共服务也必须依赖一般公共服务和旅游公共服务的支撑,它与旅游公共服务共同包含在整体公共服务范畴之内。因为旅游者和体育旅游者所需要的大部分基础性公共服务和一般性公共服务相互重合。在体育旅游公共服务中体育旅游主管部门需要协调处理与地方政府、体育部门、文化和旅游部门以及各相关部门之间统筹发展的关系。

此外,关于公共体育服务,往往也被称为体育公共服务,是为实现和维护社会公众或社会共同体的公共体育利益,保障公民体育权益的实现,以政府为核心的公共部门依据法定职责、运用公共权力并通过多种方式与途径,以不同形态的公共体育物品为载体所实施的公共行为的总称。《中华人民共和国体育法》明确规定,任何公民依法享有平等的体育运动权利。由此可见,公共体育服务以中华人民共和国全体公民为服务对象。在全面落实全民健身国家战略、推动健康中国建设背景下,发展公共体育服务的目的就是大力发展公共体育事业,开展群众性的体育活动,确保人民共享体育发展成果,增强人民体质,提高全民族素质。公共体育服务也要以一般公共服务为有效供给的重要基础和支撑,同时,除了主要服务和满足当地居民的健身休闲与体育活动外,公共体育服务还为目的地到访的体育旅游者开展体育活动、休闲观光及健身娱乐等提供一定的便捷条件和服务保障。

第四章 体育旅游公共服务体系理论框架构建

体育旅游公共服务体系的理论构建是指导体育旅游公共服务实践的基础。加强和完善体育旅游公共服务体系规划建设,不仅有助于为体育旅游消费者提供更为舒适、安全、愉悦的体育旅游环境,提高体育游客的满意度以及幸福感与安全感,而且有助于体育旅游业总体运行效率的大幅提升,带动体育旅游及相关产业快速健康发展,同时利于提升体育旅游目的地的关注度和影响力。本章首先明确体育旅游公共服务与体育旅游公共服务体系之间的区别与联系,进而从体育旅游公共服务的内容构成、需求主体、供给主体、供给模式、保障体系等方面对体育旅游公共服务体系进行初步架构,试图为后续进一步研究奠定理论基础。

第一节 体育旅游公共服务体系基本架构

体育旅游公共服务体系的建立离不开体育旅游目的地区域范围内的公共服务系统和旅游公共服务系统。公共服务系统和旅游公共服务系统是体育旅游公共服务体系有效运行的基础保障和重要支撑,统筹规划并最终实现体育旅游者和当地居民总体需求最大化满足是体育旅游公共服务发展面临的新课题。

一、体育旅游公共服务体系内涵

目前,学术界对于"体育旅游公共服务体系"的内涵与外延研究较少,尚没有形成统一的定义。体育旅游研究者论及体育旅游公共服务体系时,通常在两个层面上使用这一概念。一种观点将"体育旅游公共服务体系"等同于体育旅游公共服务的"内容体系",这是一种普遍化的观点;另一种观点认为,体育旅游公共服务体系与体育旅游公共服务是既有联系又有区别的两个概念。"体育旅游公共服务"研究的核心问题是体育旅游公共服务的类型和结构,解决"是什么"的问题,而"体育旅游公共服务体系"侧重研究如何有效地整合体育旅游公共服务资源,通过合理的供给模式以及政府必要的监管,从而为体育旅游公共服务的良性运行提供支持和保障,是研究"怎么做"的问题。由于体系是若干有关事物或某些意识相互联系的系统而构成的一个具有特定功能的有机整体,体育旅游公共服务体系除了包含体育旅游公共服务的内容之外,还包括体育旅游公共服务需求对象、供给主体、供给模式以及它们之间的相互关系等。

总之,把"体育旅游公共服务内容体系"理解成整体体系的观点比较普遍,主要研究体育旅游公共服务的内容系统;而将"体育旅游公共服务体系"理解成体育旅游公共服务各系统有机联系且相互制约构成的一个整体,则是一种更为严谨的思路。两种观点的区别在于前者主要研究内容(客体)系统,而后者除了研究内容系统外,还研究体育旅游公共服务主体、客体与对象之间的相互关系与产生作用的机制。根据系统论的观点,对"体育旅游公共服务体系"的研究仅仅关注"怎么做"是不够的,必须同时关注"是什么、怎么样、为什么"才更为合理。进一步讲,体育旅游公共服务体系应该同时关注为谁服务和谁来提供服务、提供什么服务、在什么发展阶段提供、在什么地域范围提供、为什么需要提供以及如何提供等。

综合体育旅游相关研究以及国内外旅游公共服务实践,对体育旅游公共服务体系概念界定有广义和狭义之分。广义上,凡是政府或体育及旅游管理部门为了促进体育旅游业发展的一切职能活动都可以纳入体育旅游公共服务体系的研究范畴,包括政府(国家及地方)、市场(企业)、社会非营利组织(第三方)提供的一切为了促进体育旅游业发展的活动行为,比如统筹体育旅游发展战略规划、提升体育旅游政府行政服务水平、加强体育旅游基础设施建设、促进体育旅游形象宣传与营销、保障体育旅游消费者合法权益等。狭义上,体育旅游公共服务体系也可以简单理解为满足体育旅游消费者公共需求的各种体育旅游公共服务,服务范围主要限定在那些与体育旅游消费者需求直接相关的体育旅游公共服务子系统。因此,狭义的体育旅游公共服务体系是以体育旅游公共服务供给为基础,主要为满足体育旅游者自身的多种服务需求,各个子系统按照一定的秩序形成的体育旅游公共服务系统。

目前,我国体育旅游公共服务体系的理论研究尚处于起步阶段,对体育旅游公共服务体系建设的重要性认识不足,对其内涵界定和研究范畴比较模糊,在实践工作中依然面临诸多困难与挑战,国内各个地方现有的体育旅游公共服务基本上处于一种零散的、临时的、应急的建设状态,几乎没有一个体育旅游目的地建立了完善的体育旅游公共服务体系,体育旅游公共服务基本设施、运行能力、服务水平等明显不足,特别是体育旅游安全应急处置更是捉襟见肘。因此,必须建立体育旅游市场良性运行和体育旅游服务统筹发展的倒逼机制,以此推进体育旅游公共服务体系建设进程,并在实践探索中逐步成长并发展壮大。

二、体育旅游公共服务体系内容构成

准确划分体育旅游公共服务内容,既是认识体育旅游公共服务的理论需要,也是有效推进体育旅游公共服务工作的实践需要。在学界,针对体育旅游公共服务内容存在不同的观点,一方面对哪些内容应该纳入体育旅游公共服务范畴存在分歧;另一方面则是对不同的体育旅游公共服务内容的类属存在争议。体育旅游公共服务与实践密切相关,并非只是单纯的理论问题。除了学者的相关理论研究,作为旅游和体育旅游公共服务供给主体的政府部门对旅游及体育旅游公共服务相关内容的界定具有重要且权威性的参考价值。国家旅游局出台的《中国旅游公共服务"十二五"专项规划》《关于进一步做好旅游公共服务工作的意见》《"十三五"全国旅游公共服务规划》、文化和旅游部的《"十四五"文化和旅游发展规划》以及国家旅游局和国家体育总局的《关于大力发展体育旅游的指导意见》等相关发展规划与政策文件,在一定程度上指导和推进了全国旅游及体育旅游公共服务体系建设。实际上,上述文件也提出了对旅游及体育旅游公共服务相关内容范畴的导向性意见。其中最具代表性的是2012年6月国家旅游局印发的《关于进一步做好旅游公共服务工作的意见》,提出了旅游公共服务五个方面的主要任务:加快旅游公共信息服务体系建设,加快旅游安全保障体系建设,加快旅游交通便捷服务体系建设,加快旅游惠民便民服务体系建设,加快旅游行政服务体系建设。全面建成小康社会以来,全国旅游公共服务有序推进,旅游公共服务基础设施、旅游信息咨询、旅游交通集散、旅游便民惠民、旅游安全保障等领域加速建设,全国旅游公共服务体系初步建立。

在以文化和旅游部、旅游和体育旅游行政管理部门提出的旅游及体育旅游公共服务内容基础上,本研究以公共产品及公共服务等相关理论为基础,参照旅游学者曾博伟对旅游公共服务内容的分类[①],结合体育旅游公共服务工作实践,从体育旅游公共服务自身的特殊结构和性质出发,对体育旅游公共服务内容进行划分。笔者认为,体育旅游公共服务内容是体育旅游者在体育旅游过程中可以切身接触和直接感受到的实实在在的服务内容,其服务内容体系主要包括体育旅游交通服务、体育旅游信息服务、体育旅游安全服务、体育旅游惠民服务、体育旅游权益服务等五类,具体内容见表4-1。科学合理地确立体育旅游公共服务内容体系,将有利于政府职能部门分类管理的准确定位及职权范围的有效履

---

① 曾博伟.旅游公共服务通论[M].北京:中国旅游出版社,2022.

行,同时也是体育旅游公共服务体系建设和有效供给的基础。

表 4-1 体育旅游公共服务内容体系

内容类别	具体内容
体育旅游交通服务	体育旅游专线(航空、专列)、体育旅游公路(体育旅游景道)、自驾车旅游交通服务、体育旅游集散中心、体育旅游引导标识、体育旅游公交专线及观光巴士等
体育旅游信息服务	体育旅游公共信息网络、体育旅游咨询服务中心、体育旅游咨询网站、智慧体育旅游服务终端等
体育旅游安全服务	体育旅游安全预警、体育旅游安全教育、体育旅游安全标识、体育旅游安全监管协同联动、体育旅游突发事件信息报送、体育旅游安全应急处置等
体育旅游惠民服务	体育旅游吸引物、体育旅游门票减免、体育旅游消费券、体育旅游卡及年票、体育旅游厕所、体育旅游志愿服务等
体育旅游权益服务	体育旅游者知悉权、体育旅游者不受欺诈权、体育旅游者的损害赔偿请求权和诉讼权、体育旅游投诉和举报受理、体育旅游纠纷解决等

值得说明的是,其一,体育旅游公共服务的内容尽管名称不同,但是也存在一定程度的相互交叉和范畴识别,比如从广义的角度理解,几乎所有的体育旅游公共服务都可以理解为体育旅游惠民便民服务,按照惯例,只是将一部分更加直接亲民惠民的内容纳入便民服务的范畴。其二,不同的体育旅游公共服务虽然被划分为不同的类别,在实际服务工作开展运行中也存在一定融合与重叠,比如尽管体育旅游集散中心被视为体育旅游交通服务关联的一部分,但是体育旅游集散中心往往也设有提供多种信息服务的体育旅游咨询网点。对于具体的体育旅游公共服务的内容,根据不同的国家和不同的地区社会经济发展条件的差异,可以有一定的变动性和地域差异性[1]。

三、体育旅游公共服务需求与供给主体

体育旅游公共服务的有效供给依赖于对供需主体的角色定位与基本特征的准确把握。从需求和供给角度分析,体育旅游公共服务需求是体育旅游公共服务体系存在的基础和前提;体育旅游公共服务供给则是以需求为牵引的体育旅游公共服务体系建设的关键与核心[2]。因此,辨析体育旅游公共服务主体,即甄别体育旅游公共服务需求主体(受益方)"要什么",才能更好地满足其利益诉求,

① 徐菊凤.旅游公共服务:理论与实践[M].北京:中国旅游出版社,2013.
② 吴国清.区域旅游公共服务一体化:机制·模式·测评[M].北京:科学出版社,2017.

使之能够实现"各取所需",进而在不同利益主体之间建立有序的规则与规范;了解体育旅游公共服务提供主体(供给方)能够"做什么"和应该"怎么做",才能合理有效配置体育旅游公共服务资源,充分发挥其拥有的权利和履行其承担的职责,使之能够胜任"各尽其才",进而提升实际工作效能,并向体育游客提供优质高效的体育旅游公共产品与服务。体育旅游公共服务提供主体与受益主体之间的关系如图 4-1 所示。

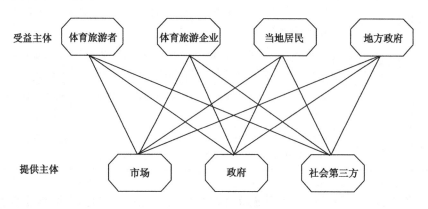

图 4-1　体育旅游公共服务提供主体与受益主体关系图

（一）体育旅游公共服务需求主体

体育旅游公共服务需求主体(受益方),主要是指体育旅游公共服务的服务对象或体育旅游消费者,也是体育旅游公共服务的接受者和受益者。对于体育旅游公共服务需求主体主要探讨谁需要服务的问题,也是分析体育旅游公共服务的供给机制和提供方式的基础。根据受益程度和受益范围的大小,需求主体分为广义和狭义。狭义的体育旅游公共服务需求主体主要是指国内外的体育旅游爱好者。广义的体育旅游公共服务需求主体除了包括直接服务对象——体育旅游消费者,还包括中间受益方,即可能是体育旅游目的地的政府机构、旅游企业、社会组织以及个人,其在体育旅游公共服务提供中也在不断地获得或共享服务;同时,优质高效的体育旅游公共服务也与当地居民的日常生活密切相关,在极大程度上可以提升体育旅游目的地居民的生活指数和幸福指数,实现体育旅游公共服务效益的最大化,这一点也正体现了体育旅游公共服务的公共性和公益性。

（二）体育旅游公共服务供给主体

公共服务既是政府行政改革的核心理念,又是国家现代化建设程度的重要体现。根据赵琳的研究,公共服务的供给主体分为四种类型:一是权威型,参与主体只有政府;二是市场型,相关企业在政府的安排或授权下提供公共服务;三是志愿型,政府支持和倡导第三方部门或非营利组织及个人提供公共服务;四是网络型,指政府通过统筹规划和组织协调提供者与生产者相关各方利益关系,形成一定的服务网络进而达到全面覆盖①。按照公共服务的性质,公共服务的价值体现均为寻求公众利益,而供给主体多是以政府为主导,通过多部门参与协作来强调公民权利的服务形式。为进一步区分公共服务的生产与提供,美国知名学者萨瓦斯通过研究梳理生产者、提供者或安排者等公共服务中的主要参与者,指出公共服务生产者既可以是政府,也可以是市场(企业)、非营利机构等,其直接组织生产或者直接向消费者提供服务;而公共服务提供者或安排者连接着生产者和消费者,则一般由政府担任。同样,在体育旅游公共服务领域,政府、企业及社会非营利组织都可以成为体育旅游公共服务的生产者,其直接组织生产或者直接向体育旅游消费者提供体育旅游公共服务;体育旅游公共服务的提供者或安排者主要是体育旅游及相关行政部门,其职能主要是对体育旅游公共服务的生产运营进行宏观决策和管理,并把成品的体育旅游公共服务提供给体育旅游消费者。

1. 政府部门

政府作为公共利益的代表,无疑是体育旅游公共服务最重要的提供者,体育旅游公共服务的非竞争性、非排他性等决定了政府部门居于不可替代的主导地位。政府通过行政手段强制性地对公共资源进行有效配置,直接或者间接提供纯体育旅游公共服务产品或准体育旅游公共服务产品,以满足体育旅游者对体育旅游公共服务的需求,从而实现体育旅游业综合效益和体育游客社会福利最大化。追求公共利益最大化是政府提供体育旅游公共服务的价值取向,目的是让所有对服务的需求者都能承担起体育旅游公共服务的消费价格,并且尽可能享受到满意的体育旅游公共服务产品与服务质量。公共性较高的体育旅游公共服务、纯粹的制度性体育旅游公共服务以及市场不愿或个人没有能力提供的体育旅游公共服务,一般由政府部门直接提供,或者由政府通过合同外包、特许经营、凭单制等制度安排和服务形式引导和培育市场(企业)、社会非营利组织(第三方)生产提供。由于政府前期提供体育旅游公共服务边界的模糊性和变化性,在很大程度上影响和制约了体育旅游公共服务有效供给,导致政府在体育旅游公共服务供给过程中的缺位、错位、越位现象。

① 赵琳.黑龙江省滑雪旅游公共服务困境与优化对策研究[D].哈尔滨:哈尔滨体育学院,2022.

2. 市场(企业)

市场(企业)作为体育旅游公共服务的生产者,必然参与众多体育旅游公共服务的生产建设和市场运营,也是体育旅游公共服务实践与市场经济发展的有机结合。特别是在具有准公共物品属性的体育旅游公共服务生产与提供中,市场(企业)起着举足轻重的作用。由于体育旅游者需求数量、质量和偏好等存在个性化差异,部分体育游客对体育旅游公共服务的需求具有一定的超前性和特殊性,而政府面向大众体育游客提供的服务都是基本的体育旅游公共服务,这为企业作为市场运行主体通过与政府合作方式提供个性化体育旅游公共服务创造了现实可能。体育旅游目的地政府可以通过项目采购、合同承包、服务外包、特许经营、资金补贴等市场化供给方式授权或委托企业提供此类体育旅游公共服务,使体育游客享受到更多、更优质的个性化服务。充分发挥市场机制的调节作用,对可能出现的"市场失灵"还需要政府加强监督和管理。

3. 社会非营利组织(第三方)

从范围上讲,社会非营利组织(第三方)或第三部门是指独立于政府部门和私人部门之外的一切志愿团体、行业协会、民间组织、基金会和公益性事业单位等。社会第三方具有以非盈利为目的,以实现公共利益为目标,以自愿性、半自愿性或半强制性的方式实现公共利益的特点。在政府供给能力相对不足、市场运行机制不够完善的情况下,需要借助社会力量,鼓励、支持和奖励非营利组织(第三方)参与体育旅游公共服务的提供,以弥补政府在提供体育旅游公共服务职能中的不足以及市场(企业)供给中的欠缺。相对于政府和市场体育旅游公共服务供给的不足,非营利组织延展服务的补充作用不可或缺。非营利组织参与体育旅游公共服务供给也可能存在低效和欺诈行为,政府可以通过制定相关政策措施规避潜在风险。体育旅游公共服务的个人供给更多地体现了公民自主强烈的服务意识和积极进取的奉献精神,诠释了公民社会价值和社会责任的回归,激活了公众自觉参与意识,是公民自治的实现形式,属于补缺型服务。

总体来说,政府部门、市场(企业)、社会非营利组织(第三方)中每个体育旅游公共服务供给主体都具有特定的属性功能,不同的提供主体各自拥有独特的比较优势,相互之间能够形成主体间的功能互动,并产生协同效应(图4-2)。政府应统筹发挥社会各界力量的价值和社会各种资源的优势,加强地方政府间的交流与合作,建立体育旅游公共服务资源配置优化、管理工作规范、服务效益最大化的多方联动机制,保障广大体育旅游爱好者享有更加满意的体育旅游公共服务。

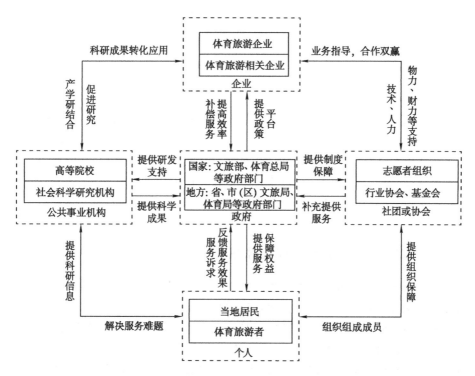

图 4-2 体育旅游公共服务不同供给主体间的功能互动关系图

四、体育旅游公共服务基本供给模式

模式是指事物内部若干成分按照一定的关系所组成的一定的表现形式,是主体行为的一般方式,具有一般性、简单性、重复性、结构性、稳定性、可操作性的特征。模式在实际运用中必须结合具体情况实现一般性和特殊性的衔接,并根据实际情况的变化随时调整要素与结构才具有可操作性。体育旅游公共服务供给基本模式是指能够满足不同社会经济水平、需求结构、需求意愿的体育旅游公共服务可持续提供的典型或范式。随着公共产品理论的发展和变迁,尽管政府始终是体育旅游公共服务的责任主体,但政府部门供给并不意味着政府必须亲临一线直接组织生产。体育旅游公共服务政府供给可以通过企业组织生产,也可以委托私人部门生产,不同供给主体的生产方式选择构成了不同的供给模式,主要包括政府供给模式、市场(企业)供给模式、社会非营利组织(第三方)供给模式等基本"单元"供给模式;政府与市场或社会第三方两两合作的"双元"供给模式;政府、市场、社会非营利组织多主体共同合作参与的"多元"联合供给模式。

全面建成小康社会以来,体育旅游大众化与家庭化、个性化与多样化、休闲化与体验化、品质化与中高端化等特征将更加凸显。体育旅游公共服务主体供给以满足体育旅游者多样化和差异化的体育旅游公共服务需求为前提,因此,尽可能实现体育旅游公共服务供给主体的多元化和供给方式的多样化,即通过多层次、多渠道、全方位提供体育旅游公共服务,全面厘清和准确定位政府、市场、社会非营利组织等主体在体育旅游公共服务供给中的角色,建立以政府为主导,由市场、社会非营利组织共同参与的多元化的体育旅游公共服务协同供给格局。在多元化供给体系中,各个供给主体的权限、职责和能力有所差异,但在主体地位上不存在高低贵贱之分。针对体育旅游公共服务供给中存在的问题与分歧,应在尊重公共利益的基础上以对话协商的方式进行沟通交流,充分发挥各主体的功能优势和参与积极性。

五、体育旅游公共服务保障体系

为了给体育旅游公共服务体系的构建创造一个良好的生态环境,实现体育旅游公共服务有条不紊地生产、供给与运行,离不开相应的体育旅游公共服务保障体系。体育旅游公共服务保障体系是指以保障全体公民基本体育旅游权益、满足基本体育旅游需求为目的,以法规政策为指导、以政府为主导、以公共财政为支撑,以公益性体育旅游单位为骨干,向社会提供体育旅游公共设施、产品与服务的保障体系。可见,体育旅游公共服务保障体系是体育旅游公共服务体系建设与完善的保障体系,它是一个保障制度,确保体育旅游公共服务谁来供给、如何供给以及供给的数量与质量等。体育旅游公共服务已成为各级政府以及体育旅游部门的重要职能和工作内容。没有政府部门的财政支撑和经费投入,体育旅游公共服务就会因为缺少资金而束手无策;没有相应体制机制的优化和创新,体育旅游公共服务建设就会缺乏内生的动力等。体育旅游公共服务的保障体系主要包括政策支持、标准引导、机制构建、绩效评估等几个方面,见表 4-2。

表 4-2　体育旅游公共服务保障体系示例

主要类别	具体相关内容
政策支持服务	给予体育旅游公共服务法规、财政、税收、土地、人员安排等优惠政策方面的支持
标准引导服务	体育旅游公共服务产品与服务质量、体育旅游秩序规范等方面的标准制定与实施
机制构建服务	政府不同层级提供体育旅游公共服务的分工、区域间体育旅游公共服务的协作、供给主体在体育旅游公共服务生产中的协作
绩效评估服务	对体育旅游公共服务完善程度、服务质量及体育游客满意度等的评估

在体育旅游公共服务保障体系中,通过建立健全体育旅游公共服务法律法规,推动制定体育旅游公共服务相关条例等,推进体育旅游公共服务建设管理的法制化、制度化、规范化;通过建立体育旅游公共服务综合推进机制,明确体育旅游公共服务建设管理责任部门,增强体育旅游部门综合协调和行业统筹能力;通过健全体育旅游公共服务投入机制,落实地方政府对体育旅游公共服务投入的主体责任,为体育旅游公共服务基础设施和重大工程项目建设提供支撑;通过制定带薪休假实施办法或实施计划,鼓励机关、社会团体、企事业单位引导职工合理调整并灵活安排调休时间,为国民休闲度假和体育旅游创造有利条件。尽管体育旅游公共服务保障体系对体育旅游公共服务内容的实现必不可少,但是从概念内涵上来讲,体育旅游公共服务保障是为了体育旅游公共服务的有效运行保驾护航,并不属于体育旅游公共服务内容的范畴,因此,不能将体育旅游公共服务保障纳入或等同于体育旅游公共服务内容之一。

总之,在新发展阶段,随着我国公众对体育旅游公共服务需求多元化和差异化,在政府部门引导下实施体育旅游公共服务市场化,让私人部门和社会非营利组织充分参与到体育旅游公共服务领域,是推动我国实现体育旅游公共服务体系构建的必然选择。各地体育旅游目的地政府应不断强化领导,设立体育旅游公共服务管理机构,研究出台体育旅游公共服务保障政策,加大财政投入力度,积极推进体育旅游公共服务规划建设。

第二节 体育旅游公共服务体系系统结构与功能

系统一词来源于英文"system"的音译,是由相互联系、相互作用的若干组成部分结合而成的具有特定功能的有机整体,而且这个有机整体又是它从属的更大系统的组成部分。体育旅游公共服务是体育旅游中的重要组成部分,它同社会经济、公共服务、旅游资源等许多领域紧密相关。体育旅游业是一个复杂的、跨部门的、多要素相互联系又相互制约的产业,体育旅游者在体育旅游中的食、住、行、游、购、娱等要素形成了多方位的公共服务和市场服务需求。因此,体育旅游公共服务体系的构成无疑是客观存在的特定系统。

体育旅游公共服务体系基本架构(图4-3)勾勒出了体育旅游公共服务体系涉及的需求主体、供给主体、公共服务内容以及供给模式的结构构成。为了进一步揭示体育旅游公共服务体系中各要素之间存在的互动关系,有必要创建更为严谨的体育旅游公共服务体系要素之间的关系构架(图4-4)。

图4-4描绘了体育旅游公共服务体系的结构、功能、成因及要素之间的相互

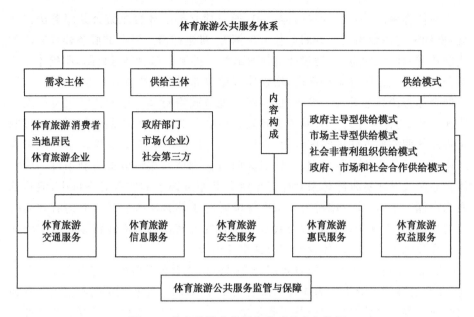

图 4-3　体育旅游公共服务体系基本架构图

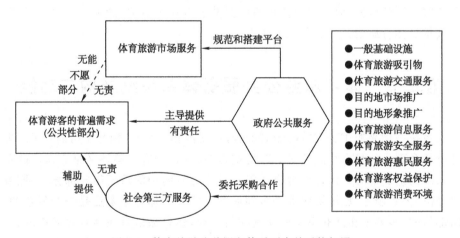

图 4-4　体育旅游公共服务体系要素关系构架图

关系。体育旅游消费者的普遍需求,特别是体育旅游散客更希望寻求当地的公共设施满足自身便捷、高效、自主的体育旅游活动的需求,这些设施条件是一般企业无力、不愿或者更是没有责任和义务提供的,社会第三方部门同样没有这个能力和责任提供。因此,政府向到访的体育旅游消费者提供这种服务就成了不可推卸的责任和担当,从而弥补了体育旅游市场服务的不足。具体而言,除了少部分大型基础设施、体育旅游消费整体环境等主要由中央政府提供支持和保障外,体育旅游目的地政府提供的公共服务主要包括:一般基础设施、体育旅游吸引物、体育旅游产品与形象推广、体育旅游公共交通、体育旅游信息、体育旅游安全、体育旅游者权益保障等。以上这些公共服务主要应由当地政府部门直接或间接提供,由此可见,目的地政府是体育旅游公共服务的主体提供者。地方政府为了提升体育旅游公共服务的效能,可以采取直接提供的方式;也可以采用政府购买服务的方式,通过招标择优选择第三方机构提供服务。对于体育旅游企业的经营行为,政府所起的服务作用主要是为其搭建合作平台、提供行业指导以及维护经营秩序等。虽然部分体育旅游公共服务也要收费,但它不是以盈利为主要目的,往往收费较低,具有较强的公益性导向。体育旅游公共服务隶属于一般公共服务的范畴,它既可以为体育旅游消费者提供需求保障,也可以为当地居民、体育旅游企业以及潜在的体育旅游消费者等所共享。

综上所述,构建体育旅游公共服务体系就是能够有效地满足广大人民群众日益增长的体育旅游需求,有力保障人民群众积极参与体育旅游活动,促进国民身心健康,增进民生福祉。体育旅游公共服务体系建设在我国还处于起步阶段,甚至其概念界定还不清晰,但目前逐渐兴起的体育旅游热潮,对体育旅游公共服务体系的构建提出了较高的要求[①]。构建体育旅游公共服务体系既是衡量我国体育旅游开发程度的重要标志,也是实现体育旅游公共服务供给更好更快发展的必然选择,更是促进我国大众旅游公共服务体系构建的重要组成部分。

"十四五"时期,随着新冠疫情防控政策的调整和优化,我国经济社会发展恢复常态化,城乡居民收入稳步增长,消费结构加速升级,人民群众健康水平大幅提升,居民体育休闲与旅游需求将更加强烈。因此,必须加速推进体育旅游公共服务体系建设,优化体育旅游发展环境,不断创新体育旅游消费和服务模式,补齐短板,必将更加有助于推动体育旅游业转型升级、提质增效,不断提升体育旅游业服务品质,为体育旅游者提供更加便捷、高效、舒适、优质、安全的体育旅游公共服务。

---

① 邱建国,徐瑶,任保国,等.《国民旅游休闲纲要》实施目标下我国健身体育旅游公共服务体系的构建[J].北京体育大学学报,2015,38(11):36-42.

第五章　体育旅游公共服务供给机制

高质量的体育旅游公共服务体系建设离不开供给机制的完善,体育旅游公共服务供给机制是体育旅游公共服务体系及其运行管理的重要主题。研判体育旅游公共服务供给机制,最根本的问题在于回答:政府应该做什么,市场应该做什么,非营利社会组织应该做什么。加强体育旅游公共服务供给机制的相关研究,明确各主体供给公共服务的范围和职责,提出体育旅游多元主体协同供给结构逻辑,探寻体育旅游多元主体协同供给路径,构建多元协同的体育旅游公共服务供给机制,不仅在理论上加快我国体育旅游公共服务体系的建设,而且在实践中缓解体育旅游者的体育旅游公共服务多样化需求与政府有效供给不足的矛盾,进一步推动我国体育旅游公共服务供给制度和供给方式的变革和创新。

第一节　体育旅游公共服务供给机制释义

一、体育旅游公共服务供给内涵

体育旅游公共服务供给是由政府、市场和其他社会部门,通过一定的机制体制和制度安排合理配置体育旅游公共服务资源和产品,不断满足体育旅游者共同需求的动态过程。体育旅游公共服务供给是一个复杂的过程,受到政府职权与政策、供给制度安排、供给主体与服务对象、供给模式等多种因素的影响与制约。借鉴美国著名学者萨瓦斯对消费者、生产者、安排者或提供者等公共服务中主要参与者的梳理和研究,笔者认为体育旅游公共服务消费者是直接接受服务的体育旅游者;体育旅游公共服务生产者既可以是政府,也可以是市场(企业)、社会非营利组织等,其直接组织生产或者直接向体育旅游消费者提供服务;而体育旅游公共服务提供者或安排者连接着生产者和消费者,则一般由政府担任。

从政治学的角度分析,体育旅游公共服务供给是为了最大限度地满足公民的体育旅游服务需求,实现公民的体育旅游权利。体育旅游者对体育旅游公共服务的需求是公民个人的正当权利,政府提供的公共服务就是为了满足公民的需要,保障公民个人权利的实现,这也是政府存在的合法性基础。公民在体育旅游过程中需要多样化的体育旅游公共服务,政府或其他主体提供的体育旅游公共服务就是为了公民的体育旅游需求尽可能得到满足。实现体育旅游者体育旅游公共服务需求是体育旅游公共服务有效供给的首要前提。

从经济学的角度分析,体育旅游公共服务的供给也可以运用西方经济学中的"需求-供给"经典理论模型进行分析。供需平衡是公共服务和公共经济的一条基本原则,需求与供给相互影响,二者达到平衡就是最理想的状态。体育旅游公共服务属于公共产品的范畴,符合一般公共产品和公共服务供给的效率本质。因此,体育旅游公共服务也满足"需求-供给"的理论分析模型,即当体育旅游公共服务的供给满足体育旅游公共服务的需求,达到供需平衡就是体育旅游公共服务的最优供给状态。但是,经济学中的"需求-供给"应该满足公民体育旅游公共服务的个人偏好,并且这种偏好是可以被测量的,只有这样,才能有效地提高体育旅游公共服务质量并实现有效供给。而体育旅游公共服务所具有的非竞争性和非排他性等特点并不能使公民对体育旅游公共服务做出准确的测度评判,因此,经济学中的"需求-供给"理论平衡模型并非万全之策,将经济学中的供需平衡作为体育旅游公共服务供给的唯一理论基础并非客观全面。

从社会学的角度分析,体育旅游公共服务供给的目的是满足体育旅游者的公共服务需求,就是要保证体育旅游者有权利和有能力享用体育旅游公共服务。从价值标准角度看,大卫·休谟等早期福利经济学理论家认为,公共服务最公平的供给就是最有效率的。因此,体育旅游公共服务有效供给要求"实现最大多数人的最大幸福",这是从价值标准角度来衡量体育旅游公共服务供给效率的问题。所以,体育旅游公共服务供给不仅要强调供给的效率问题,而且还要考虑公平的问题,也就是体育旅游公共服务如何在不同需求主体之间进行均衡供给的问题。政府供给通常强调公平,而私人供给则更倾向效率。

根据马斯洛的需求层次理论,体育旅游作为一种较高层次的需求,是人们在实现生理需求、安全需求、社交需求等基础需求之上的一种主观追求。体育旅游者在旅途中除了能够体验体育旅游给予精神上的愉悦和满足之外,还需要交通、住宿、场地、餐饮、娱乐、安全等各种各样的其他服务。体育旅游公共服务的供给就是满足体育旅游者在体育旅游中的一种制度安排与过程。由于个体对体育旅游公共服务的追求有所不同,在低层次的需求得到满足后就会不断向更高层次、更高品质的需求阶梯式过渡和递升。国内各类旅游产业新需求、新业态的发展也反映了深化供给侧结构性改革的要求。未来需要完善面向散客的体育旅游基础设施和公共服务体系,同时持续提升体育旅游治理体系与治理能力现代化水平,以此推动体育旅游产业高质量发展,并进一步扩大内需。

二、体育旅游公共服务供给机制诠释

"机制"指的是有机体的构造、功能和相互关系,泛指一个工作系统的组织或部分之间相互作用的过程和运行方式。机制的构成要素主要包括机制主体、机制客体、机制方式。体育旅游公共服务供给机制是在一定的社会生产关系条件下,由各种相互联系、相互作用的规则制度所构成的关于体育旅游公共服务供给体系及其运行方式。体育旅游公共服务供给机制直接作用的结果是体育旅游公共服务供给是否有效。体育旅游公共服务供给效率的提升是以满足体育旅游者的需求为前提,通过供给主体和供给方式的转变来实现的。体育旅游公共服务供给机制主要包括政府供给机制、市场供给机制、社会供给机制以及多主体复合供给机制。体育旅游公共服务供给机制的作用边界受多种因素的影响与制约,体育旅游公共服务性质、体育旅游公共需求变化、社会经济发展水平、民间资本发育程度、体育旅游产业结构与规模、政府职能转变与制度安排等都是影响供给方式改变的相关因素,如图 5-1 所示。

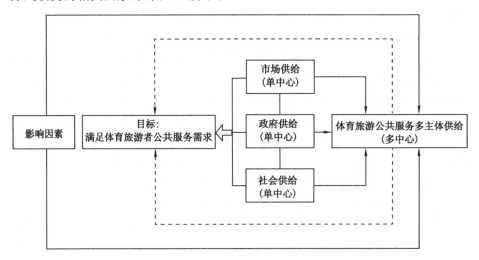

图 5-1 体育旅游公共服务供给机制分析的概念模型

从制度与公共政策角度分析,体育旅游公共服务完善的供给机制依赖于对需求主体的全面了解和对供给主体基本特征的深刻把握。在体育旅游公共服务供给机制的构建中,首先,要充分考虑政府、市场、社会及私人力量的优势与不足;其次,全面权衡政府的权力、地位和作用;最后,客观分析多元供给主体供给中的价值定位及相互关系。为满足人民群众日益多样化、个性化、品质化的体育旅游需求,需要着力推动文化和体育旅游深度融合,不断提升体育旅游产品和服务质量。

第二节 体育旅游公共服务政府供给机制

在以习近平同志为核心的党中央坚强领导下,我国国民经济持续恢复、总体回升向好,人民群众的体育旅游需求旺盛,体育旅游经济进入了全面复苏新阶段。中央政治局会议对于推动文化旅游等服务消费的表述体现了中央对扩大内需的重视,体育旅游公共服务新需求、新业态的发展也反映了深化供给侧结构性改革以及推动高质量发展的时代要求。

一、体育旅游公共服务政府供给理由

西方社会契约论认为,政府的权力来源于公民的让渡,政府的核心职能就是维护公共利益。在民主法治国家、社会国家和环境国家,公共行政的目的就是维护和促进公共利益或大众福祉。从理论上讲,体育旅游公共服务具有的共享性、公益性、外部性以及非竞争性和非排他性等特征决定了体育旅游公共服务的供给与管理主体应该是以政府为主,即作为公共利益的代表,政府提供体育旅游公共服务是正当的,也是应该的。

（一）政府的职能决定了其对体育旅游公共服务供给

公共管理理论认为,政府的基本职能就是为社会和公民提供国家安全、社会稳定、经济发展、文化繁荣、社会保障、环境保护以及促进社会化服务体系建立等,其特点就在于公共性,即通过依法运用公共权力、提供公共产品和服务来实现公共利益,同时接受公共监督。亚当·斯密的《国富论》指出,保护社会、保护公民、发展公共事业是国家的三项主要任务,谋求公共利益、提供公共服务也是政府存在的合法性基础。政府固有的权威性和强制性更利于统筹协调各方利益关系,使得公共服务供给效率更高。体育旅游公共服务作为公共服务的一部分,政府的供给具有市场（企业）、非营利组织等不可比拟的优势条件,同时也可以产生规模效应和社会效应。由于早期的公共服务理论以政府职能为核心展开,国外学者一直将公共物品的供给与政府的行为联系在一起,认为政府是理所当然的供给主体,从而导致体育旅游公共服务的供给必然依赖于国家和政府的现象。在我国计划经济及市场经济过渡期,由于政府主体受官本位意识影响,在体育旅游公共服务中强化本体行政职能,从社会经济发展、产业政策支持、市场运作等宏观层面直接推动体育旅游发展,所扮演的角色往往处于绝对主导地位。

(二)市场(企业)或其他主体供给不足

根据当代经济学的观点,体育旅游公共服务的需求较于其他公共产品和公共服务的需求更加难以准确判定,为规避公共服务本身所具有的特性决定的其市场供给的失效性,以及消除体育旅游市场中的信息不对称或信息失真问题,都需要政府机构的介入和干预。由于市场(企业)或其他供给主体存在资金、技术水平、管理能力以及行为规范等方面的问题,因此,通过市场(企业)或非营利组织(社会第三方)供给的服务是相对低效的,所以体育旅游公共服务的供给主体只有更多地依赖政府。由于政府供给公共服务的非竞争性,甚至政府直接参与公共产品和公共服务的生产,使得公共服务的资源配置更有效率。根据政治学的观点,政府拥有市场(企业)或非营利组织(社会第三方)所不具有的权威性与强制性,有利于形成公共服务有效供给的秩序,这对体育旅游公共服务的供给具有天然的优势。

(三)体育旅游公共服务根本属性决定了政府供给

由于体育旅游公共服务的非竞争性和非排他性,很难避免产生搭便车现象,特别是一些纯体育旅游公共服务具有极强的"外部性"。由于其公益性特征明显、投资成本高、回报率低,且盈利甚微甚至无利可图,而又关系到广大民生利益,市场(企业)或非营利组织(社会第三方)不愿提供或无力承担。为满足广大体育旅游者的体育旅游公共服务需求,理应由政府免费或低价向体育旅游者提供。因此,体育旅游公共服务发展战略及政策的制定、体育旅游公共服务基础性设施的规划与建设、体育旅游产品与服务形象的塑造与推广、体育旅游公共服务安全保障以及体育旅游公共服务信息的整合与发布等都离不开政府部门的统筹兼顾与主动作为。

二、体育旅游公共服务政府供给批判

20世纪70年代初,以布坎南为代表的公共选择学派在政府"经济人"的假设基础上创立了公共选择理论的学术思潮。首先,公共选择理论关注的焦点是个体,它假定个体决策者像传统的"经济人"一样理性、自私自利,并且试图使自己的"效益"最大化。按照此种观点,个体行为在任何决策情境中都试图追求尽可能大的收益和最小的成本。人们从根本上都是自私自利的,并且其行为具有工具性。根据官僚理论,当政府"经济人"利益与社会利益发生冲突时,政府可能为了自己的利益而牺牲社会利益。政府作为公共服务供给的主导者,科层制使得其在公共服务提供过程中具有明显的刚性,不仅难以有效回应民众多元化的需求,也容易引发政府供给的失灵。按照萨缪尔森的定义,当政府政策或集体行动所采取的手段不能改善经济效率或道德上可接受的收入分配时,政府失灵就产生了。结合曼昆、唐斯等其他著名经济学家的观点,"政府失灵"主要包括政府行为未达到预期目标、政府行为的低效率及高成本、政府行为损害了市场效率等。导致政府失灵的主要原因有信息不对称、制度的滞后性、决策的局限性等。由此可见,在理论上科学地剖析政府失灵的主要成因,并在实践中探索如何有效规避政府失灵,对于现代市场经济的有效运行以及体育旅游产业的发展具有显著的意义①。

（一）政府行政职能存在越位、缺位、错位现象

从利益相关者角度分析,由于体育旅游业的综合性和复杂性,某些旨在改善或提高体育旅游公共利益的制度和政策可能影响政府其他部门的利益。政府各机构部门对体育旅游经济的规制在很大程度上是以保护本部门的相关利益为出发点,因此,体育旅游政策的实施与否以及实施效果的大小取决于政府各部门之间的权力博弈。与政府其他部门相比,文化和旅游部及其体育旅游管理部门拥有的权限和范围相对有限,由此决定了文化和旅游部及其体育旅游管理部门缺乏对体育旅游产业发展的宏观调控与驾驭能力,当发生相关利益矛盾时,体育旅游产业政策难以落实与实施。从政府职能的实施角度看,政府公共职能的"越位""缺位""错位"影响了政府提供体育旅游公共服务的效率。"越位"是政府干了不该干的事情和管了不该管的事情,直接包揽了许多本来应该由市场来提供的纯粹私人产品,以及可以由政府、市场和非政府公共组织共同参与的混合性公共物品的生产,存在政府"越位"现象。本来应该由政府生产和提供的公共产品和服务,政府没有尽职尽责,甚至某些公共领域出现了"真空"地带,政府提供基本公共服务的核心职能得不到有效履行,存在政府"缺位"现象。部分基层政府和官员在体育旅游公共服务保障中缺位、不作为和乱作为的现象较为突出,与"服务型政府"的理念尚有差距。这些"缺位"现象的存在并不是一种简单的思维和行为惯性,而是有其存在的制度土壤,必须在制度设计上把工作落到实处。此外,政府内部也可能发生职能混乱现象,也就是你干我的事、我越你的权,政府职能边界模糊,存在政府"错位"现象。由于各级政府在公共服务供给中财权与事权不匹配、职责不清导致政府公共服务供给"越位""缺位""错位"并存。总之,政府作为规制主体和政府作为行业经营主体的角色重叠使得政府经济规制行为超越性降低和政府规制部门不能独立地行使规制职能,丧失了作为规制者的中立地位。各级体育及文化和旅游管理部门的职能转变还在微观管理与宏观管理之间徘徊,公共服务职能和权限相对薄弱,造成了体育旅游公共服务效能低下,体

---

①　李岩.不完全契约理论视角下的政府失灵分析[J].经济与管理,2013,27(3):17-21.

育旅游公共资源配置不合理等现实问题。

（二）体育旅游公共服务供给决策机制存在问题

当前我国旅游及体育旅游公共服务很大程度上取决于政府偏好，政府官员往往在个人意愿、政绩和利益的驱使下决定体育旅游公共服务供给的内容以及产品的数量和质量，致使广大体育旅游者的公共需求无法得到实现和满足。各级政府通常热衷于投资见效快、易出政绩的短期体育旅游公共服务项目，不愿提供一些见效慢、期限长、基础性的体育旅游公共服务项目；热衷于投资新建项目，不愿修复破损的设施；甚至热衷于建设像高尔夫球场一样高档奢侈的某些私人产品。一些地方政府受到部门利益、行业垄断和地方行为的影响，由于决策失误而造成华而不实的"面子工程""形象工程"等。政府决策机制的"长官制"容易导致体育旅游公共产品与服务配置的"政府失灵"现象，从而把公众排斥在体育旅游公共项目的决策、协商和监督之外。这种独断专行、自上而下的强制性体育旅游公共资源配置机制没有考虑体育旅游者真正的服务需求，导致体育旅游公共资源的配置低下，部分亟需的体育旅游公共产品与服务相对短缺。

（三）体育旅游公共服务政府直接生产的"X-非效率"

由于公共服务具有非竞争性和非排他性的基本属性，在一定程度上难以准确定位合理的价格体系来控制和平衡体育旅游公共服务的消费支出。当体育旅游公共服务在市场资源配置中的价格体系缺失时，政府就顺理成章地变成市场上的主要提供者或者由政府的国有企业垄断生产。政府及其所属的企事业单位承担了体育旅游公共服务供给的全部职责，供给的决策、执行、评估全部由政府及其所属的企事业单位进行。这种由政府统一安排的供给机制，不仅忽略了公民的体育旅游公共服务实际需求，而且导致政府负担过重，体育旅游资源配置效率低下，体育旅游公共服务与产品供给不足，以及寻租行为猖獗等许多问题。长此以往，由于缺少市场竞争，政府很难做到破除壁垒规制自己的企业处于"可竞争性垄断市场"中。因此，它的平均成本和边际成本都比市场竞争条件下大幅提高，也就是存在产业经济学家所说的"X-非效率"现象，即在垄断企业的大组织内部存在着资源配置的低效率状态。公营垄断企业之所以会产生 X-非效率，是由其进行经济活动的环境而决定的。如果外部环境没有完全竞争的市场压力，企业中上至经营者下至每个成员都会表现出应有的惰性，就产生了"X-非效率"。在垄断市场中，经营企业客观地得到了免于竞争的庇护，就没有必要追求成本极小化。例如，体育旅游公共服务咨询服务效率低下的原因就在于这些公共咨询机构属于政府全额拨款的事业单位，体育旅游公共服务的动力机制不完善而产生的"X-非效率"，致使政府信息供给与公众咨询需求无法耦合。在发展体育旅游产业过程中，政府机构往往片面追求形象工程和面子工程，忽视了以体育旅游公共服务为特征的"X-效率"的改进,从而导致体育旅游公共服务供给决策不合理、职责不分明、内容不完善、方式不灵活、评估不实效等实际问题,大大影响了体育旅游产业的发展规模和运行效率。

为解决在体育旅游公共服务供给中政府部门存在的过失行为及配置低效率问题,一方面,考虑逐步引入"面子问责",通过在各级政府推广媒体或者网络问政,将政府官员置于公民的舆论监督下,让懒政、庸政的行为在公民面前"颜面无存";另一方面,考虑实施"内容问责",将公民对体育旅游公共服务的满意度与官员考核挂钩,直接影响官员的奖惩甚至升降等。

三、体育旅游公共服务政府供给角色定位

在体育旅游发展初期,政府作为提供主体,利用行政权力动员所掌握的各类公共资源,直接参与对我国体育旅游公共服务的供给,几乎承担了体育旅游公共服务供给的全部职责。在市场经济过渡时期,政府主体受官本位意识深远影响,在体育旅游治理工作中强化本体行政职能,体育旅游资源配置、市场标准制定、开发与保护政策等受到强有力的管治,政府所扮演的角色往往处于绝对主导地位。当时这种特定历史条件下的公共服务供给机制发挥了重要作用,为我国体育旅游业的发展奠定了基础。这种由政府统一安排的供给机制,忽略了公民的差异化的体育旅游公共服务需求,不能对个体不同需求做出有效的回应。因此,政府开始重新定位自身的体育旅游公共服务职责,并将一部分职责下放,市场及社会组织开始承担部分公共服务供给责任,政府的职责更多开始转向对其进行监管和规制。随着体育旅游公共服务进一步发展与逐步成熟,政府职能的发挥体现在制度设计上,采取多种方法和措施鼓励市场和社会组织参与体育旅游公共服务提供,我国公共服务供给机制正逐渐由一元走向多元。

在新发展阶段,随着服务型政府建设和政府职能转变深入推进,我国明确了各主体供给体育旅游公共服务的职责和范围,基本建立起多主体竞争与协作共存的体育旅游公共服务供给机制。对于属于政府"天职"的体育旅游公共服务供给范畴,政府应该是一个天然的安排者。政府提供体育旅游公共服务既可以由政府亲自生产和提供,也可以由政府委托市场或社会组织生产和提供。政府主要亲自提供广大体育旅游者平等消费的、无差别享受的体育旅游公共服务,解决的是市场或社会组织无法提供或不愿提供的非竞争性和非排他性的纯公共产品性质的服务。对于具有准公共产品性质的体育旅游公共服务,政府通过投资引导、合同承包、资金补助、凭单制、特许经营等方式授权,委托市场或社会组织来完成。

在体育旅游发展的不同时期,政府应根据具体的体育旅游公共服务内容、掌握的体育旅游公共服务资源以及各个供给主体之间的相互关系,理性、客观地履

行职责权限,准确、合理地寻求角色定位。可以说,政府在体育旅游公共服务供给中扮演着规划设计者、统筹组织者、协调沟通者以及监督控制者的角色,如图 5-2 所示。只有合理界定和明确把握政府在体育旅游公共服务供给中的职责、责任、目标、范围等,才能更好地履行和优化政府管理和服务职能,提升体育旅游公共服务供给效率和供给水平。体育旅游公共服务供给主体之间只有统筹协作、规范有序地发展,才能不断满足公众日益增长的体育旅游公共服务需求。

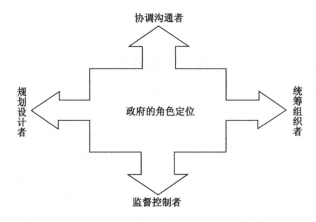

图 5-2 政府在体育旅游公共服务供给中的角色定位

四、体育旅游公共服务政府供给路径

作为一项庞大而复杂的系统工程,体育旅游公共服务要突破由政府部门单一供给的定式思维,政府应更多地寻求通过出台扶持政策、委托授权、市场化运作、服务外包等多方举措,大力吸引并充分调动市场(企业)、社会非营利组织(社会第三方)协同参与提供体育旅游公共服务的积极性与主动性,不断扩大体育旅游公共服务提供数量,并提升其产品质量。在实现体育旅游公共服务有效供给中,突出政府在体育旅游公共服务保障中的主体地位,让政府尽职尽责管好该管的事,切实做到政府职能不越位、不缺位、不错位。

(一)政府主导下多元化供给

厘清政府、市场、非营利组织等的权责边界,强化政府体育旅游公共服务供给兜底保障职责。将政府提供体育旅游公共服务的决策职能与执行职能适当分离,改变政府直接生产体育旅游公共服务的方式。政府部门进一步完善相关政策,放开放宽准入限制,深化"放管服"改革,推进公平准入,鼓励和支持社会力量通过公建民营、政府购买服务、市场契约、政府和社会资本合作(PPP)等方式参与体育旅游公共服务供给,逐步扩大政府向社会组织购买体育旅游公共服务的范围和规模。发挥好各类企事业单位、协会商会、公益团体等市场主体和社会组织的作用，调动私人自我管理与自我服务的积极性，广泛参与体育旅游公共服务。发挥政府的引导作用，以制度保障、财政补贴和税收优惠等为手段，广泛动员鼓励志愿服务组织和志愿者参与体育旅游公共服务的生产和提供，共同营造社会力量参与公共服务的良好环境，形成政府、市场和社会多元参与、协同发力、共建共享的体育旅游公共服务发展格局。

当然，不管采用何种供给方式，政府都有直接提供或者是鼓励监督其他主体提供体育旅游公共服务的责任。进一步明确国有经济参与体育旅游公共服务的领域和条件，推动国有资本在提供体育旅游基础公共服务、应急能力建设和公益性服务等领域发挥更大作用。政府部门应设法打破垄断壁垒，全面优化涉及社会力量进入体育旅游公共服务领域的行政审批制度，整合体育旅游公共服务机构设置、执业许可、跨区域服务等审批环节，加快审批流程，提高审批效率。即使采取了招标、委托、补贴、特许、合作等市场化运作方式提供体育旅游公共服务，政府仍需要承担拟定准入规则、评估服务效果、接受社会监督等的职责。

（二）各级政府实行分级分层供给

由于不同地域之间的经济、文化、环境、资源以及体育旅游者需求偏好等的千差万别，对于一些体育旅游公共服务的供给不能统一标准，否则可能导致体育旅游公共服务某地方供给过度，而另一地方则供给不足，最终导致体育旅游公共服务供给的效率损失。既要认识到政府直接提供体育旅游公共服务可能的效率低下及缺失问题，也要意识到市场机制不充分、社会组织不发达的弊端。因此，政府机构应加快推进政事分开、事企分开、管办分离，优化布局结构，完善制度机制，强化公益属性，提高治理效能，促进新时代体育旅游公共服务供给平衡协调且高质高效。如果盲目倡导体育旅游公共服务市场化，也容易滋生诸如不公、腐败、风险等问题。

由于信息、激励、交易成本等方面的原因，中央和地方各级政府在体育旅游公共服务供给上可谓各有所长，所以，政府在提供体育旅游公共服务的过程中，应由中央到地方各级政府之间分工明确、实施分级分层提供。各级政府充分考虑经济发展状况和财政负担能力，既要关注回应群众呼声，统筹资源渠道，稳妥有序地提升体育旅游公共服务保障水平，又要合理引导社会预期，不过度承诺。根据公共经济学理论，中央政府提供的服务一般属于宏观服务，地方政府提供的服务则属于中观或微观服务，这两类服务的市场化趋向则是完全不同的，市场化趋向在地方政府供给中体现相对明显。体育旅游公共服务实现方式的选择，必须与组织使命相一致，目的是政府职责更有能力实现公共利益的最大化满足，而不是成为新的寻租或设租的手段。

（三）积极引入市场竞争机制

通盘考量有效市场和有为政府作用，强化各级政府对基本公共服务供给的兜底责任，充分发挥市场机制作用，加强体育旅游公共服务标准化、品牌化、社会化建设，鼓励体育旅游公共服务多样化、个性化、高品质提档升级。原则上能够通过政府购买等方式提供的公共服务，不再直接采用事业单位提供。

新公共管理理论强调将市场机制、竞争机制引入公共服务供给，用市场力量激发政府供给改革和创新，提高公共服务的供给效率和质量。其核心理念在于将效率和成本等概念引入政府管理，采用私人部门管理的经验技术、方法和手段对公共部门供给机制进行全方位的变革与改良。倡导政府采用企业管理中目标管理、成本-效益分析、全面质量管理等管理方法和手段，用市场竞争机制代替传统的政府单一供给机制，通过市场竞争优化资源配置的方式提供体育旅游公共服务，提高体育旅游者对体育旅游公共服务的满意度，提升公共服务的效率。由于体育旅游公共服务的生产者和提供者的分离，无疑为体育旅游公共服务的生产和提供方式带来了更多的选择，引进市场机制有利于促进产品与服务的有效供给。将市场竞争机制引入公共服务供给中，发达国家政府的成功经验是政府选择实力雄厚、技术先进、有管理经验、运营成本低的投标企业实施项目，政府与企业间以具有法律效力的合同来界定双方的责权利。为了保证体育旅游公共服务的有效供给，政府的管理职能和方式需要重新定位，即实现公共管理职能社会化，从经济建设型政府模式向公共服务型政府模式转变，在体育旅游公共服务供给中更多地发挥其协调统筹和监督引导作用。公共服务型政府强调以社会和公众为服务对象，以多元参与为服务形式，以合作协调为服务基础，以满足公共需求为服务导向。

总之，体育旅游公共服务政府供给可以是政府直接生产提供和安排市场、非营利组织等生产提供。对于体育旅游公共服务中纯公益性和公共性的产品与服务，应坚持政府投资、政府建设、政府管理或政府委托部门下属单位进行监督管理；也可以采取政府购买的方式，通过市场竞争机制委托符合条件的市场或非营利组织生产提供。体育旅游公共产品和服务的公共性纯度越高，则越要保证政府供给的绝对主导地位。公共性纯度较高的体育旅游公共服务政府一经提供，则能惠及参与体育旅游活动的每个人及周边的居民，并且个人的使用不会影响其他人的消费效用。各级政府应在体育旅游公共服务建设和供给中重点解决市场或非营利组织无法或无力解决的问题，在创新驱动体育旅游公共服务运行模式、为企业创造良好的法制环境和市场环境、维护规范的体育旅游市场秩序、对体育旅游公共服务经营单位进行规制以及与社会组织进行沟通协调等方面发挥积极引领和创新性发展的作用。

第三节 体育旅游公共服务市场供给机制

在客观分析各种供给失灵和低效率后,将体育旅游公共服务的供给由原来的政府主导向政府有限主导转变,充分认识和肯定市场在资源配置中的效率优势,逐步将体育旅游公共服务的政府供给向市场机制过渡。

20世纪80年代,西方各国政府普遍陷入公共财政困境,面临财政压力与公共服务需求增长的双重困境。人们逐渐意识到政府供给并不是万能的,在提供公共服务的问题上,政府同样存在失灵。因此,市场化改革被引入公共服务领域。1984年,西藏国际体育旅游公司的成立标志着我国体育旅游发展进入政府与企业治理的二元时期①。为公众提供体育旅游公共服务是公共部门职责所在,但行政主管部门虽能解决普遍性的问题,却不能解决高成本的问题,同时政府机构对供给效率和创新激励相较私营部门也存在不足。当体育游客总量持续增长、出游次数不断增加,体育旅游公共服务的投入和成本都在持续增长,公共部门的负担也在加重。随着信息技术高度发达、网络覆盖广泛渗透、社会交流高度联通,许多体育旅游公共服务效率随之极大提升。伴随着行业内量级企业及平台型企业的出现,它们逐渐成为市场主体网络中的重大节点,也不可避免地进入了体育旅游公共服务的供给体系。走进历史舞台的体育旅游企业理应在体育旅游供给体系中承担行业主体责任,通过夯实基础设施建设,并依托专业体育设备和先进技术经验,以人性化、专业化、高效化为核心,不断开发"强体验式"体育旅游项目。

2018年4月,文化和旅游部、财政部联合发布的《关于在旅游领域推广政府和社会资本合作模式的指导意见》中提出,在旅游景区、全域旅游、乡村旅游等9大重点领域推广PPP模式,鼓励政府和社会资本方将旅游资源的经营性开发与体育、健康等领域的公共服务供给相衔接。为解决政府供给可能存在的低效或失灵的问题,在体育旅游公共服务供给过程中需要引入市场供给机制,充分发挥市场在资源优化配置中的主体作用。市场机制指市场运行的实现机制,通过市场价格的波动、市场主体对利益的追求、市场供求的变化调节经济运行,是市场经济机体内的供求、竞争、价格等要素之间的有机联系。根据新公共管理理论,在体育旅游公共服务中引入市场机制,运用市场的优势完善政府的功能,通过市

---

① 朱洪军,何子豪.新时期我国体育旅游多元主体治理研究[J].山东体育学院学报,2021,37(4):1-9.

场竞争打破体育旅游公共服务的政府垄断地位,摆脱政府在体育旅游公共服务供给中的低效率和资金短缺的困境,实现体育旅游公共服务多中心供给的制度安排,能够有力地促进体育旅游公共服务高质高效供给。作为盈利实体的市场(企业)供给体育旅游公共服务既是对体育旅游消费者细分的回应,也是对体育旅游者多样化、个性化、品质化等个体差异需求的满足。无论体育旅游消费需求如何变化,体育游客对品质化的体育旅游服务需求始终不变,服务质量与产品创新一直都是体育旅游市场关注的焦点和追求的目标。积极引入和鼓励市场提供可以说是体育旅游公共服务供给机制改革的主流和趋向。

一、体育旅游公共服务市场化供给范畴

体育旅游公共服务市场化指在体育旅游公共服务供给中引入市场竞争机制,通过发挥市场作用优化体育旅游公共资源配置,实现改善和提升体育旅游公共服务有效供给的目的。公共产品理论把公共服务的产品属性分为纯公共产品和准公共产品。借鉴经济学对产品经济属性的分类方法,可以从竞争性和排他性的程度来区分体育旅游公共服务具体形态的经济特征。从公共经济学的角度分析,纯公共产品一般具有规模大、影响广、成本高等特点,政府可以利用其规模经济和"暴力潜能"优势较为经济地直接提供,而私人提供纯公共产品和服务或者是交易成本高或者是无能为力。因而,市场供给的体育旅游公共服务大都是或者具有一定排他性或者具有一定竞争性的准公共产品。一般来讲,大多数体育旅游公共服务既具有纯公共产品的属性,又具有私人产品的属性,属于准公共产品或混合公共产品。许多体育旅游公共服务产品符合竞争性和排他性之间的某项特征,其中一类准公共产品具有消费的竞争性和非排他性,诸如体育旅游多媒体信息服务之类的准公共产品不具有排他性,因此价格难以形成,只能采取免费供给;另一类准公共产品具有消费的非竞争性和排他性,诸如体育旅游保险服务之类的准公共产品具有排他性,因此很有可能成为市场性产品。由于具有排他性,市场可以通过价格机制,采取收费方式提供。在体育旅游公共服务供给中,政府部门应该把一些适合由市场供给的体育旅游公共服务交由企业生产提供,或者把政府供给的体育旅游公共服务中的某些部分或者某些环节交由企业提供。

二、体育旅游公共服务市场供给动力与可行性

体育旅游公共服务公共性的内在本质属性会因为技术水平、消费人群、需求弹性等因素的变化而变化;体育旅游公共服务的外在范畴即供给规模、供给主体、供给范围以及需求种类、数量、质量等,都会随着时间的变化处于动态变化

中。因同时具有收费性和公共性特点,其收费标准可以根据市场供求变化、竞争大小、价格波动等情况进行调节,生产者可以在政府允许的范围内获得合理的利润。结合市场自身的特点和供给优势边界,市场更适合提供具有差异化、个性化的体育旅游公共服务,即具有较为明显排他性或竞争性、外部性不明显、体育旅游者需求多元化的体育旅游公共服务有可能成为市场性产品。

（一）效率优势是市场提供的根本动力

市场经济本身就是一种制度安排,其目的是达到公共资源的有效配置。相对于政府提供的具有基础性、普遍性、范围广的体育旅游公共服务,市场（企业）或者以实现社会效益最大化的方式提供体育旅游公共服务,即为政府生产体育旅游公共服务与产品,再由政府提供给体育旅游者（包括当地居民）；或者市场直接提供给体育旅游者个性化的有偿付费服务（根据市场规则,按照自由交换原则向体育旅游者提供,使不愿无差别享受体育旅游公共服务的部分体育旅游者可以在自愿付费的前提下自主选择,以便享受到更加优质化、品质化的服务）。政府可以利用政策、预算、合约安排等方式形成经济激励,引导和调动更多的市场力量参与个性化的体育旅游公共服务的生产和提供。

引入市场机制、推行合同承包、特许经营、用者付费等制度安排有助于提高体育旅游公共服务供给效率,特别是能够明显节约生产成本。依托市场营利性机构,企业依靠专业化生产、规模经营、先进的技术设备与管理经验以及优秀的人才队伍提高体育旅游公共服务质量与效益。究其缘由,一方面,由于市场的介入,很多准体育旅游公共服务产品由垄断性提供转为竞争性提供,体育旅游者（或部分体育旅游者）可以在不同的供给方之间进行选择,增加了提供服务内容和种类的丰富程度,扩大了体育旅游者的选择范围,在市场竞争态势下,后进入者只有努力降低成本,在管理、价格、服务质量等方面加以改进,才能在激烈的市场竞争中谋求发展或维持生存；另一方面,由于市场（企业）自主性、灵活性、管理性较强,按照市场经济规律,通过市场内部的良性竞争不仅能够提高资源的配置效率,而且可以打破传统的管理方式和经营模式,实现产品与服务的有效生产与供给,为体育旅游者提供内容更加丰富、形式更为多样、需求也更为贴近体育旅游者期望的体育旅游公共服务。

（二）体育旅游公共服务流量集聚催生企业运营模式创新

在网络科技前时代,由于公共服务的受众数量巨大,很多服务无法以规模化的方式提供,因此服务效率低且成本高。随着现代互联网技术的飞速发展,公共服务可以通过更加便捷灵活的方式、以更低的成本送达亿万公众,规模经济与范围经济变得极为显著。正因为公共服务都是普遍性服务,受众广泛,因此能够在一个领域内快速聚集大批用户,形成正反馈。在互联网时代,关注力的争夺是竞争的焦点,用户量越大就会吸引更多的关注,尤其是平台媒体价值的显现。当互联网技术应用深入体育旅游公共服务领域,在向更多的公众传递体育旅游公共服务的同时,大型互联网平台企业也正在积聚着前所未有的庞大数据,这是不可忽略的战略资产。企业利用这些数据,通过更深层次的挖掘,能够更快地实现体育旅游公共服务的迭代,能够调节产品与服务供需的匹配程度,能够平抑淡旺季节的需求。当互联网去中介化属性消除了公共服务传递中大量的中间环节,不仅可以使供需两端直接对接,还能够实现服务的精准加载。

以体育旅游智慧城市建设为例,体育旅游公共服务已是智慧城市建设的重要组成部分,大型互联网平台企业对这一领域的布局早已启动,且竞争愈演愈烈。例如,腾讯与云南省政府合作的"一部手机游云南"就是典型的公私共建共治的尝试。该项目几乎全部外包给大型互联网平台企业建设和管理,让游客仅通过一部手机即可完成"吃、住、行、游、购、娱"等全方位智能服务,实现"游客旅游体验自由自在""政府管理无处不在",让游客携带手机尽情畅游云南,做到全程无忧。

(三)市场供给体育旅游公共服务的前提条件

一般来讲,市场(企业)能够为体育旅游公共服务提供更专业的技术支持、更广泛的渠道支持和更雄厚的资金支持等。体育旅游公共服务依靠市场供给的终极目的是通过引入市场竞争机制,提高体育旅游公共服务的供给效率,更好地满足体育旅游者对体育旅游公共服务的需求。从市场化运作经验来看,随着技术的发展、市场资本规模的扩大和先进融资方式的出现,某些体育旅游公共服务产品的非排他性和非竞争性弱化,这也为市场化提供服务创造了一定的前提条件。生产和提供的分离为市场提供体育旅游公共服务奠定了制度条件与分析框架。由于体育旅游公共服务本身的复杂性和特殊性,市场提供体育旅游公共服务需要一系列前提条件,即要求明晰市场提供体育旅游公共服务所具备的一些条件。当然,在市场不完善的情况下,市场提供体育旅游公共服务必然受到一定的政府规制,包括合理界定其边界和范围,以保证规制目标的实现等。

1. 技术条件

技术进步和技术创新为市场(企业)资本进入准体育旅游公共服务产品供给领域提供了可能。某些体育旅游公共服务在技术上的排他性以及有效的竞争性,为由市场提供产品与服务创造了条件。例如,体育旅游者对某一类体育旅游公共服务产品具有偏好或需求规格较高,可以按照价格标准采用用者付费的方式对特殊的体育旅游消费者进行收费。由于生产者承担一定的生产经营风险,不仅具有提高投资效益的内在动力,也具有市场竞争的外在压力,因而为了提高社会效益和降低生产成本,生产企业就会不断采用更加先进的管理经验和技术手段来完善体育旅游公共服务的生产和运营方式。

2. 产权条件

产权独立的市场(企业)主体是市场配置资源的基本条件。产权关系的明晰化也是市场机制是否完善的重要标志。市场是否能提供令人满意的体育旅游公共服务,归根结底是由于排他的困难或收费的困难,源于精确地度量体育旅游公共服务产品的性能和使用情况,严格排除不付费者的产权、自由地转让所拥有的产权等费用高,且容易产生"搭便车"现象,导致无法进行产权交易。通过购买、补贴等市场化运作方式,政府将提供体育旅游公共服务的权利转让给市场,同时加强市场监督,规范管理体制,可以更好地实现体育旅游公共服务的间接生产和提供。

3. 制度条件

市场提供体育旅游公共服务是否能够有效以及效能实现程度,必须要有一系列的制度条件作为约束和保障。而制度创新则是把技术进步带来的服务产品属性的改变及其提供方式的变化通过制度方式确立下来,直至变为现实。具体包括如下几点:一是实施产权界定,使收益和成本的边界清晰化,为价格机制的作用提供条件。二是放松进入管制,降低进入壁垒,放松价格管制,确定合适的收费标准;而合适的收费标准是吸引市场资本进入准体育旅游公共服务产品市场供给的重要条件。三是创立政府监管制度,对准体育旅游公共产品与服务的收费、质量、安全等建立标准,并实施监督管理,使准体育旅游公共服务产品的市场供给日趋规范有序。四是建立激励制度,实施政府补贴、税收优惠等激励机制,加速准体育旅游公共服务产品市场化供给进程。

国家宏观政策的调控及地方政府对发展体育旅游业的重视和支持,为体育旅游公共服务市场化改革提供了必要的政策支持和制度保障。近年来,各地也陆续出台了相关政策文件,进一步鼓励市场采取多种形式参与体育旅游公共服务领域的生产经营和开发建设,提升了体育旅游公共服务的整体供给水平与供给效率。

三、体育旅游公共服务市场供给失灵

虽然我国市场经济体制有待改革和完善,在体育旅游公共服务供给中市场(企业)主体的成熟度也有待提高,但毋庸置疑的是体育旅游公共服务市场化提供带来了高效率和低成本,并促进了政府部门自身机能的优化和改善。当然,市场供给也在不断地探索和发展中,不可避免地存在这样或那样的问题。市场本身是以盈利为目的,以追求利润最大化为目标,在提供体育旅游公共服务的同时,必然收回投资成本并获得一定的利润作为企业扩大再生产的基础。体育旅

游企业提供体育旅游公共服务的模式本质上是一种体育游客作为个体以货币"投票"方式决定的,体育旅游企业因此让渡其公共服务的形式。比较而言,市场的优势在于体育旅游公共服务生产上的竞争带来了敏锐的市场反应与回应能力、分散决策、服务的效率、成本节约与要素的聚集,但体育旅游公共服务同时具有受益的非排他性和消费的非竞争性等公共产品特征,因此容易出现"搭便车"现象,从而导致市场提供者可能获利甚微或者不能获利,甚至无法收回投资成本,如此企业主体就会逐渐淡化或丧失供给体育旅游公共服务的主动性和积极性,导致市场失灵。

(一)市场供给可能会影响到社会公平

萨缪尔森指出:"有效率的市场制度可能产生极大的不平等。"市场(企业)作为理性"经济人",遵循追求自身利益最大化的理性逻辑,即企业的趋利性决定了其提供的体育旅游公共服务可能只是为了满足和迎合部分体育旅游者的需求,其决策可能是分散和片面的,很难做到统筹兼顾社会各方利益关系。例如,某些营利性企业在投资体育旅游公共服务时,往往不愿意承担更多的公共服务的社会责任和义务,只愿投资风险低、回报率高的体育旅游产品和服务项目,并能够自然享受政府对体育旅游公共服务的政策、价格和税收等方面的优惠条件。这种市场投机行为可能会导致体育旅游公共服务资源的逆向分配,使体育旅游公共服务私有化生产成本降低并迎合部分体育旅游者的偏好取向,同时导致其他体育旅游者得不到此类服务,丧失了平等享有体育旅游公共服务的权利,难以保证弱势和少数群体享受服务的可及性,可能会影响社会公平。

(二)市场供给可能出现"负外部性"

我国尚未完全建立与市场经济体制相适应的社会保障体系,市场(企业)供给体育旅游公共服务不一定是完全有效的。由于市场存在自发性、盲目性、滞后性等缺陷与不足,市场提供体育旅游公共服务也可能会产生垄断或不完全竞争等"负外部性"问题,市场行为的外部性可能会产生负面的外溢效果,使其并不总是得到理想的供给效果。在生产企业获得垄断经营权后,即市场上某些营利机构在取得体育旅游公共服务的经营产权后,享受规模经济效益,形成了某种垄断优势,一旦企业获利依赖于垄断地位,竞争与技术进步就会受到抑制。企业凭借其垄断地位,可能会随意提高体育旅游公共服务消费的准入价格,存在乱收费问题;也可能会对体育旅游消费者提供不完全信息和不对称信息,从而欺骗体育旅游者,导致市场交易不公平,价格机制失灵,市场效率低下。

四、体育旅游公共服务市场供给路径

具有准公共产品性质的体育旅游公共服务通过市场(企业)化生产运营,不仅有助于打破政府部门供给的垄断地位,而且还可以为社会创造外部效应,同时也为企业自身带来一定的经济效益。基于体育旅游公共服务的性质和特点,政府可以把适合市场(企业)提供的服务和产品交由市场生产经营,或者把自己直接提供的体育旅游公共服务中的部分或某些环节交给市场,即采用市场化工具,引入市场竞争机制,提高体育旅游公共服务生产效率和社会效益。当然,体育旅游公共服务市场化运作需要与其相应的监管体制,对其产权、管理主体、运作主体等进行明确的制度安排,并严格规范体育旅游公共服务市场供给的运行秩序。总之,在体育旅游公共服务的供给中引入市场机制必须以完善的管理制度、优越的管理能力为前提,做到可度量、可监管、可评估。

（一）体育旅游公共服务市场供给的实现手段

1. 实现产权变更

产权变更是在现代企业制度下由市场进行生产配置的一种重要形式。所谓产权,包括所有权、经营权、占有权、使用权、支配权等。体育旅游公共服务在市场化经营运作下,合理有效的制度安排是获得经营权的企业及其他相关者的利益实现帕累托最优的根本保证。当产权界定的期望边际收益大于产权界定的边际成本时,市场(企业)就有机会参与体育旅游公共服务的提供。为缓解体育旅游公共服务供给不足的矛盾,政府可以通过产权界定,将体育旅游公共服务转化为俱乐部产品,利用市场机制通过企业化的管理手段和技术方法来生产提供,从而提升体育旅游公共服务供给效率。

由于产权变更涉及不同经济主体的权益,产权变更的形式也是多种多样,主要包括出售、合资经营、合作经营、企业联营以及租赁等。以基础设施类体育旅游公共服务供给为例,其产权变更可以通过以下形式实现:将基础设施类体育旅游公共服务完全出售给私人部门;基础设施类体育旅游公共服务供给企业采用股份制经营,使其成为混合企业;取消或降低进入基础设施类体育旅游公共服务供给的壁垒,鼓励新兴的资质部门进行基础设施类体育旅游公共服务的生产和提供等。通过国有资本和私人资本相结合,降低生产企业经营体育旅游公共服务的进入壁垒,并通过公、私资本在投资领域的合理竞争,形成一定程度的竞争市场,能够在规模经济得到保证的同时,降低生产成本并提高服务效能。

2. 打破政府垄断

由于政府部门垄断体育旅游公共服务的供给会导致"X-非效率",因此,打破政府垄断地位,引入市场竞争机制,更利于提高体育旅游公共服务的竞争性和经济效率。体育旅游公共服务一般包括垄断性业务与竞争性业务,打破政府垄断首先就要把垄断性业务和非垄断性业务区分开来,并根据不同业务特点采用不同的市场化工具。大部分体育旅游公共服务具有准公共产品的性质,如果这些体育旅游公共服务通过企业化经营,不仅可以促进体育旅游资源的优化配置,也可以促进企业不断创新、提高生产效率,从而推进体育旅游产业的快速发展。从国外的实践经验来看,政府机构除了全面保护与合理开发国家体育休闲公园、体育博物馆及其他体育历史古迹建筑,并提供体育旅游基础设施公共服务外,几乎退出所有体育旅游服务项目的经营和运作,而通过充分发挥市场机制的作用,更多地为私营部门创造机会和条件。即使在南美洲的一些国家,原来由政府直接掌握与经营的体育旅游设施服务,目前也形成了公私合营的局面。

3. 培育体育旅游市场主体

扶持一批特色鲜明的体育旅游企业,鼓励发展专业性的体育旅游经营机构。推动优势体育旅游企业实施跨地区、跨行业、跨所有制兼并重组,打造跨界融合的体育旅游产业集团和产业联盟,推进连锁、联合和集团化经营,实现体育旅游企业规模化、集团化、网络化发展。支持具有自主知识产权、特色品牌的体育旅游企业做大做强,引导各类体育俱乐部规范、有序、健康发展,培养一批具有较高知名度和市场竞争力的体育旅游骨干企业。

(二)体育旅游公共服务市场供给的制度安排

鉴于体育旅游公共服务市场供给主体多元、内容复杂、形式多样、涉及面广,为发挥市场机制供给的有效作用,必须设置一系列的制度条件作为保障。因此,政府有效规制与市场主体参与需要从体育旅游公共服务的外部性、公共性的制度根源上寻求全面、系统化的策略。除了产权关系界定清晰,根据具体的制度安排,政府和市场之间的权利关系也有所不同。美国经济学家斯蒂格利茨曾指出,政府在宏观控制公共服务的同时,可以通过签订合同、授权经营等手段,委托私人部门生产和提供,实际上明确了政府从宏观控制和委托代理两个方式管理公共服务的途径。美国学者萨瓦斯则将公共服务的制度安排划分为 10 种具体形式:政府服务、政府出售、政府间协议、合同承包、特许经营、政府补助、凭单制、自由市场、志愿服务、自我服务。在体育旅游公共服务实际运营中,根据体育旅游公共服务的产权特点、提供方特征以及相关政策的效用特征,上述制度安排还会派生出其他形式。本研究所要讨论的政府和私人之间的制度安排主要包括合同承包、特许经营、政府补贴和凭单制等几种类型。

1. 合同承包

合同承包或合同出租是指买卖双方在经济活动中通过谈判协商,以合同形式确定发包与承包双方的权利与义务,承包合同就是双方约定的、受法律保护的契约性文件。在体育旅游公共服务市场供给的制度安排中,私营企业是体育旅游公共服务的承包人和生产者,政府是合同的发包人和监督者,政府通过合同外包或承包租赁的方式付费给生产者。公共选择理论学派代表人安德鲁·施莱弗指出,当政府可以与市场(企业)签订比较完备的合同时,市场生产将趋于更有效率,即使签订的合同不完善,竞争也会使市场不断提高产品质量,进而建立企业良好的市场信誉,取得更好的社会绩效。合同承包具有工作任务明确、市场存在潜在竞争对手、政府能够评判承包的工作绩效、承包的条件和具体要求在合同文本中得到体现等特征。合同的签订和履行具有严格的计划性、规范性、法律约束性,并受到政府部门的管理和监督。

2. 特许经营

特许经营是基于一种营销理念,组织可以采用这种营销理念作为业务扩张的战略。特许经营并不是一种平等的伙伴关系,特许人对被特许人拥有法律的优势。在体育旅游公共服务实际经营中,政府将垄断性特权给予市场(企业),让市场(企业)在特定领域里提供特定的体育旅游公共服务。特许经营通常是在政府的价格管制下进行的,一般包括排他性特许和资格许可(非排他性)两种类型。在特许经营下,政府不需要向生产者付费,而是市场(企业)通过向体育旅游者适当收费来获得成本的补偿。

3. 政府补助

政府补助,是指企业从政府无偿取得货币性资产或非货币性资产,但不包括政府作为企业所有者投入的资本。政府给予市场(企业)生产者的补贴包括财政拨款、财政贴息、税收返还、低息贷款、政策性补贴等形式。补助的目的是促使市场(企业)生产者向特定体育旅游消费群体提供低价格的特定体育旅游公共服务产品。例如,政府对体育旅游公共服务一线机构中的体育旅游集散中心的补助,既可以是资金,也可以是政策等方面的优惠。通常情况下,政府补助为了弥补市场收益不足,因为根据市场经济条件下政府补助的原则和理念,政府补助主要是对企业特定产品由于非市场因素导致的价格低于成本的一种补偿。

4. 凭单制

凭单制作为政府改革的工具,实质上是在公共服务中引入市场机制的一种制度安排。它源于新自由主义经济学,从消费者角度通过强化其选择权而巧妙植入市场竞争机制,从而打破政府垄断。凭单制存在公平导向、效率导向及公平与效率兼顾等不同政策取向及模式。在体育旅游公共服务供给中,凭单制是政府部门针对体育旅游公共服务项目与产品而给予特定体育旅游群体发放的优惠券、代金券或消费券等,体育旅游者凭借政府发放的"凭单"可以到指定的服务部门免费或低费消费体育旅游服务项目与产品。

五、体育旅游公共服务市场供给中政府的作用

体育旅游公共服务市场化并不意味着政府在提供体育旅游公共服务方面的

责任转移。在体育旅游公共服务中引入市场机制,采用市场化供给并不等于完全忽视政府的作用,而是政府与市场各司其职,发挥协同供给效用。体育旅游公共服务供给具有一定的外部性和"搭便车"行为,通常认为市场(企业)提供体育旅游公共服务存在低效率或者无效率。由于市场机制自身存在难以克服的缺陷,即使市场供给能够完全达到竞争均衡,也难以确保实现公共资源配置的"帕累托最优"。因此,在体育旅游公共服务市场供给中政府的适当介入是不可避免的,即体育旅游公共服务进行市场化运作时,事先做好科学评估和方案设计,生产运行中注重监管和考核,不仅能够充分发挥市场机制的效能,而且也给予市场必要的规制,进而在一定程度上实现体育旅游公共服务供给的效率与公平。

(一)监督管理

政府监管,学界也称之为政府规制或管制,是市场经济条件下政府为实现某些公共政策目标,对微观经济主体进行的规范与制约。市场(企业)提供是一种委托代理供给方式,在市场提供体育旅游公共服务的过程中,政府从维护体育旅游者的公共利益和社会整体利益出发,利用行政资源和行政手段,通过全方位、多层次、立体化监管,纠正或缓解"市场失灵"与"市场缺陷"带来的不经济和不公正,从而维护体育旅游经济发展和体育旅游市场秩序的稳定。实质上,政府监管是对"市场失灵"与"市场缺陷"的有力回应,即通过合理的政府干预行为,重点着力解决好"谁来管""管什么""怎么管"的问题,以此实现体育旅游资源的优化配置,并提高体育旅游服务与产品的生产效率。推动有效市场和有为政府更好地结合,推进政府监管能力现代化,是推动国家治理体系和治理能力现代化的重要内容。

1. 保障体育旅游公共服务的公益性

以经营性为主的项目进行市场化运作时,不能单纯追求利润最大化,必须注意兼顾经济效益和社会效益。市场提供体育旅游公共服务可能会出现某些"负外部性"和"市场失灵"等问题,必须由政府会同体育旅游消费者或非营利性组织对其进行监管,夯实企业主体责任,加大社会监督力度,进一步形成共治共管的监管态势。以此要求体育旅游公共服务的生产者在效率和社会公平之间进行合理权衡,提高市场提供效率并保持可持续发展的关键在于市场主体的积极参与和政府的规制行为并重。在保障体育旅游公共服务质量的前提下,充分满足体育旅游者多样化的体育旅游公共服务与产品需求。

2. 补偿市场信息不对称

信息不对称理论是由三位美国经济学家——约瑟夫·斯蒂格利茨、乔治·阿克尔洛夫和迈克尔·斯彭斯提出的。信息不对称,指市场交易中的不同人员拥有的信息不同。在市场经济活动中,掌握信息比较充分的人员,往往处于比较有利的地位,而信息贫乏的人员,则处于比较不利的地位。信息不对称造成了市场交易双方的利益失衡,影响社会公平、公正原则以及市场配置资源的效率。信息不对称在任何一种经济活动中都是普遍存在的。政府进行规制的领域包括体育旅游公共服务提供者诱导或误导体育旅游者消费而获得利润;体育旅游者难以对收集到的信息做出客观准确的评判;市场提供方不能准确判断市场需求而难以做到适量供给。政府通过与市场(企业)签订合约,授予市场(企业)专营权,明确界定市场(企业)的义务,要求其达到规定的服务标准,及时纠偏和补偿市场信息,并严惩发布虚假信息的非法行为,从而确保体育旅游者能够享有高质量的体育旅游公共服务产品,以此保障体育旅游者的合法权益。

3. 规制体育旅游市场宏观运行环境

从交易成本的经济学角度分析,体育旅游公共服务规制也是一项交易行为,同样存在一定的交易成本。政府对体育旅游经济规制应由对体育旅游经济运行的微观管制转向对体育旅游经济运行大环境的宏观规制,即政府对体育旅游市场中企业准入的审批制度应逐步放开,由审批型的规制转向管理型的规制,由全面规制转向重点规制。政府对体育旅游经济规制的重点应集中在建立规范的体育旅游市场秩序、清晰的市场产权关系、完善的体育旅游法律服务体系之上,不应该过多干涉微观体育旅游经济主体的市场行为。

建立完善以信用监管为基础的新型监管机制,依法认定失信主体并实施信用惩戒。建设体育旅游公共服务领域诚信体系,健全信用承诺制度,推进信用品牌建设,优化信用消费环境。

(二) 制度激励

制度激励是一种内生动力机制,是通过规制、制度等实现对组织成员的方向引导、动机激发与行为强化,持续调动其主动性、积极性和创造性。制度激励的核心理念是依法治理,强调维护制度的法权地位。体育旅游公共服务市场供给制度激励包括对体育旅游公共服务产权的界定以及给予某些动态激励措施等,从而为市场(企业)供给体育旅游公共服务创造良好的制度环境。某些体育旅游公共服务具有高成本、非营利性等特点,政府可对提供体育旅游公共服务的市场给予一定的补贴或其他优惠政策措施,使体育旅游公共服务提供方能够获得部分外溢效益,从而激发体育旅游公共服务市场供给的参与积极性。激励政策包括政府对体育旅游公共服务的经营者给予财政补贴,以保障体育旅游公共服务供给者获得一定的收益;政府对体育旅游公共建设项目投资给予财政贴息,启动民间资本,发挥财政资金的引导和助推作用;政府对体育旅游公共服务公益性经营给予直接的低税优惠,或者提高投资的税前扣除比例,减少投资风险,适当提高经营收益。

（三）保护体育旅游消费者

由于目前我国体育旅游市场存在发育不完善、约束机制不健全等问题，市场（企业）供给往往为了自身利益而损害体育旅游消费者的权益。在市场提供体育旅游公共服务的过程中，为了尽量避免出现体育旅游消费者权益受损现象，政府有必要给予体育旅游消费者保护和支持，以保障体育旅游消费者的合法权益。同时，因为体育旅游消费者一般是分散的，而且同样由于理性"经济人"的原因，体育旅游消费者容易陷入集体行动的困境，不太可能形成强有力的集体行为，无法同体育旅游公共服务市场提供方讨价还价。所以，政府及体育旅游消费者协会有必要为体育旅游消费者提供消费信息、咨询服务、诉讼受理以及其他合法权益保护，不断满足体育旅游消费者多元化、个性化、合法化的服务消费需求，助力国内体育旅游消费市场发展壮大。

我国体育旅游业作为一项新兴的朝阳产业，其快速健康发展离不开政府部门的政策引导、制度激励、监督管理以及相关配套产业政策的支撑。体育旅游公共服务具有较强的专业性和独特性，横跨体育和旅游两个不同的领域，然而，目前国家体育总局及文化和旅游部都没有制定专门针对体育旅游市场的比较完善的政策文件和管理措施，也缺少对体育旅游公共服务市场的规制和监督。为了创造规范有序、健康文明的体育旅游公共服务市场供给环境，优化和完善体育旅游市场监督机制势在必行。

第四节　体育旅游公共服务社会非营利组织供给机制

20 世纪 90 年代，社会组织的渐兴和壮大为公共服务供给提供了一种新的选择。在政府、市场、社会非营利组织的"三分法"下，社会非营利组织作为政府和私营部门之外的"第三种力量"以及公民社会的载体，可以有效地对公民的公共服务需求进行回应，弥补了政府和市场的不足，其在公共服务供给中的作用日益凸显。非营利组织亦称为社会第三方或第三部门，是指在政府部门和以盈利为目的的企业之外的一切志愿团体、民间协会、慈善基金会以及文化艺术、环境保护等公益性机构。它以实现公共利益为目标，强调非营利性、民间性、自治性、志愿性等的合法组织，是介于政府与营利性企业之间的"第三部门"，同时它与政府部门、市场部门共同构成现代社会的三大支柱。我国学者比较认同陈振明的观点：第三部门是介于政府部门与营利性部门之间，依靠会员缴纳的会费、民间捐款或政府拨款等非营利性收入，从事政府和市场（企业）无力、无法或无意作为的社会公益事业，从而实现服务社会公众、促进社会稳定与发展为宗旨的社会公共部门。

从国内外体育旅游公共服务供给实践来看,在"政府失灵"和"市场失灵"的情况下,非营利组织以其自身所具有的非营利性、公益性、志愿性、灵活性等特点,在参与体育旅游公共服务提供上起到了重要作用。非营利组织可以在一定程度上或一定范围内补充政府供给体育旅游公共服务数量的不足和弥补市场提供体育旅游公共服务方面的短板。尽管非营利组织供给体育旅游公共服务的地位和作用不可或缺,但是由于非营利组织内在条件及外部环境存在天然的不足,还需要政府加强对其监督管理、加大政策和财政支持力度;非营利组织自身也要加强公众形象建设、建立健全内部监管体系、做好公益理念宣传、拓宽筹资渠道等;社会公众也要积极参与公益事业,为非营利组织营造良好的社会公益氛围。通过政府、非营利组织及社会公众的通力协作,科学合理地做好非营利组织有效提供体育旅游公共服务的规划设计与制度安排。

一、社会非营利组织供给必要性

美国民营化大师萨瓦斯在《民营化与公私部门的伙伴关系》一书中提出"根据物品和服务的不同而选择不同的民营化提供机制",并明确了10种公共服务提供的具体方式。在政府职能转变以及市场经济体制内生的社会空间的促动下,非营利组织不断发展完善,其参与提供体育旅游公共服务的动机源于"政府失灵"和"市场失灵"导致特定的体育旅游公共服务需求难以得到满足,即为满足部分体育旅游者差异化需求(部分消费者的过度需求或特殊需求)而提供相应的体育旅游公共服务。在其他条件不变的情况下,对公共产品和公共服务需求的异质性越大,非营利部门相应发展的规模和空间也就越大。同时,政府、市场和社会非营利组织在满足个体化需求方面可以相互替代和补充,当政府、市场发生双"失灵"时,非营利组织可以在两者之间发挥查缺补漏的作用,以满足不同个体对公共产品以及公共服务的需求。

（一）补充政府供给体育旅游公共服务的不足

尽管政府利用自身的职权可能改善决策制度和决策质量等,但是由于政府在体育旅游公共服务供给中不可避免地存在这样或那样的问题,因此,政府也不可能为所有体育旅游者提供量身定做的体育旅游产品与服务,特别是异质性较强的体育旅游消费者的服务需求更不可能一一得到满足。正是由于政府供给体育旅游公共服务力量不足及效率低下等"政府失灵"问题,不能完全满足体育旅游者对体育旅游公共服务的差异化需求,所以非营利组织介入提供体育旅游公共服务就有了存在的功能需求。相比较而言,由于非营利组织具有草根性、志愿性、公益性、灵活性等特征,又始终与广大社会民众保持经常性的接触和交往,不仅对体育旅游者更为了解,而且能够及时掌握体育旅游者的公共服务需求动向,洞悉不同消费群体的体育旅游公共服务诉求,因此,非营利组织在提供具有公益性质同时又具有一定差异化的体育旅游公共服务中具有得天独厚的优势,如体育游志愿者服务、体育旅游信息咨询服务、体育旅游环境保护及体育旅游应急救援等。同时,非营利组织能够客观地向政府部门反馈具有真正代表民情、民意、民向的体育旅游公共服务现实诉求,也有助于提高政府部门制定体育旅游公共服务决策和管理的民主性、科学性、规范性,从而更好地满足体育旅游公共服务健康发展的实际需求。

非营利组织在参与公共服务供给的不同阶段,呈现出来的政府与非营利组织之间的关系也是不同的。由于非营利组织存在非分配约束和慈善目的,这使得非营利组织参与体育旅游公共服务的规划设计具有更强的合理性。地方政府在资源和能力不足的情况下,让非营利组织参与合作不失为一种提供公共服务的替代方案,政府也可以更有把握地让非营利组织参与这些过程。

(二)弥补市场供给体育旅游公共服务的缺陷

虽然公共服务市场化供给有诸多优势,但也可能导致一些棘手的问题出现。市场失灵既是公共部门供给公共服务的理论基础,也是非营利组织存在的重要理由。市场失灵的一个重要表现就是无力组织和实现公共物品的供给,因为公共物品消费上的非竞争性和技术上的非排他性,所以不可避免地产生"搭便车"行为,因此,在可能发生市场失灵的体育旅游公共服务领域,就需要社会非营利组织基于公益利他、道德正义、志愿奉献等的理念,去组织和安排体育旅游公共服务的生产和供给。由于我国市场机制还不健全,有些地方甚至存在空白,导致市场合约双方之间的信息传递不畅通,机会主义行为泛滥。具备"非分配约束"特性的非营利组织恰恰有利于约束市场主体的机会主义行为,从而纠正市场失灵。利用非营利组织的社会影响和积极作为,尽可能实现体育旅游市场的有序竞争,保障体育旅游者的合法权益。

二、社会非营利组织供给困境

随着政府机构简政放权和社会工作的改革与发展,社会非营利组织迅速兴起并成为当今不可忽视的一股社会力量。尽管我国非营利组织在不断发展和壮大,在服务社会、促进社会的全面发展方面发挥着积极的作用,但是非营利组织的发展受到历史文化、传统观念以及现实行政、法治、权力、财政等各种因素的制约,还存在大量需要解决的问题。我国非营利组织的发展由自上而下的官方、半官方的占主导地位,来自民间的、自下而上的、公民社会所提倡的非营利组织(民间草根组织)往往不占优势,因此,形成了强政府、弱社会的非营利组织发展格局。非营利组织发展的制度环境和治理环境都存在着明显的差距。

从某种意义上说,社会非营利组织因发育不成熟,规模较小、实力较弱,相对于政府和市场尚未取得较为独立自主的地位,还不能称为纯粹意义上的"第三部门"。总体来看,非营利组织作为公共服务的生产者也存在固有的缺陷,非营利组织固然蕴含的狭隘的公益性、公共资源支配能力不足、社会权力及公信力缺失等弊端往往会导致"志愿失灵",这恰恰需要政府部门给予必要的支持和保障。

（一）法律制度不完善

随着我国非营利组织的迅速发展,需要成熟的法律体系来约束和规范其行为。但是,针对我国非营利组织的法律体系还不够完善,具体的规定含糊不清。例如,我国关于非营利组织免税的相关程序中,针对不同类型的非营利组织的相关条款模棱两可,致使不能得到有效落实。法律制度不完善带来的负面效应,使得一些非营利组织的法治意识观念淡薄、自我监督不够,导致出现大量有法不依、无法可依的现象,影响了非营利组织参与公益性、社会性、服务性的体育旅游公共服务供给的实现。

非营利组织涵盖范围广,服务种类多,社会关系复杂。由于我国非营利组织起步较晚,发展时间不长,虽然国家出台了《非营利组织法》等相关法律法规,但在公益实践活动中仍然显得力不从心。健全相关的法律法规制度能够为社会非营利组织顺利开展工作提供法律依据和制度保障,创造合规合法的服务环境,使非营利组织的发展走向规范化和法制化轨道。

（二）运行经费不足

对社会非营利组织而言,经费的获取情况直接影响组织的日常运行和工作开展。由于我国非营利组织发展时间短,在我国没有稳定的社会基础,社会公众对募捐的积极性及可信度不高。面对社会环境及市场环境的不利影响,非营利组织需要打造值得社会广泛认同的公益行为和服务效应,并不断提升自己的公信力,设法通过政府补助、企业捐赠、个人捐赠和其他渠道筹集资金,还可以通过募捐箱筹资、业务活动收入、项目筹资和互联网筹资等获得资金。

发展资金及活动经费的不足必然会限制非营利组织的有效运行,影响其供给体育旅游公共服务的数量和质量。非营利组织供给体育旅游公共服务资金欠缺的主要原因在于缺乏一个规范化、多元化的筹资体系。由于非营利组织缺乏与体育旅游企业广泛的联系和交流,合作伙伴关系的缺失使得相关企业捐赠不多;我国现有的非营利组织（特别是体育旅游行业协会大多是政府的附属机构）在经费上严重依赖政府的财政支持;非营利组织对社会捐赠款物的信息公开不到位,难以获取社会公众的信任,容易使公众对组织产生一定的负面评价而影响捐赠行为;对非营利组织的统一规范和问责机制缺乏,导致腐败现象不断滋生和蔓延。

（三）组织协调能力欠缺

不同于国外非营利组织自下而上的发展特点,我国一直采用自上而下的官方、半官方的"政府主导"模式。目前,绝大部分非营利组织处于政府的依赖状态下,缺乏主动性和独立性。非营利组织先天积弱积贫,一方面通过政府获得了一定的合法性、社会资源和活动空间,另一方面政府作为管理者干预并监督非营利组织的行为。非营利组织在发展过程中的政策、资金、技术、人力、设备等主要是来自政府支持与社会募捐,在登记注册、内部人事管理制度等方面也受到政府的制约与监督,二者呈现出非对称性依赖的关系。

在政府的支持下成立的各层次的体育旅游协会等行业组织,其本身就是从政府相关职能部门中分离出来的,或者直接改头换面式组建。因此,从组织观念、运行机制和管理权限等方面来看,体育旅游行业协会等非营利组织缺乏独立性,不同程度地受到政府行为的干预。同时,由于体育旅游中的各行业协会在与政府部门的权力比较中往往处于劣势地位,很难调动和协调其他相关部门的相互合作关系;各地体育旅游行业协会对地方体育旅游企业的影响力较弱,二者在体育旅游公共服务供给中很难形成一定的协同效应。

我国社会非营利组织在体育旅游公共服务提供方面还处在起步阶段,因而不宜过度夸大社会力量在体育旅游公共服务中的作用。即使从国际经验看,也还没有民间和社会力量在体育旅游公共服务中起主导作用的先例。

三、社会非营利组织供给路径

非营利组织参与体育旅游公共服务供给是当前推进社会管理体制改革和政社合作互动的重要内容,也是政府转变职能、培育新型社会管理主体的一种创新方式。作为体育旅游公共服务的供给主体之一,非营利组织在体育旅游公共服务领域提供服务中发挥着重要作用,日益成为社会公众参与体育旅游、提出发展决策及建议等事务的主要渠道之一。政府通过制定相关政策文件,吸引非营利组织参与体育旅游公共服务供给,实现体育旅游公共服务输出的社会化,把政府的部分社会职能交由民间协会、社团组织等社会第三部门来完成。

（一）加强与政府部门合作供给

目前,在我国关于非营利组织管理体系的构建,无论在理论与实践中都显得相当薄弱,非营利组织管理多头化及发展无序化突出,缺乏有效的行政规制。因此,加强与政府部门的合作交流,建立社会非营利组织独立自主的管理体系,就显得格外重要。

政府部门应该主动从一些不该管也管不好的领域退出,并善于通过购买服务的方式实现政府社会管理目标,即通过政府合理授权,也就是政府部门提供相应的政策、管理、资金、技术、人才支持等进行授权管理,逐渐放权并给予非营利组织一定的管理权限,把一部分体育旅游公共服务职能让渡给非营利组织,使其成为政府提供体育旅游公共服务的有效补充。政府也可以通过签订合同的授权方式,将一些体育旅游公共服务项目承包给相应的、符合资质要求的非营利组织进行生产经营。非营利组织通过与政府部门建立合作伙伴关系,在与政府的沟通中就有了制度上的保障,政府也有义务就体育旅游公共服务发展问题与其协商,进而促使非营利组织更好地参与相关政策的协商制定。

(二)强化与企业合作供给

为了提高体育旅游公共服务供给效率,非营利组织也可以与企业合作供给。各类非营利组织通过与营利性企业建立协作关系来从事体育旅游公共服务公益事业,主要包括以下形式:一是非营利组织参与交易关联的公益推广活动。营利性公司将销售的收入按一定比例以现金、实物或设备的形式捐赠给社会组织,进行公益服务,通过捐赠无形中提升了企业的影响和社会形象。二是共同主题营销。非营利组织与私人企业达成协议,通过分发企业产品和宣传资料及制作广告等方式,共同解决体育旅游公共服务供给所需资金短缺问题。三是核发许可证。非营利组织在收取一定费用或提取部分收入的基础上批准营利性公司使用其名称和商标。

(三)拓宽筹资渠道

充足的资金来源可以确保非营利组织有能力实现其社会救助、民主参与、管理监督、可持续发展的功能以及弥补"政府失灵"与"市场失灵"的功能等。为保障非营利组织对体育旅游公共服务供给的实现,非营利组织应积极拓宽筹资渠道,确保资金来源的广泛和数量的充足。纵观国际上成功运作公益事业的非营利组织,其经费来源主要是政府资助、服务收费以及民间捐赠、成立基金会、发行公益彩票等的形式。

1. 政府资助

政府资助无疑是非营利组织获得资金来源的重要组成部分,不同的只是获得政府资助的力度、规模、形式有所差异。政府资助基于降低供给成本,提高供给效率的考量。如政府津贴、补助、政府购买服务、合同承包等,还可采取免除非营利组织的税费以及对向非营利组织捐款的个人和企业减税等优惠政策间接资助手段来鼓励与支持非营利组织的发展。例如对体育旅游公共服务供给的社团类社会组织采取项目委托、协助管理等方式,根据工作实绩政府给予资金补助;

也可以按社会组织活动次数、投入情况、居民满意度进行适当补贴。对承接社会管理和体育旅游公共服务的事务类、服务类组织,政府采取事前委托或招标、事中监管、事后验收的方式给予资金支持。

2. 服务收费

服务收费也是非营利组织获得发展资金的重要来源。以非营利组织中的行业协会为例,困扰我国行业协会发展的主要问题之一就在于其运作经费基本上是依靠收取少量的会费和政府有限的拨款,经费不足已经成为影响行业协会寻求自身发展和服务社会公益事业的瓶颈。营利组织加入对社会公共产品与社会服务的市场化供给,迫使非营利组织以市场化服务收费的手段追求组织效率,同时一些效率低下的非营利组织将会被淘汰出局。公益服务有偿收费已成为许多非营利组织的市场化运作手段和主要收入来源。另外,收取会员享受服务的会费,即从组织内目标受益人中获得收入,在会员制的非营利组织中,会员以会费的形式支付享受的服务。

3. 民间捐赠

捐赠是自愿将自己的财产或物品交给受赠人或者公益组织。捐赠是没有任何利益回报的行为,也是一种帮助社会弱势群体的财政慈善活动,旨在帮助那些需要帮助的人或组织。民间捐赠包括来自个人、基金会和市场(企业)的自愿捐款、捐物等,是非营利组织独特的收入来源,也是非营利组织与各级政府公共部门及市场私人营利机构相区别的主要标志之一。总之,民间捐赠是一种公共行为,是一种慷慨的行为,也是一种认知行为。它可以缓解行政部门的财政负担,资助贫困弱势群体,实现社会的整体发展。

4. 成立基金会

基金会(非营利组织)一般指慈善基金会,是以私人财富用于公共事业的合法社会组织,一般为自治机构,旨在资助社会科学研究和公共服务项目。基金有的来自个人遗产或赠品,有的是工商企业或家族捐款,有的是连续捐赠。尝试建立不以盈利为目的的体育旅游公益发展基金会,并由相关各方共同决议体育旅游项目的开发和建设,以此获得体育旅游项目及土地溢价的收益,再进行体育旅游基础设施建设及体育旅游资源开发布局,推动体育旅游项目的滚动式开发,促进体育旅游业的可持续发展。

5. 发行公益彩票

发行公益彩票从一开始就是为筹集社会福利资金、弥补民政经费不足、建设社会福利事业而设立,公益性、慈善性是公益彩票的根本属性。随着居民收入的增加,彩票的筹资能力会越来越强,政府及有关部门可以适时地发行"体育旅游公益彩票",非营利组织通过博彩运营筹资,以增加社会公众自愿提供资金的渠道,增强非营利组织供给体育旅游产品与服务的能力。

（四）强化自身建设

非营利组织之所以产生并得到发展,主要是为了弥补"市场失灵"和"政府失灵",从而更好地为社会提供公共产品和公共服务。非营利组织的发展需要建立在完备的法律和制度基础之上。因此,应尽快建立必要的法律和制度环境,以确保非营利组织参与体育旅游公共服务的合法性和有效性。同时,非营利组织应加强自身能力建设,具体表现为非营利组织优化治理、战略管理、项目运作、筹款策划、公信力建设等方面的能力,承担起更多的体育旅游服务职能,提高体育旅游公共服务供给的质量,赢得公众的信任和良好的社会声誉。

1. 积极培养公民的社会服务参与意识

公众的参与程度主要表现在社会对非营利组织的认可与支持的程度,直接反映了非营利组织社会动员能力以及社会影响力的高低,非营利性与志愿性的特征决定了非营利组织社会活动的有效开展依赖于社会公众的大力支持和服务意识的增强。在体育旅游公共服务供给过程中,通过培养和引导社会公民的公益服务志愿参与,可以在很大程度上节省活动经费的支出,减少在编工作人员的数量,提升体育旅游公共服务的供给效率,并且有利于培养公众的社会服务参与意识。社会个体并非在任何时候都表现出"经济人"的特点,关心他人、帮助弱者、服务社会也是人性的内在属性。非营利组织可以吸收具有一定专业知识和社会技能的大学生、研究生、体育旅游爱好者、体育旅游专家以及社会志愿者群体和个人利用寒暑假、法定节假日等义务参加体育旅游公共服务公益活动,服务内容包括体育旅游咨询、游客疏导、义务导游、体育旅游环境保护宣传等基本的体育旅游公共服务事务。

2. 大力发展民间体育旅游公益组织

随着社会的发展及人们对公共服务需求的多样化,大力培育和发展自主自立的民间体育旅游公益组织,如高校学生志愿者群体、党员志愿者群体、环保志愿者群体、交通服务志愿者群体、公共服务质量监督志愿者群体,以及社会其他志愿组织和个人等,将会有助于更好地满足体育旅游消费者细分的体育旅游公共服务需求,同时为弘扬社会主义核心价值观和精神文明建设做出积极贡献。

3. 增强非营利组织的社会公信力

体育旅游行业信用体系建设是提升服务质量的重要保障,是推动体育旅游市场治理体系和治理能力现代化的重要抓手。非营利组织的发展需要社会给予人力、物力、财力、信息和技术等方面的支持和帮助,社会力量投入的大小取决于社会对非营利组织的认可及信任的程度。然而,目前大多数非营利组织都面临信任社会资本不足的现实困境。公信力不足严重影响到非营利组织的社会工作有效运行以及自身良性发展,使其无法更好地发挥应有的作用和价值,甚至波及公共利益的促进与实现,进而在一定程度上影响社会的发展与进步。

非营利组织的非营利性要求其社会活动必须高度透明化和全面公开化,才能推动非营利组织建立社会信用,增强非营利组织的社会公信力。提高非营利组织的社会影响力主要依靠其自身的开拓创造力和工作投入的敬业度,如帮扶项目具有创新性、可行性且具有一定的社会影响力;对服务对象急需解决的困难设计服务方案合理高效,能够获得良好的社会效益;能够及时帮助需要帮助的组织和个人;塑造具有代表性、特色化的体育旅游公共服务品牌,从而提升自身的影响力和知名度。而社会公信力提升需要非营利组织外部监督与内部管理相结合,建设信用文化制度,建立健全针对非营利组织的信用评估标准,建立面向社会公众的问责机制,防止贪污腐败现象发生。提升非营利组织的社会公信力有助于改善政府与非营利组织之间的不对等关系,有利于建立平等合作的新型伙伴关系。加快构建以信用为基础的新型监管机制,为全面提升体育旅游服务质量提供支撑。

此外,非营利组织的服务对象主要以社会公众为主,作为社会服务的直接受益者,社会公众应该加强给予非营利组织的信任与支持力度,倡导社会文化价值,鼓励和支持社会信用度高的非营利组织开发建设更多的公益服务项目,给予非营利组织更多的发展机会和拓展空间,加深彼此之间的理解与信任,进而增加社会资本。

4. 提升非营利组织内部管理能力

非营利组织不仅需要外部监督,组织机构内部的管理也至关重要。改善非营利组织的内部管理,明确其社会服务宗旨与增强供给体育旅游公共服务的使命感,对提升其社会合法性、组织治理能力、募集资金数量、服务项目管理及社会公信力等都具有十分重要的现实意义。

首先,非营利组织在履行社会公益责任与使命的过程中,明确自己的角色选择与社会定位,保持组织管理、服务运行与自身发展的独立性。其次,形成合理有效的内部监督机制,在非营利组织内部的员工与员工之间、上司与下属之间开展相互监督与帮扶,共同提升业务能力和服务水平。再次,非营利组织内部需要建立科学规范的管理模式,将决策权与执行权、监督权分离,并保证分权制衡与相互独立,提高办事效率;执行财务公开透明制度,避免出现贪污腐败现象。最后,非营利组织内部应实施积极的员工激励机制,活跃组织氛围,提高工作效率,为社会提供更加优质的体育旅游公共服务。

随着非营利组织自身建设的逐渐完善,公信力得到不断提升,非营利组织也将在优化社会供给与提升社会服务质量方面发挥更好的作用,成为推动社会发展的重要力量。

第五节　体育旅游公共服务多元主体合作供给机制

随着经济社会的快速发展和生活水平的大幅提升,人们对体育旅游公共服务诉求日益多元化,呈现出广泛性、多样性、异质性的发展趋势,单纯依靠政府或市场主体供给体育旅游公共服务已然无法有效地契合和满足公众日益增长的体育旅游公共服务需求①。如何有效打破政府一元主导供给格局和解决多元主体结构性矛盾,明确各供给主体的权责边界,实现各司其职、各尽其责、各显其能,建立政府、市场、社会非营利组织多元主体合作供给机制、增进体育旅游爱好者的福祉,无疑成为值得探索的课题。

一、体育旅游公共服务多元主体合作供给界定

体育旅游公共服务供给中的多元协同并非是各主体在组织层面的重新组合,而是行为层面各主体之间的合作配合。体育旅游公共服务多元主体合作供给是指在特定的体育旅游领域,对政府、市场(企业)、社会非营利组织多元化的供给主体进行整合和优化,采用合同承包、特许经营、补助、凭单、志愿服务等多种供给形式,充分发挥不同供给主体的优势和特点,形成多元主体协同合作的方式供给体育旅游公共服务。其中,多元主体供给不仅指多个主体共同参与,通过竞争确定由某个主体供给一项体育旅游公共服务,也指多个主体共同供给一项体育旅游公共服务。协同合作指的是将不同层面的体育旅游公共服务供给政策工具手段整合成一个系统的框架,既不排斥政府直接生产公共服务,也不排斥公共服务生产的市场化、社会化。从学理上看,政府、市场(企业)、社会非营利组织各个不同的供给主体之间既相互独立,又相互交叉、相互依存和相互促进。它们都有各自特定的机构组织、业务范围、社会职责与利益追求等。在一定条件和范围内,政府、市场(企业)、社会非营利组织都能各自有效地提供一定的体育旅游公共服务。但是,每一个供给主体都有独特的优势和固有的缺陷,不可能完全处于绝对的优势地位,也不可能实现单独回应体育旅游消费者的所有体育旅游公

① 李蕊.论公共服务供给中政府、市场、社会的多元协同合作[J].经贸法律评论,2019(8):124-132.

共服务诉求。正因为政府失灵、市场失灵和志愿失灵在公共服务供给中可能存在,决定了非此即彼的单一的公共服务供给机制必然要被多元协同合作供给机制所取代。当某一供给主体出现失灵时,其他非失灵供给主体可以起到一定的支撑、弥补和帮扶作用。根据公共产品有效供给理论,在不完善的现实政府、不完善的现实市场和现实社会之间,应建立有效选择和相互协调机制,根据资源的优化配置和交易成本最小化原则,努力寻求政府、市场和社会非营利组织在体育旅游公共服务供给领域的均衡点。

公共部门与私人部门、社会非营利组织协同合作供给体育旅游公共服务乃是一种介于政府垄断供给和政府完全退出、全部由非公共部门供给体育旅游公共服务之间的制度安排,有利于避免走向政府完全包办和完全退出两个极端,从而建立有效的主体选择和资源补充机制。多元主体协同合作供给能够有效整合政府、市场和非营利社会组织各方资源和力量,针对体育旅游公共服务的不同领域,采用多样化的供给手段和方式,充分发挥各主体之所长,并使之在供给中担任适宜的角色,有效满足体育旅游消费者的公共服务需求。

二、体育旅游公共服务多元主体合作供给职责

《"十四五"公共服务规划》提出,到 2025 年公共服务制度体系更加完善,政府保障基本、社会多元参与、全民共建共享的公共服务供给格局基本形成,民生福祉达到新水平。体育旅游公共服务供给的底层逻辑是"政府＋市场主体＋非营利组织"的共建共治共享机制。其中,政府治理是一套系统完整、自上而下的目标管理体系和指标治理机制,属于强理性建构的秩序;而市场主体与非营利社会机构是自下而上的自发性的组织,属于强自发性秩序。尽管两种秩序属性不同,但是在满足体育游客的体育旅游公共服务需求的共同目标驱使下,政府、市场和非营利组织通过不断优化和整合,必然会形成体育旅游公共服务供给的强大合力。

尽管体育旅游公共服务政府供给、市场供给、非营利组织供给三种供给机制各成体系,但是它们之间存在着相互联系、相互作用、相互影响的关系。因此,在体育旅游公共服务供给过程中,应加强三者间的协同配合,充分发挥三种供给机制各自的比较优势,建立政府供给、市场供给与非营利组织供给优势互补的协同制度安排。将体育旅游公共服务供给主体划分为提供者和生产者,允许多个主体作为生产者存在,从而对政府部门、市场主体、社会非营利组织进行有效整合,通过分工协作以多种方式供给体育旅游公共服务,政府和市场主体、社会非营利

组织之间基于相互信任、沟通协商和信息共享形成合作伙伴关系[①],如图 5-3 所示。

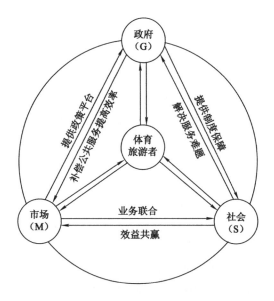

图 5-3 体育旅游公共服务复合供给机制概念模型

（一）多元主体合作供给中政府的职能

从服务供给的权责分类来看,政府是基本公共服务保障的责任主体,同时引导市场主体和非营利社会机构补充供给。政府作为体育旅游公共服务供给的责任主体,处于治理中元治理的地位,是体育旅游公共服务供给的主要承担者、决策者和管理者。政府负责统筹安排,为多元主体合作供给提供制度保障和政策支持,即构建多元主体的合作制度,通过制度的安排确保各供给主体在制度的引领下积极有效地开展合作。政府不一定直接生产体育旅游公共服务,可以主要作为供给与合作规则的制定者和供给过程的监督者,将部分体育旅游公共服务的生产职能转让给市场主体和非营利组织。但是,在多元主体合作供给中政府更要承担托底和担保责任,着眼于民生需求,保障体育旅游公共服务供给的稳定性和长期性。

体育旅游公共服务多元主体合作供给可以缓解政府部门供给中的压力,不仅可以减少政府的财政开支、大大节约行政成本,而且将提高政府管理的效率和

---

① 韩兆柱,单婷婷.网络化治理、整体性治理和数字治理理论的比较研究[J].学习论坛,2015,31(7):44-49.

效能。但这并不意味着政府在体育旅游公共服务供给领域的责任让渡，相反，政府依然要发挥其供给服务的重要地位和作用，只不过发挥作用的领域、范围和方式发生了变化。

政府主要提供基础性的体育旅游公共服务，并通过制定相关的政策、提供资金扶持、协调各供给主体之间的关系等吸引市场和非营利组织合作供给。政府作为体育旅游投融资的主导部门，通过创新体育旅游投融资机制，制定相应的投融资优惠政策，保持相关政策的长期性和稳定性，活跃体育旅游投融资市场，同时建立健全体育旅游投资的法律法规，抑制体育旅游投融资活动中的非理性和短期行为。政府利用资金筹集渠道，引导地方统筹相关资金支持体育旅游发展，鼓励有条件的地方设立体育旅游产业促进基金并实行市场化运作，使各主体之间能够相互支持、分工合作、协调配合，发挥提供效率优势，产生有效合力。体育旅游公共服务市场供给和非营利组织供给对政府的治理结构产生了重大影响，这意味着政府的治理模式也需要相应改革，即由以政府为核心的单中心供给模式向政府、市场和社会三维框架下的多中心供给模式转变，从而最大限度地满足不同人群的体育旅游公共服务需求。为实现体育旅游消费者追求的多样化、个性化、品质化以及可付费享有的市场化的高端体育旅游公共服务，政府要制定规则，优化营商环境，确保体育旅游相关产业规范可持续发展。为推动体育旅游公共服务普惠化发展，政府还应降低市场主体和非营利组织的服务成本，促进价格普惠，加强质量监管。同时，政府鼓励拥有优质体育旅游公共服务资源的市场和社会主体，通过合作、连锁经营等多种方式，参与体育旅游产品与服务的供给，共享先进服务技术和管理模式。此外，由于各供给主体价值取向差异，在多元主体合作供给体育旅游公共服务中难免出于私己利益的追逐而背离或损害公共利益，所以，政府部门对体育旅游公共服务供给过程的监督、对供给效果的绩效评估就显得尤为重要。

由此可见，在多元主体合作供给中政府不仅扮演着体育旅游基本公共服务的生产者、提供者或安排者的角色，而且还是体育旅游公共服务供给中的主要承担者、决策者、管理者、协调者和监督者。

（二）多元主体合作供给中市场的角色

普惠性非基本公共服务是为满足公民更高层次的需求，以可承受的价格付费享有，满足大多数公民必需的公共服务。市场主体和社会主体是普惠性非基本体育旅游公共服务供给保障的主体力量，是体育旅游公共服务提质扩容的主力军，是政府必须依靠的得力助手。进一步而言，政府一般提供通用的、标准的和福利性的体育旅游产品和服务，市场主体和非营利组织则可以提供多样化、个性化、精细化的体育旅游产品与服务，甚至定制化、社交化、场景化的体育旅游产品和服务。

在体育旅游公共服务多元主体合作供给中,市场主体不仅可以作为投资者、设计者和生产者,在一定条件下还可以担任运营者和管理者的角色。市场在体育旅游公共服务生产中主体地位的确立,不仅提高了供给的竞争活力,也丰富了公共服务的资金来源、减轻了财政压力,分担了政府提供公共服务的风险。企业作为体育旅游公共服务供给的市场主体,凡是市场机制能够起作用的领域,按照市场经济规律,以市场化方式经营运作,让市场主体发挥作用。在政府供给失灵的情况下,体育旅游公共服务市场供给的作用就是通过市场竞争机制提高体育旅游公共服务的供给效率,满足公众对体育旅游公共服务的需求。市场主体的积极参与,首先,能够解决体育旅游公共服务供给资金短缺问题。体育旅游公共服务的资金短缺是造成供给效率低下的主要原因之一。其次,可以提高体育旅游公共服务的质量。市场经济中的体育旅游企业在参与体育旅游公共服务供给的过程中,在利润动机占主导地位的情况下,其核心活动是以最具成本效益的方式提供公共服务。同时又通过价格机制反映体育旅游消费者真实的体育旅游公共需求,从而提高体育旅游公共服务供给的质量。最后,可以缓解供给效率低下问题。在政府部门不放弃公共政策制定责任的前提下,体育旅游公共服务供给通过引进市场机制,市场通过发挥其资源配置的效率优势以及专业化特点为体育旅游消费者提供有偿体育旅游公共服务,大大提高体育旅游公共服务的供给效率,从而缓解体育旅游公共服务供给不足问题。由于市场主体参与所形成的广泛竞争,不仅便于政府充分遴选合作伙伴,而且也使得公众获得选择体育旅游公共服务生产者的更多可能。理性的体育旅游消费者可以在众多的体育旅游公共服务生产主体中筛选出质优价廉的生产者,不仅满足自身对体育旅游公共服务的需求,也促进资源优化配置,进而确保体育旅游公共服务供给质量和社会效益。

（三）多元主体合作供给中非营利组织的角色

在行业协会商会行政脱钩背景下,体育运动项目协会等社会组织作为政府与体育旅游企业之外的第三种力量,在行业监管、服务治理等方面发挥着重要作用,是新时期构建体育旅游公共服务多元主体供给新格局的重要力量。在合作供给中,非营利组织作为部分补充性体育旅游公共服务的主要承担者,与政府、市场主体分工协同、平等合作,通过无偿捐赠、志愿服务、公益性收费服务等方式,弥补公共服务供给中的"政府失灵"和"市场失灵"。社会非营利组织的广泛参与,在一定程度上可以补充政府体育旅游公共服务供给领域资金、技能、人员等方面的不足,弥补体育旅游公共服务市场供给方面的缺陷,分担政府与市场供给中的部分社会职能。为了提供更加优质高效的体育旅游公共服务,非营利组织与政府、市场在政策、资金、技术、人员、信息等方面不可避免地存在着彼此间的平等合作与互动交流。社会非营利组织的特质也正在于其面向市场但不屈从于市场,超脱于市场但不超越于市场①。因此,社会非营利组织一定要有强烈的社会责任意识和社会效益导向,形成明确的发展战略定位,最大限度地发挥非营利组织的主动性和创造性。

总的来说,政府、市场、非营利组织供给主体之间本质上是竞争与合作的关系。当多个主体可以生产相近的产品与服务时,彼此之间主要是竞争关系;当集中各主体资源力量共同求解公共服务问题时,主要又是合作关系。规范而有效的竞争能够带来创新发展的动力与活力,可以对体育旅游公共服务生产者产生潜在的压力,促使其及时有效地对体育旅游消费者的需求给予满足;多元协同合作供给公共服务可以扬长避短,充分发挥政府、市场、社会各方的优势,并使之在供给中担任恰如其分的角色。政府、市场、非营利组织以协同合作的方式供给体育旅游公共服务,不仅满足了体育旅游消费者多样化的服务需求,而且多中心合作供给有利于形成体育旅游公共服务供给的竞争局面,能够提高供给效率。所以,在体育旅游公共服务供给中应充分发挥政府、市场、非营利组织的复合效应,构建充满竞争和活力的体育旅游公共服务供给体系,寻求政府、市场和非营利组织在体育旅游公共服务供给领域的均衡点和契合点,建立体育旅游公共服务供给的多中心协调机制和互补机制。

三、多元主体合作供给体育旅游公共服务效应

政府具有强制性权力,市场运作则是以价格机制为基础,而非营利组织的运作则不具有正式的强制性且主要依靠志愿原则。构建充满竞争和活力的体育旅游公共服务多主体联合供给体系,必须消除体育旅游公共服务垄断供给。通过打破垄断、提倡合作性竞争、建立监督保障机制等优化举措促进体育旅游公共服务多元供给主体彼此沟通、交流和互动,增强共同决策和集体行动甚至建立伙伴关系,即在体育旅游公共服务多元主体合作供给中充分发挥政府、市场(企业)、非营利组织三者之间的有效竞争与协同合作效应,以期实现体育旅游公共服务供给机制的最优化和供给效益的最大化。

(一)互补替补效应

体育旅游公共服务供给本质上具有多元性、复杂性和特殊性,在内容、范围、程序、对象、成本、模式等诸多层面均存在明显的异质性。因此,需要考量体育旅游公共服务的具体类型和性质,匹配不同的供给主体,相应采取差异化的供给方

---

① 刘大洪,李华振.政府失灵语境下的第三部门研究[J].法学评论,2005,23(6):11-16.

式。就体育旅游公共服务各主体供给的内容和范围来看,政府更加关注宏观的、基础的、普适的、大众的、全局性的体育旅游公共服务的供给与需求的满足,而其他供给主体则强调的是具有差异化和细分化的体育旅游产品与服务,更加关注个性化需求的满足。政府、市场和非营利组织供给主体在结构、功能等层面的互补性也决定了必须由多元主体协同合作供给,方能有效求解单一供给方式所面临的掣肘和困境,实现公共产品供给的优化配置。正因为政府失灵、市场失灵和志愿失灵在体育旅游公共服务供给中均可能存在,决定了非此即彼的单一的体育旅游公共服务供给必然要被多元协同合作供给所取代。另外,多元主体之间的协同合作可以有效弥补体育旅游公共服务供给在资金、技术、人员等方面的缺口,大大缓解政府部门在体育旅游公共服务提供领域的压力。

（二）规模经济效应

规模经济是当企业的产量规模达到一定水平后,由于各生产要素的有机结合产生了"1+1>2"的效应,平均成本呈现下降的趋势,从而使经济效益得到提高。体育旅游公共服务的多元主体合作供给取代单一主体供给显然会带来一定的规模经济效应。在多元主体合作参与体育旅游公共服务供给中,政府、市场和非营利组织各自拥有最具特长和效能的供给内容和范围,通过竞争性合作,一般都会降低生产成本,提高供给效率,刺激经济增长,有助于实现体育旅游公共服务供给的最优化和理想化,促使多元主体合作供给产生明显的规模经济效应。对于一定范围内具有政府垄断性的体育旅游公共服务,部分供给引入市场机制和社会资本,通过产权全部或部分私有化,或者实行产权不变委托经营,减少政府直接干预,降低代理成本、减少政府补贴,增加所有者与经营者面对市场、改善绩效的动力和压力,总体上提高体育旅游公共服务资源配置和使用效率,同样产生一定的规模经济效应。

（三）约束制衡效应

在体育旅游公共服务多元主体合作供给机制下,政府、市场（企业）、非营利组织在供给体育旅游公共服务时以体育旅游消费者的需求为导向,各供给主体相互制约,不断调整提供者、生产者与受益者之间的互动信任关系,以寻求体育旅游公共服务供给领域的均衡点,表现出相互之间的约束和制衡效应。为了确保市场、非营利组织供给的体育旅游公共服务符合体育旅游消费者的公共利益,就要建立相应的问责机制,以便对市场、非营利组织的行为产生约束和制衡作用。在构建问责机制中,政府扮演着关键角色,既对服务的生产者进行问责,也对体育旅游消费者负责。基于自由竞争的市场环境和社会环境,也使得公众拥有自主选择公共服务生产者的权利,公众的选择决定影响着公共服务生产主体的作用。因此,可以通过坚持信息公开透明的方式,借助公众的力量实现对服务供给者的约束制衡,并建立作为服务直接受益者的体育旅游消费者与政府通畅的意见表达机制、参与治理机制和机会选择机制等。对政府本身的问责,也可通过公众的民意表达来实现。

站在新发展阶段的百年历程交汇机遇期,面对我国广阔的体育旅游发展前景,积极构建多元主体合作供给机制已然成为体育旅游公共服务发展的必由之路。唯有突破传统供给理念束缚,破除传统利益藩篱,加快政府、市场(企业)、社会非营利组织的角色意识转变,强化顶层制度设计,优化整合多元主体力量,增强多元主体供给活力,方能激活多元主体内在潜能,提高体育旅游公共服务供给的有效性和精准性,推进多元主体形成共建共治共享的体育旅游公共服务发展格局,进而推动体育旅游产业可持续、高质量发展[①]。建立体育旅游公共服务综合推进机制,持续加大政府投入力度,鼓励引入社会资本,形成政府、市场、社会多元主体合作格局,推进体育旅游公共服务集约化、协同化、专业化发展。

第六节　体育旅游公共服务政府和市场协同创新机制

体育旅游公共服务政策供给是体育旅游行政主管部门的重要职责,规范的体育旅游市场秩序是体育旅游业高质量发展的前提,也是政府主管部门监管的核心目标。公共服务在经典理论下被认为是"市场失灵"状况下的替代性解决方案,在体育游客不断进入目的地生活空间的趋势下,体育旅游公共服务水平成为影响体育游客满意度的重要因素。

一、体育旅游公共服务政府与市场边界移动

(一)从"市场失灵"到"市场参与"

行业监管与公共服务供给是政府公共部门的重要职责。在传统观念视角下,政府公共部门是解决"市场失灵"的重要监督和管理机构。过去曾经认为公共服务业是低效率产业,不仅会造成政府财政支出的增加和社会成本的上升,而且甚至公众认为公共服务投入的持续增长会导致经济增长率的下降。然而,随着网络与数字技术的飞速发展,不仅颠覆了体育旅游产业的发展格局,也正在冲击着原有的体育旅游公共服务治理模式。进入网络时代以后,社会管理和公共

服务需求在持续增长,政府公共部门仅凭一己之力无论在监管还是在公共服务领域都无法独立应对。一方面是投入成本不断攀升,另一方面是公共部门管理体制和运行机制受到社会发展的制约,而市场参与在一定程度和范围内可以更加灵活地解决上述问题。这个变化不只是中国面临的问题,也不只是体育旅游业面临的问题,而是一个全球普遍的共识问题。

公共服务与市场分割而治的情况正在悄然发生改变,产业的快速变革、量级平台的出现,都在挑战公共与私营的二分治理模式,而且没有现成的模式可以参考和借鉴。科学技术带来的变革,不仅促进了产业间融合和产业间边界的消失重构,在新型公共秩序的形成过程中,公共与私营领域的边界也逐步模糊化,政府主体与市场主体甚至包括消费主体协同创新的机制还需要进一步深化。在科技创新与网络信息高度发达的今天,体育旅游公共服务与公共治理面临着前所未有的机遇与挑战,需要我们探索市场主体广泛参与体育旅游公共服务公私共建、共治、共享的框架体系。

（二）政府与市场的边界移动

市场对社会公共责任的承担最初来自负外部性的补偿,在商业文明发展中,企业承担社会责任逐渐成为普遍被市场认可的行为,前期更多是以公益或慈善的形象展示,且很难保证持续性的投入,并未以商业化的方式来投入公共领域的运营,无法形成长效机制。但随着网络时代的到来,公众对于体育旅游公共服务的需求日益增加,政府的财政负担日益加大,且激励机制难以充分发挥作用,政府在体育旅游公共服务供给中的投入与运营成本较高。为缓解政府供给体育旅游公共服务的财政压力和解决效率低下问题,市场开始以商业化运营介入体育旅游公共服务供给领域,且改变了原有的纯公益模式,在新时代背景下形成可持续发展的市场机制和商业模式,实现了政府与市场原有边界的移动,并且与政府提供服务相比,成本相同甚至更低。

政府与市场边界的移动不仅体现在体育旅游公共服务供给领域,更体现在市场监管层面。体育旅游行政主管部门对体育旅行服务业的监管主要以《中华人民共和国旅游法》《"十四五"文化和旅游发展规划》《"十四五"公共服务规划》等法律法规制度为主,面对日新月异的体育旅游产业发展,法律法规修订的滞后性往往无法保障与体育旅游公共服务发展的同步性,且体育旅游公共服务实践中的诸多细节也无法以文字的形式全部写进法律法规,还必须依靠市场及社会组织的力量积极参与监管。尤其是平台型企业的出现,平台内部本身形成了局部市场环境,平台上需要处理的体育旅游纠纷和问题完全依靠政府的监管力量显然无法得到及时有效解决,因此,必须探索体育旅游公共服务多元供给主体合作共治的监管模式。

二、政府与市场共治新型政商治理

（一）逐步探索行政监管下的体育旅游信用体系建设

信用是市场的基石,信用制度是体育旅游服务质量提升的重要保障。良好的体育旅游市场秩序是体育旅游业高质量发展的前提。为促进体育旅游市场规范有序且高质量发展,近年来各级旅游及行政主管部门采取了一系列措施。2018年以来,为适应旅游市场监管的新形势、新需要,旅游行政主管部门针对旅游服务质量提升,发布了一系列指导性政策文件。从现行体育旅游服务监管导向来看,从惩戒性政策行业指导与治理理念以负面惩戒为主转向正面引导、鼓励自治的思路上来,以迭代原有的保证金、准入制度等政策措施探索政府行政监管下的体育旅游信用体系建设。同时,支持和鼓励社会力量积极参与旅游行业信用建设,推进征信、评信与用信。

2018年12月,文化和旅游部印发《旅游市场黑名单管理办法（试行）》,旨在维护旅游市场秩序,加快旅游领域信用体系建设,促进旅游业高质量发展。该文件指出,文化和旅游行政部门要将严重违法失信的旅游市场主体和从业人员、人民法院认定的失信被执行人列入全国或者地方旅游市场黑名单,在一定期限内向社会公布,实施信用约束、联合惩戒等行政措施。文件明确指出地市级及以上文化和旅游行政部门按照属地管理及"谁负责、谁列入,谁处罚、谁列入"的原则,将违反规定条款的旅游市场主体和从业人员列入本辖区旅游市场黑名单。2019年1月,文化和旅游部印发《文化和旅游部关于实施旅游服务质量提升计划的指导意见》,围绕解决影响广大游客旅游体验的重点问题和主要矛盾,提出了提升旅游区点服务水平、优化旅游住宿服务、提升旅行社服务水平、规范在线旅游经营服务、提高导游和领队业务能力、增强旅游市场秩序治理能力、建立完善旅游信用体系等7项任务,要求政府要加强和改进市场监管,市场主体要落实主体责任,行业组织要发挥协调作用和行业标准引领作用。按照"创新、协调、绿色、开放、共享"的发展理念,逐步探索基于行政监管的体育旅游信用体系建设,不断增强体育旅游市场秩序治理能力,提升体育旅游服务质量,推动体育旅游业高质量发展。

（二）大型平台型企业践行社会责任的主动治理

随着互联网的应用和普及,平台经济作为一种创新型的商业模式正在迅猛崛起。平台型企业是平台企业提供网络的底层技术和基础,不参与核心价值的创造,但链接核心价值的创造者和用户两端。平台企业通过满足来自双边或多边不同市场的需求,促进双边或多边用户的交互作用和交易,进而形成独特的商业生态系统。其治理目标是最大程度激发平台企业、双边用户及平台生态圈内的其他成员达成一致目标,充分调动其协作意愿,打造可持续的健康社会责任价值分享生态圈。市场监管是政府部门的重要职责,但平台型企业产生后在政府和市场之间加进了"平台"这个具备双重性质的跨界组织形态,有众多市场主体在平台上从事经济活动和社会交往,形成了局部市场。政府以往针对单个企业市场的监管,从理念、政策、手段以及人员结构等方面都不能很好地适应新的需要。

随着互联网技术对经济领域的深入渗透,平台型企业塑造了一种全新的微观经济形态,呈现出新的经济价值创造模式。平台企业在平台商业生态圈中拥有平台领导力,所以在其社会责任治理问题中最关键就是要在政府部门有效监督下,实现平台型企业的自我管理、自主治理。去哪儿、携程、马蜂窝、同程、途牛等平台型在线旅行商快速崛起,在这些企业平台上聚集了数以万计的商家和超大量级的消费者。抖音、小红书等新媒体在旅游营销、揽客和交易等方面的作用更加明显,并呈战略进入态势。开放、便捷、直观的平台提供的产品与服务品种繁多、类目庞大、信息通达,已形成了一个高度联通、高度发达、高度社会化的公式和协同网络。平台供应商类型多样、交易流水巨大,因此,要处理的矛盾和纠纷也会成倍增加。一旦处置失当、迟缓或不利,就会造成巨大的社会负面影响和不可挽回的平台声誉。在应急情况下,外部监管很难有效跟进,但内部又需要及时解决问题,因此,平台自然承担起这个局部市场的协调和监管职能。平台企业通过直接参与和间接管理确保了市场治理机制的效果,同时代理实施了政府行政治理机制,成为规制市场秩序和良性运行的第三种力量。

大型企业和平台型企业对体育旅游局部市场的治理,相较于政府而言有显著的优势,体现出协商、精准、灵活、民主和有限治理的特征。如今,越来越多的平台企业以发布企业标准等制度化建设来实现主动治理。在管理手段上,标准化曾经是发展体育旅游行之有效的抓手,主要是政府行政主管部门实施推动,市场主体更多是被动的参与者。为进一步推进体育旅游服务业的高质量发展,既要考虑强制性和推荐性的国家标准(GB)、地方标准(DB)、行业标准(LB),更要鼓励体育旅游企业颁发自己的行业服务标准,从准入要求、服务规范、质量考核办法、安全生产要求、信息安全规范、供应商退出机制等多维度对平台供应商进行管理,自觉履行平台的社会责任,并以此为抓手推进体育旅游公共服务高质量发展。

（三）秩序再造、协同治理、赋能监管

当企业广泛而深入地介入公共领域,原有的政府、市场二分治的模式被打破,在新型政商关系构建理念的指导下,新型政商共治的模式正在悄然发生。在网络与数字时代,公共治理特别是政府与市场边界的重新划分是重要的问题。

因此,需要加强对新的公共服务标准、新的利益权衡方式、新的监管准则的研究。尤其对于散客化时代的体育旅游公共服务体系建设,必须依靠多元主体联合共建的方式实施,促使政府与企业在合作与平衡中实现体育旅游市场秩序的再造。

随着企业在公共领域积累了大量的数字资源,一方面,开放这些数据、进行深度的挖掘可以创造新的生产力反哺公共效能,以技术和信息为政府监管赋能,提升其监管能力和水平;另一方面,在市场主体对数据的使用过程中产生的问题与收益如何划分责任边界,也是当前需要探讨的重要问题。当大型企业掌握了大量体育旅游者的出行数据,如何能够保护体育游客的隐私,如何能够统筹考虑个人信息保护、技术和商业模式创新、竞争效率和产业安全等多个目标,是未来新型治理模式不可回避的问题。同时,政府如何对介入体育旅游公共服务的企业进行干预和监管,以避免大型企业或平台型企业有损害公众利益的行为,也需要创新性的探索才能够实现多元主体的协同治理。说到底,投资、融资、展览、销售、交易等都是市场行为,让市场的归市场,政府的归政府,才是新时代体育旅游公共服务建设的大势所趋。

第六章　体育旅游公共服务
多元化供给模式选择

　　模式是指事物内部的若干成分(元素、要素)按照一定的关系所组成的一定的表现形式。在体育旅游公共服务多元主体合作供给机制框架下,根据公共服务各个供给主体占据的地位不同,将体育旅游公共服务多元化供给模式分为政府主导型供给模式、市场主导型供给模式以及非营利组织供给模式三大类。从供给主体和运行机理的角度,根据公共服务供给主体两两矢量关系,进一步将多元主体供给体育旅游公共服务模式细分为多种不同类型。在各种类型的供给模式中,政府、市场(企业)、社会非营利组织之间呈现出资源共享、互动合作、优势互补、责任共担、协同参与的密切合作关系。体育旅游公共服务的多元主体合作供给正是通过政府(G)、市场(M)、社会非营利组织(S)力量的沟通交流和相互联动,确定彼此的角色定位和职责分工,最终实现政府、市场(企业)、社会非营利组织(G-M-S)以伙伴关系多方参与的体育旅游公共服务复合供给的综合联动模式,只是在模式中各自所占的"比重"有所不同。

　　只有把握体育旅游公共服务产品的属性与特征,才能确定由谁供给、怎样供给;只有知晓需求主体需要什么,才能针对性地生产和提供,满足公众利益需求,使其各取所需;只有了解供给主体能够做什么,才能安排其承担并履行应尽的职责,做到各尽其用,进而提高生产质量和提供效率。虽然供给主体功能分工和消费主体偏好需求各不相同,但在多元主体供给体育旅游公共服务的过程中,参与主体通过内在的责任纽带联动起来,通过建立约束机制和协同合作形成一种以伙伴关系为基本工具、以跨界协同运作为基本特征的网络化组织结构。联动化的体育旅游公共服务主体结构是一种重叠结构,即体育旅游公共服务安排者、生产者和消费者不再是独立或平行关系,而是立体交叉、错综复杂而又相互影响的关系,它们相互之间通过不同的责任结构关联起来。

第一节　政府主导型体育旅游公共服务供给模式

公共服务是政府部门的基本职责,政府对公共服务供给具有不可推卸的责任。因此,公共服务的供给应该以政府为主导,但政府是保证公共服务被提供,而不一定要亲自提供。奥斯特罗姆等在理查德·阿贝尔·马斯格雷夫区分提供和生产两个概念的基础上,进一步提出应区别划分公共服务的生产与提供,公共服务的生产任务可以由私人和公共部门承担。政府在供给体育旅游公共服务中,可以直接生产提供,也可以选择不直接生产,而是选择生产者、补贴生产者或补贴消费者。这就意味着政府既可以是体育旅游公共服务的生产者(政府直接组织生产),又可以是提供者(政府通过掌握的资源资助生产和消费)或安排者(政府通过一系列制度安排,为消费者指派生产者,或为生产者指派消费者)。体育旅游公共服务提供者或安排者连接着生产者和消费者,因此一般由政府担任。

一、G-G供给模式

1.政府直接生产提供

在政府直接生产提供模式中,政府扮演着体育旅游公共服务的生产者和安排者的角色,由政府部门组织生产,直接向体育旅游者提供体育旅游产品与服务。采取这种供给模式的体育旅游公共服务一般具有以下特征:一是盈利甚微,甚至是无利可图而又关系广大公众切身利益,也就是难以直接对体育旅游者收费或直接收费成本过高的体育旅游公共服务。二是此类体育旅游公共服务与体育旅游业的兴衰关系重大,由市场或社会组织等其他部门提供将会带来不可预测的后果,或者现阶段仍没有可能实现的条件和环境。三是具有极其显著的“外部性”,导致私营部门缺乏供给能力也不愿意供给,对于非营利组织而言可能无力承担,所以必须由政府免费或者低价向公众提供体育旅游公共服务。否则,极可能由于体育旅游公共服务供给的空缺或者功能的丧失而产生不良的社会后果。一般来讲,体育游客需求一致性高的体育旅游公共服务适合由政府部门直接提供。

政府自身的特性决定了其具有供给体育旅游公共服务的独特优势。此类体育旅游公共服务主要是市场或社会非营利组织不愿或无力介入的供给领域。因为此类服务具有极强的非竞争性、非排他性的特征,很难避免出现“搭便车”现象,所以这种具有非竞争性、非排他性的纯公共产品性质的体育旅游公共服务当然由政府部门生产提供,如体育旅游政策法规制度、体育旅游大型基础设施等。

2. 政府垄断供给

政府垄断供给是一种传统的体育旅游公共服务供给模式,从主体结构角度看,政府部门是这种供给模式的垄断主体。尽管在体育旅游公共服务领域市场化、社会化已经成为一种不可逆转的趋势,但政府始终是最有权力、最有资源、最有能力的体育旅游公共服务供给者。政府采用垄断供给包揽了体育旅游公共服务提供和生产的全部环节,亦即政府不仅负责资金的投入,而且从事具体生产。政府垄断供给包括两种类型:一是政府机构及其雇员生产提供体育旅游公共服务;二是政府的企业及其雇员生产提供体育旅游公共服务。从政府生产供给体育旅游公共服务的具体方式来看,主要包括政府服务、政府间协议等。政府服务意味着完全由政府来供给体育旅游公共服务,政府同时扮演了安排者和生产者的角色。政府间协议强调的是一个政府部门将体育旅游公共服务交予其他政府部门提供,并向其支付费用。

市场失灵的存在可以被认定为体育旅游公共服务纯政府型垄断供给模式存在的主要理由。体育旅游公共服务的政府垄断供给具有强制优势、超脱优势、组织优势、效率优势。政府掌握着"暴力潜能",直接投资供给不受企业及社会资本数量限制,可以通过各种渠道筹措资金,是体育旅游公共服务供给的主导力量;政府可以不从投资项目本身的利益着眼,不计较投资生产的体育旅游公共服务是否可以对体育旅游消费者收取费用,而在于提高社会福利水平;政府是一个组织严密的机构体系,具有有序的组织结构和制度执行的强制力,通过组织优势弱化外部性和不确定性因素;政府根据财政实力和社会需要统筹安排,使得消费不受限制,其潜在的效用可以得到充分实现。

政府垄断供给模式一般适用于政府在体育旅游公共服务供给中处于主导地位,市场和社会相对处于被动状态;政府应该发挥作用的领域或政府力量强大,但市场或社会组织发育尚不成熟,依然需要依靠政府的力量。总之,这种单中心体育旅游公共服务供给模式往往造成体育旅游公共服务供给过剩或供求失衡。

二、G-M 供给模式和 G-S 供给模式

政府委托供给模式主要包括政府委托市场(G-M)供给和政府委托社会非营利组织(G-S)供给。政府是体育旅游公共服务的主要提供者和安排者,政府提供公共服务并不意味着政府部门亲自生产,政府主管部门可以通过公开招标采购等市场化运营方式,与市场(企业)或社会非营利组织签订生产服务合同、授予

经营权、政府参股、经济资助(财政补贴、优惠贷款、减免税收、直接投资或向体育旅游者提供消费券等)等方式,把一些专业性的体育旅游公共服务外包,委托市场(企业)或社会非营利组织负责生产,政府采购后再向体育旅游者提供产品与服务。采取这种供给模式主要涉及体育旅游基础设施、体育旅游救援、体育旅游信息咨询、体育旅游公益宣传等领域。此种供给模式实质上是将市场机制引入政府直接投资领域,实现国有资产所有权、经营权和使用权分离,既有助于减轻政府直接投资的财政负担,又避免了政府在经营管理中花费过多的时间和精力,也有助于提高体育旅游公共服务的经营和管理效益。

1. 政府委托市场(G-M)供给模式

政府与市场合作是优化公共资源配置和促进社会绩效提升的必然趋势,合作的主要驱动力是制度供给与技术进步。公共产品供给方式由公共需求变化、主体资源获取与配置能力、科技水平、政府与市场关系的制度变迁等系列约束条件决定,约束条件的演变主导着政府和市场职责边界的动态重塑,推动制度转向"有为、有限政府和有效市场结合"的轨道,结合基础是政府与市场拥有可互补的比较优势①。政府委托市场(企业)供给体育旅游公共服务的方式多种多样,主要包括投资参股、按业务量补贴、无偿捐赠;提供优惠借款或借款担保;无偿或低价提供土地;减免税收等。采取有价补偿机制将政府提供体育旅游公共服务的权利让渡给相关企业,形成市场化的准体育旅游公共服务生产和供应机制,即由市场(企业)生产和经营体育旅游产品与服务,政府给予必要的补贴和管制。

2. 政府委托社会非营利组织(G-S)供给模式

在政府委托社会非营利组织供给模式中,政府确定某种体育旅游公共服务的数量和质量标准,非营利组织通过招标、承包、中标后按与政府部门签订的供给合同为公众提供体育旅游公共服务。

社会非营利组织接受政府资助或享受免税待遇等,即政府以一定的优惠政策及财政补贴鼓励或委托社会非营利组织生产提供体育旅游公共服务。在使非营利组织获得优惠条件、改进体育旅游公共服务提供效率的同时,政府部门需要对非营利组织的生产运营进行有效的监管。此种供给模式可在一定程度上节约政府财政经费,减少政府工作人员参与程度,并有助于培养体育旅游者服务意识及动员公众志愿参与社会公益事业。

① 吴晁兵,贾康.政府与市场合作供给公共产品的理论分析和制度设计[J].江西社会科学,2023,43(5):157-171.

第二节 市场主导型体育旅游公共服务供给模式

随着市场经济制度不断完善、体育旅游产业的进一步发展、相关消费政策的支持和公众对体育旅游公共服务需求的增长,在体育旅游公共服务领域,市场主导型供给有着更加明朗的生存空间和发展前景,市场机制作用下的体育旅游公共服务生产和运营得到有力支撑和相应保障。某些体育旅游公共服务技术上的排他性及有效竞争性,为私人提供产品与服务创造了有利条件。体育旅游公共服务市场供给模式是指营利组织根据市场需求,以盈利为目的、运用收费方式补偿支出的一种模式。在市场供给模式下,体育旅游公共服务的生产和运营需要私人投入一定的生产资金和管理技术。体育旅游公共服务市场主导型供给模式可以分为政府监管下的市场完全(M-M)供给模式和政府补贴下的市场(M-G)供给模式。这种由私人生产、经营的市场主导型体育旅游公共服务供给模式,除了政府部门的宏观指导外,还需要政府给予企业必要的补贴和管制。

一、政府监管下市场完全(M-M)供给模式

政府监管下市场完全(M-M)供给模式,即在政府管制下由私人资本通过投标取得政府特许经营权来生产与供给体育旅游公共服务。该体育旅游公共服务供给模式具有以下优势:能够充分利用社会资源,调动更多的社会力量参与体育旅游公共事业,可以极大地减轻政府的财政负担,同时扩大体育旅游者的选择范围,体育旅游者由此也能够享有高质量的体育旅游产品与服务;私营生产者具有相对充分的自主权和经营权,能够确保生产者在政府允许的范围内获得合理的生产利润;生产者承担一定的经营风险,这样就使私营部门不仅具有提高投资效益的内在动力,又有竞争的外在压力,使其不断采用先进技术和管理经验来改善体育旅游公共服务的生产运营条件,在一定程度上降低了生产成本并提高了社会供给效益。

由于政府监管下的体育旅游公共服务市场完全(M-M)供给模式本身具有一定的特殊性,因此,在供给过程中需要主要考虑以下几个问题:首先,此类体育旅游公共服务私人供给性较强,政府可以通过与私营企业签订合约,将专营权授予私人资本,私人资本取得垄断经营权,从而可以产生规模经济,避免造成过度竞争和资源浪费;其次,此类体育旅游公共服务具有公共性和收费性的特点,其收费标准尽可能由市场竞争机制和市场供求关系进行调节,一般情况下政府部门不宜干预定价;再次,政府通过合同明确界定私人资本的权利和义务,按照既

定的产品与服务标准,私营企业尽可能为体育旅游者提供优质高效的体育旅游公共服务,以此保障体育旅游消费者的合法权益。

二、政府补贴下市场(M-G)供给模式

在政府补贴下的市场供给模式中,政府对私人经营这类体育旅游公共服务的资助方式主要有投资参股、按业务量补贴、无偿捐赠、提供优惠借款、提供借款担保、无偿或低价提供土地以及减免税收等。政府补贴的具体表现有:政府给予参与体育旅游公共服务的经营企业一定的财政补贴,激励其改善和优化体育旅游公共服务质量提升的举措;政府的补贴增加了体育旅游企业进行生产和研发投入资金的数量,从而有利于提高体育旅游企业的生产和研发力度,增强了体育旅游公共服务的技术含量和供给效率;政府通过补贴和直接投资等方法促进体育旅游企业人力资本的积累和技术水平的进步等。今后,政府部门还应继续为体育旅游企业纾困解难,推动体育旅游企业加大投资规模,不断激发创新力度和创新活力;进一步规范体育旅游公共服务市场供给秩序,强化旅游安全保障,让体育游客在体育旅游过程中更加顺心、安心、放心;不断完善政策体系,提振体育旅游企业的投资信心和体育旅游者的消费信心,加快形成推动体育旅游业高质量发展的强大合力。

三、体育旅游公共服务市场化供给经典案例

2021年9月,第十四届全运会在西安举行。本届全运会不仅是一次体育盛会与历史名城的相遇,更是陕西西安向全国乃至全世界展示"美好城市"、传递中国力量的体现。优秀的传统文化与优质的运营服务赋能第十四届全运会,让历史悠久的唐风古韵与当代体育精神在三秦大地深度交汇、激情碰撞。以全运会举办为引擎,在新时代西安蓬勃发展的道路上,无论是城市建设还是服务运营,都离不开保利发展控股的身影。保利发展控股旗下保利商业和保利酒店作为本届全运会全运村商业街和住宿独家运营服务商,全程实力护航第十四届全运会,又一次展示了保利发展控股在国家级赛事上的综合服务运营能力。第十四届全运会全运村是我国全运村历史上首次全面启用运营商模式,保利发展控股凭借国际级赛事综合服务运营能力、城市大型商业综合体和国际酒店品牌的专业运营能力、丰富的大型赛事住宿服务经验以及良好的市场信誉,在服务国家战略、引领行业发展、共建美好生活中交出了一份出色答卷。作为本届全运会全运村商业街的独家运营服务商,保利商业始终秉持"周到细致、卓越服务"的宗旨,倾力打造全运村商业街运营模式新样板。

自西安全运村开村以来,保利商业服务团队提供信息咨询服务1 400余条,

解决临时突发状况、失物招领等特殊问题服务 40 余次,处置大项设施设备突发故障 30 余项,协同处理各类故障报修 1 300 余条,共收获表扬信和感谢信 200 余封,圆满兑现了商业质量零缺陷、商品价格零欺诈、服务质量零投诉的承诺。作为本届全运会全运村住宿的独家运营服务商,保利酒店以丰富的赛事服务经验、过硬的标准流程、一流的专业服务再一次实现"零投诉、零失误"的目标。当世界的目光聚焦在西安这座古城时,保利发展控股的综合运营能力再一次从基层社区迈向了全国,并伴随着第十四届全运会这样一场高规格的体育赛事与西安一同站在了世界舞台。灰瓦白墙建筑、秦砖汉瓦博物馆、陕西匠心艺品、篆刻"西安印象"等就是全运村商业街的真实写照,处处景色融入西安元素,将古城厚重的历史底蕴与动感时尚完美融合。黑瓷、秦绣、剪纸、面塑、皮影等传统手工艺,通过图文、数字、实物、打卡体验等多种形式展示非物质文化遗产,让全运村村民沉浸式体验独具韵味的秦汉风情。此外,商业街还引入了电玩室、网吧、沐足等休闲娱乐业态。全运村商业街不仅满足基础生活所需,还承载着陕西西安当地文化输出,打造出体验感丰富的小康生活幸福街,再次书写了国内体育赛事商业运营的标杆代表。

开幕式当天,由保利商业组织策划,全运村村委会、中国邮政联合首发的第十四届全运会纪念邮票受到体育运动健儿、媒体记者、体育旅游者及当地居民的钟爱,中国邮政全运村主题邮局也成了商业街的热门打卡点。赛时恰逢传统中秋佳节,来自全国各地的新闻媒体记者及游客齐聚商业街,猜灯谜、吃月饼、寄明信片,感受浓浓的节日氛围。商业街被装点得古色古香,工作人员换上汉服体验"时空穿越",并派发中秋小礼品,现场暖意浓浓。在全运村商业街休息服务站内,一面贴满了五彩缤纷的便利贴的墙上,"全运会加油""期待自己的最后一届全运之旅""幸福生活,快乐全运"寄托着运动员们对全运会的美好期盼,以及对商业街丰富的娱乐设施、热情周到的服务的一致好评。赛场上,运动员们顽强拼搏、奋勇争先,上演了一场场精彩绝伦的赛事竞技。赛场外,保利商业和保利酒店的服务团队坚守岗位、默默奉献,只为给全运会运动健儿营造一个安全、舒适、惬意的居住环境。保利酒店在全运村共设置了 4 个居民服务中心,24 小时不间断为入住人员提供服务,处理各类咨询及投诉,如维修维保、信息咨询、物品借用等,并及时处置各类风险,构建起与运动员沟通的桥梁,是全运村的重要信息枢纽。即使深夜的全运村,在褪去喧嚣、归于宁静后,居民服务中心的服务人员依然值守在岗位上,他们三班轮岗,时刻待命,扮演着"管家"的角色,守护着村里的每一位居民。他们虽然不是镜头的焦点,却用实际行动诠释着保利的担当和责任,把"家"文化理念贯穿到服务的每个细节,获得了全体运动健儿的频频点赞。羽坛明星、奥运冠军谌龙在微博中写道:"感谢组委会以及全体工作人员、志愿者为我们提供美味可口的饭食、干净舒适的住宿以及细致入微的保障,陕西全运会也因你们而精彩!"奥运会蹦床项目"四朝元老"董栋表示:"无论是参赛、食宿环境,还是赛事的服务和接待工作都非常非常棒!"湖南花样游泳队队长孙文雁也对全运村在吃、住、行、娱方面提供的细心周到的服务给予了高度评价:"全运村真的很温馨、很舒适,就像我的家。"天津棒球队教练鲍文彬和队员陈嘉绩在给全运村的感谢信中写道:"感谢全运会运动员村住宿服务中心全体工作人员,您们用实际行动展现了西安全运村的热情友好,办好精彩文明运动会的精神风貌,为赛事顺利进行做出了努力,也使得我们感受到来自全运村最诚挚的温暖。"全运村北苑居民服务中心的小白板上不单有专为运动员提供的日常服务信息,还有送给运动员的生日祝福。最引人注目的便是那些五颜六色的便笺纸,上面写满了运动员们对工作人员的感谢,这些"纸短情长"的感谢信让小白板成了"幕后英雄"的表彰地。

总之,办好一次盛会,兴盛一座城市。在第十四届全运会东风的吹拂和加持下,千年古都西安焕发出勃勃生机。作为新时代与城市一起同频成长的同行者,保利发展控股始终致力于打造不动产生态发展平台,秉承"和者筑善"的品牌理念,以带动产业发展、强化区域特色、优化城市形象为目标,用高品质的人居作品回应西安不断提升的人居需求,为陕西西安打造更多美好生活的图景,为居民的高质量生活和城市的高质量发展持续贡献优质高效的服务。近年来,保利发展控股始终肩负央企职责,不断深化服务的广度与深度,构建多元化行业生态体系,从城市建设到城市商业综合体,再到国家文体盛事服务,不遗余力地探索和提升综合运营服务能力,赋能城市发展,助力国家盛事,传递中国力量。

第三节　体育旅游公共服务社会非营利组织供给模式

社会非营利组织具有自愿性和自发性的特点,是公民表达愿望、实现诉求的有效载体。随着社会的发展,社会非营利组织在公共服务供给中的作用日益突出。社会非营利组织的发展与国家的政治、经济、文化发展水平密切相关,非营利组织供给公共服务的数量也是衡量一个国家现代化水平的重要标志。积极引导和发挥社会非营利组织的作用,如爱心志愿者、社区服务工作者、慈善机构等,加强社会管理和服务,为体育旅游者提供更为细致和全面的体育旅游产品与服务,增强社会非营利组织的功能性和福利性,在体育旅游公共服务方面发挥重要的作用。

一、社会非营利组织主导型(S-S)供给模式

社会非营利组织主导型供给模式,即社会第三方采用独立自主的方式提供体育旅游公共服务。一些非营利组织为了保持其生产经营的独立性,往往通过自筹资金(包括会费、私人捐款、服务收费等)的方式,依靠自身力量提供多种形式的体育旅游公共服务。在其保证供给独立性的同时,为了筹集更多的生产资金,一些非营利组织逐步开始实行用者付费,对以前免费的体育旅游产品与服务项目直接向服务对象收取部分或全部费用。这样既可以避免体育旅游受众群体产生长期免费享受服务的依赖心理,又可以解决资金短缺及组织可持续性发展问题。

二、社会非营利组织与政府合作(S-G)供给模式

社会非营利组织与政府合作供给模式的主要表现形式是政府部门不直接参与投资体育旅游公共服务的生产经营,而是非营利组织接受政府资助或享受免税政策等优惠条件,以此鼓励社会志愿组织生产和提供体育旅游公共服务。实际上,政府通过利用社会非营利组织的力量实现体育旅游公共服务输出的社会化,也就是政府鼓励和吸引社会非营利组织参与社会职能的实现,政府把部分社会职能交由社团、中介组织等社会第三方部门完成,从而也分担了政府管理部分社会职能的压力,在一定程度上促进了现有政府职能的转换。

因此,政府部门要在政策和法规上明确社会非营利组织的地位和作用,改革非营利组织的登记管理制度,使社会非营利组织去行政化,培养其自我造血功能和独立行为能力。同时,在资金和项目上,对社会非营利组织给予支持和帮助,增强自我发展能力。

三、社会非营利组织与市场合作(S-M)供给模式

在社会非营利组织与市场合作供给中,社会非营利组织与市场(企业)通过建立一定的协作关系,并借助企业的经济实力和市场影响力,共同推进体育旅游公共服务有效供给的社会化。双方之间的协作主要包括:社会非营利组织参与交易关联的社会公益推广活动,市场(企业)将销售收入按照一定的比例以现金或实物的形式捐赠给社会非营利组织;二者共同开展主题营销活动,社会非营利组织与市场(企业)达成合作协议,通过分发企业产品、宣传资料及推广宣传广告等方式,共同解决社会发展中存在的一些问题。从市场(企业)方面看,企业通过参与社会非营利组织的公益活动,有利于增强企业内部的凝聚力,激发企业员工乐于奉献的精神;企业采取有形、无形资产投资于公益事业,可以树立企业良好

的社会形象,增强企业的社会认同感,在今后发展中有利于提高企业的社会收益和经营效益。从社会非营利组织方面看,在市场(企业)的大力资助下,社会组织可能会获得更多的发展机会,调动积极的服务意愿及发挥更大的供给潜能,从而加大体育旅游公共服务供给的投入力度,取得更加明显的社会公益实效,使自身的社会活动能力和社会公信力得到极大提升。

社会非营利组织作为政府和市场之外的第三种力量,来自社会、深入民众,在体育旅游公共服务供给中有着自身不可替代的优势,形成了对体育旅游公共服务供给的有效补充。作为体育旅游重要社会组织的体育旅游协会更要积极淡化社会组织官方色彩,促使去行政化,切实加强自身组织建设。社会非营利组织要充分发挥公益性、自治性及自身纽带作用,密切联系体育旅游目的地社区,协助配合体育部门,以开展体育旅游文化活动、体育旅游博览会为契机,加强体育旅游公共服务宣传引导工作,进一步壮大社会力量参与体育旅游公共服务供给。

第四节　体育旅游公共服务综合联动供给模式

在"政府-市场-社会"(G-M-S)多中心综合联动参与体育旅游公共服务供给模式中,政府、市场(企业)、社会非营利组织综合联动围绕新发展阶段多元主体现实诉求,支持各地加强体育旅游公共服务发展规划引领,以"互联网＋"为技术依托,多元供给主体通过资源共享和信息交流,整合体育旅游多元主体力量,搭建体育旅游多元主体供给平台,构建一体化行为模式。政府、市场(企业)、社会非营利组织之间并不是简单的替代互补关系,而是一种相互联系、相互影响、相互作用的合作伙伴关系,它们既保持各自的相对独立性,又能形成集约一致的协同性,多元主体合作的最终目的是在相互尊重对方利益的基础上,采取联合行动共同实现体育旅游公共服务的高效供给,使广大体育旅游爱好者能够更加方便和快捷地获得满意的体育旅游产品与服务。

随着体育旅游者对体育旅游公共服务多样化、个性化、品质化需求的日益增长,体育旅游公共服务供给主体也变得越来越多元化与复杂化,因此提供方式也相应变得更加多样化。多元供给主体之间在信息不通、沟通不畅、合作不顺的情况下,可能会在体育旅游公共服务供给过程中产生"碎片化"问题。由于多元主体各自利益取向不同,各供给主体内部及其相互之间组织和功能相对分散,缺乏顺畅有效的沟通与协调配合,供给主体既多元又缺乏真正的责任者和监督者,无法凝心聚力优化配置体育旅游资源,而且缺乏共同行动方案为体育游客提供体育旅游公共服务,最终导致体育旅游公共服务供给质量低下、效率不高。解决陷入条块分割"碎片化"困境的关键是推进多元主体之间的协同与合作。政府部门和体育旅游公共服务机构需要建立信息平台和畅通渠道,加强与社会各界的交流沟通,了解体育旅游者的需求和反馈,通过有效的沟通交流发挥供给主体各自的比较优势,同时消除存在的问题及不足,形成相互嵌套的多元主体合作供给体育旅游公共服务的局面。

总体来看,政府、市场(企业)、社会非营利组织三方在注重公平与效率的基础上,相互合作,扬长避短,协同管理,在厘清与发挥各自特点与优势的同时,加强彼此间的沟通与协调,形成共同决策、共同行动、资源共享、责任共担、共同回应的协同供给态势,使合作项目整体的风险降低,各方用于防范风险的成本减少,不仅有利于提高体育旅游公共服务提供效率,也有利于实现体育旅游公共服务供给的公平性,最终使得体育旅游公共服务提供变得更加经济高效,且使得体育旅游公共服务供给达到或者趋于最优状态,从而在最大程度上不断满足体育旅游者期望的体育旅游公共服务需求。在"政府-市场-社会"综合联动型供给模式中,政府部门要常态化聚焦体育旅游者最关心、最直接、最现实的体育旅游公共服务利益问题,强化在体育旅游基本公共服务供给保障中的主体地位,逐步增加投入,建立和完善体育旅游公共服务设施。在保证政府承担体育旅游公共服务供给主导责任的同时,由政府统筹规划,并加以必要的指导、监督和管理,切实把各项体育旅游公共服务政策和措施落实到实际需要中。鼓励市场(企业)和社会非营利组织深入体育旅游公共服务一线开展实地调查,引导它们生产提供以体育游客需求为导向的产品与服务,切实解决好体育旅游者身边"急难愁盼"的体育旅游公共服务问题,在推进体育旅游公共服务合作供给上不断取得更为明显的实质性进展。

针对体育旅游公共服务供给中存在的不足及效率低下问题,应积极推进体育旅游公共服务的市场化、社会化运作,培育和扶持多元化体育旅游公共服务供给主体,将有助于发展和完善各类市场机构与社会组织,协助政府有效履行公共服务职能。依据体育旅游公共服务的资源优化配置机制、产品有效供给理论和交易成本最小化原则等寻求均衡点,充分引入市场竞争机制,规范服务的内容和活动的范围,探讨建立政府、市场(企业)、社会非营利组织共同提供体育旅游公共服务的多样化制度安排与多中心体制和互补机制,构建政府、市场(企业)、社会非营利组织共同参与、优势互补、协调配合、良性互动的"多主体、多层次"体育旅游公共服务联合供给模式,形成完善的体育旅游公共服务提供网络,最大限度地满足体育旅游者日益增长的体育旅游产品与服务需求。

综上所述,受益于文旅融合、居民可支配收入的增加和体育旅游意识的增强、节假日调休制度的合理安排,国内体育旅游市场持续增温。越来越多的法规政策、社会资本、科技手段和人才要素开始进入体育旅游服务业,在市场规律的作用下,竞相为体育游客提供高质量的体育旅游产品与服务消费选择,这也正是"更多的国民参与、更高的品质分享"题中之义。鸥翎投资、红杉中国对开元酒店的私有化要约、美团与东呈的战略合作,以及高德、阿里和华为等科技公司对体育旅游领域的战略进入,预示跨界而来的新型投资机构和市场主体正在为体育旅游市场带来更多的活力。那种"导入旅游概念、跟进房地产开发、综合平衡现金流"的项目开发模式以及"银行主导的间接融资加大杠杆,资本市场的直接融资推高风险"产业投资模式,可能会不可逆转地淡出市场。

第七章 区域体育旅游公共服务合作建设

第一节 区域体育旅游公共服务合作机制

一、区域体育旅游公共服务一体化合作内涵

区域体育旅游一体化指通过完善和创新地方行政区域间体育旅游协同发展机制和治理体系,消除区域间阻碍体育旅游发展的各种因素,促进体育旅游要素自由流动和资源优化配置,进而实现区域体育旅游一体化协同发展[①]。区域体育旅游公共服务一体化是在区域经济一体化和区域体育旅游合作的基础上产生的,它不仅是区域经济一体化的客观要求,也是区域体育旅游合作得以顺利开展的重要保障。体育旅游公共服务一体化的有效实施能够推动体育旅游资源配置优化、服务供给效率大幅提升、区域产业结构优化升级等高质量发展,其目的是实现区域体育旅游产业规模化和公共利益最大化。进一步加速区域体育旅游公共服务一体化建设进程,充分发挥体育旅游公共服务对社会公共服务的示范引领作用,优化区域体育旅游环境,对于满足体育旅游者的公共服务需求、增进当地居民的民生福祉具有重要的现实意义。

区域体育旅游公共服务重点突出体育旅游公共服务的区域性、共享性、公益性特征。早在 2009 年 6 月,国家旅游局公共服务体系建设调研组就明确提出"推进区域旅游公共服务一体化"建设。区域体育旅游公共服务一体化是一项系统工程,也是区域体育旅游合作发展的创新探索。区域体育旅游公共服务一体

---

① 张晓磊,李海.长三角体育旅游一体化发展:逻辑、困境与策略[J].体育文化导刊,2023(9):84-90.

化是指为吸引更多的体育旅游者,区域内的各个行政区之间打破地方制度和管辖权益的限制,通过政府间协商合作制定相关政策文件和采取有效措施,针对性地对关联区域内的体育旅游公共服务资源进行有机整合和优化完善,向体育旅游者及当地居民提供具有公益性和非排他性的体育旅游产品与服务。由此可见,区域体育旅游公共服务一体化以满足体育旅游者及区域内居民的公共利益和服务需求为价值取向。总之,体育旅游公共服务供给主体之间通过打破行政区域界限,加强沟通协作与联合行动,优化体育旅游资源结构配置,促使区域内体育旅游公共服务系统之间相互联系、协调配合、优势互补、合作共赢、共同发展。

二、区域体育旅游公共服务合作机制发展进程

区域体育旅游公共服务合作是区域旅游和体育旅游合作的重要组成部分。一般而言,我国体育旅游公共服务的区域合作与区域经济一体化密不可分,而体育旅游业往往是区域经济一体化的关联产业、先导产业和前景产业。鉴于国内的行政区划以及地方政府对自身利益最大化的追求,21世纪以来区域体育旅游合作仍然渗透着强烈的地方保护主义、行政垄断以及政府间的利益博弈等问题,在一定程度上阻碍了体育旅游公共服务一体化的进程。随着区域间旅游合作交流日益频繁,最大限度地消除不同行政区域之间的制度与市场壁垒是体育旅游发展的必然要求,也是政府公共服务提升和制度创新努力的方向。

《中国旅游公共服务“十二五”专项规划》明确要求,围绕实现区域旅游一体化的目标,不断完善旅游公共服务合作机制,丰富合作内容,实现区域间无障碍旅游。《“十三五”全国旅游公共服务规划》提出了打破跨地区、跨行业、跨部门发展障碍,推进旅游公共服务空间布局的均衡化、一体化、全域化。国务院办公厅《关于促进全域旅游发展的指导意见》进一步强调了从区域发展全局出发,将一定区域作为完整旅游目的地,统一规划布局,整合资源,优化公共服务,推进产业融合,凝聚全域旅游发展新合力。《“十四五”文化和旅游发展规划》再一次提出了根据不同区域主体功能定位,立足资源环境承载能力,构建体现各地文化和旅游资源禀赋、适应高质量发展要求的文化和旅游空间布局,并且依托重点区域和城市群,培育跨区域特色功能区、精品文化带和旅游带。

体育旅游作为一种常态化跨地区人员出行活动方式,在区域体育旅游公共服务一体化进程中存在大量跨行政区公共治理问题。从以治理为主的行业管理角度转变到以疏导为主的公共服务角度,更需要各相关行业的相互促进、相互支持、相互合作。从体育旅游经济运行的角度看,区域经济中心的形成一定程度上改变了体育旅游业的空间发展格局,加之体育旅游者大都考虑有限时间的安排

与高效出行的方便,传统意义上的区域跨度大的长距离、大范围的体育旅游比重有所下降,同一经济区域内的短距离及周边体育旅游不断增加,一定区域范围内的板块体育旅游格局逐渐受到体育旅游者的青睐。在区域体育旅游一体化发展背景下,通过创新对接各种制度、体制、机制的统筹协调和合理配置区域内的公共资源和体育旅游资源,以及提供各种不同形式、不同层级的区域公共产品和服务来解决区域内部各行政主体之间共同面临的多种区域体育旅游公共问题,将是实现区域体育旅游公共服务协调发展的客观需要和必然要求。同时,也将有助于加快实现区域体育旅游公共服务提供的公平与高效。从本质上讲,区域体育旅游公共服务一体化发展的问题实际上就是各级地方政府合作共治的问题。区域体育旅游公共服务一体化的推进不仅有利于优化地方政府的管理行为,有助于加强地方政府间的交流与协作,实现区域体育旅游可持续发展,同时有利于加速推进区域体育旅游一体化进程。

三、区域体育旅游公共服务合作机制优化

由于受到行政区划的分割和限制,强烈的地方保护主义限制了区域体育旅游一体化联动效应的发挥,各行政区主体按照自身发展的内在逻辑和利益需求应酬式参与合作,低水平内耗式竞争不断,造成了体育旅游公共服务建设存在区域分割、部门分割、条块分割、信息分割等问题,导致利益主体与决策主体背离、管理边界与功能边界错位、长远利益与短期利益失衡,跨行政区域体育旅游公共服务合作仅仅停留在表面,当涉及体育旅游公共服务核心利益一体化问题时往往举步维艰。体育旅游者的跨区域流动是体育旅游的重要特征,因此,要为体育游客提供高质量的体育旅游公共服务,就必须打破行政区划的壁垒,以开放的姿态建立和完善体育旅游公共服务区域合作机制,持续加大区域内政府部门投入力度,鼓励引入社会资本,形成政府、市场、社会多元合作供给格局,推进体育旅游公共服务市场化、专业化、一体化建设,实现区域体育旅游公共服务可持续发展。

（一）加强体育旅游信息服务合作

推进区域体育旅游信息化建设,打造线上体育旅游公共信息服务平台,优化线下体育旅游信息服务中心布局,提升体育旅游公共信息服务合作水平。加快推进区域体育旅游信息网络建设,支持通信运营、IT 等行业龙头企业在体育旅游领域跨区域开展技术、服务及综合应用推广。推动建设区域性体育旅游数据中心,推动体育旅游数据库共建共享,实现体育旅游主体资质类、服务类信息区域内全贯通,市场监管信息全覆盖。区域内涉旅场所实现免费 WiFi、通信信号、视频监控全覆盖,主要体育旅游消费场所实现在线预订、网上支付,主要体育旅

游区实现智能导游、电子讲解、实时信息推送,开发建设咨询、导览、导游、导购、导航和分享评价等智能化体育旅游服务系统。加快建设区域体育旅游集散中心,在商业街区、交通枢纽、景点景区等体育游客集聚区设立体育旅游咨询服务中心,有效提供景区、线路、交通、气象、安全、医疗急救等信息服务。加快构建以跨区域平台为主体、企业平台为支撑的体育旅游公共信息平台,推动体育旅游管理部门与相关部门的数据衔接,引导各类互联网平台和市场主体参与区域体育旅游大数据产品开发,提升体育旅游信息化协同和精细化管理水平,为体育游客提供信息咨询、旅游集散、宣传展示、旅游投诉、安全预警等多样化的体育旅游公共信息服务。

(二)加强体育旅游交通服务合作

围绕区域体育旅游发展主线,加强体育旅游交通基础设施统筹规划,完善体育旅游交通布局及交通运输体系,构建"快进""慢游"综合体育旅游交通网络。

推进区域体育旅游目的地主要交通连接线建设,依托民航、高速铁路、城际铁路、高等级公路等构建"快进"交通网络。

加快区域新建或改建支线机场和通用机场,优化体育旅游旺季以及通往重点客源地与目的地的航班配置。推动提升铁路体育旅游客运能力,加大跨区域体育旅游区、重点体育旅游经济带内铁路建设力度。改善区域内公路通达条件,加强城市与景区、景区与交通干线之间的交通设施和交通组织,实现城市中心区、机场、车站、码头等到主要体育旅游景区、体育旅游度假区等以及体育旅游目的地之间的交通无缝衔接,提高体育旅游景区通达性。同时,推进城市绿道、骑行专线、登山步道、慢行系统、交通驿站等休闲体育旅游"慢游"服务设施建设。

(三)加强体育旅游安全保障合作

体育旅游安全是体育旅游发展的生命线,没有安全就没有体育旅游已经成为人们的共识。随着全球政治、经济形势的动荡不安,各种风险与不安全因素日益突出,由此引发的各种体育旅游安全事件难以避免,且时有发生。因此,加快区域体育旅游安全保障体系建设,对全面实施区域内的"安全体育旅游目的地"战略具有重要的意义。

强化区域安全联动机制,组织开展体育旅游风险评估,加强体育旅游安全制度建设,将体育旅游应急管理纳入政府应急管理体系,按照职责分工强化各有关部门安全监管责任。强化安全警示、宣传、引导,完善各项应急预案,定期组织开展应急培训和应急演练,加强体育旅游救援体系联动,建立政府救助与社会救援相结合的体育旅游安全救援体系。开展区域体育旅游安全生产宣传咨询活动,强化体育旅游安全宣传教育,提升体育游客安全意识和安全应急知识,营造社会平安体育旅游氛围。加强体育旅游目的地及景区安全防控和应急管理工作,建立旅游突发事件应对机制,提高景区灾害风险管理能力。强化对客运索道、大型游乐设施、玻璃栈道等设施设备和体育旅游客运、体育旅游道路、体育旅游节庆活动等重点领域及环节的监管,落实旅行社、饭店、景区安全规范。深化区域体育旅游保险合作机制,完善新型体育旅游保险产品开发,提高保险保障额度,探索互联网和数字化赋能的创新型体育旅游安全险种,扩大体育旅游保险覆盖面,为体育游客跨区域保险理赔提供便利,提高保险理赔服务水平。

(四)加强体育旅游权益维护和惠民服务合作

推动建立区域体育旅游监督机制,合作共建跨区域体育旅游消费投诉云平台,实现网络监管一体化,加强体育旅游投诉处理方面的区域协作,推动建立跨区域的体育旅游仲裁和体育旅游诉讼机制。通过体育旅游投诉程序处理体育旅游消费纠纷,保障体育旅游者权益,是体育旅游行政管理部门一项重要的公共服务职能。体育游客的诉求和监管的要求是价格调整机制要合规,商品和服务价格要公开透明,特别是明码标价,中小微型企业和个体工商户要诚信经营,违规违法的企业和个人必须承担违法受罚、轻罪入刑、重罪重判的代价。市场监管、价格管理、社会治安等部门对游客和居民的消费权益要给予同等力度的保护,不能因为权益受损的消费主体是体育游客,就全部移交给体育、文化和旅游部门处理。体育旅游者跨地域消费过程中,不可避免地存在信息不对称的问题,一旦体育旅游者消费权益受损、人身自由受到限制、生命安全受到威胁,要及时拨打12345、110等热线电话,寻求必要的行政和司法救济。因此,建立健全跨部门体育旅游市场举报投诉和执法协作机制,加强数据信息共享和线索移交,强化保护体育旅游消费者权益的联合执法行动,及时受理和处理体育旅游者投诉产生的各种纠纷,提升区域执法协作的能力,坚决维护体育游客合法权益,弘扬文明、健康、绿色体育旅游新风尚。行政区政府部门共同开展区域间体育旅游惠民服务活动,推动区域间无障碍体育旅游设施的建立,鼓励有条件的区域在福利体育旅游等方面共同推进、先行先试,不断推出体育旅游消费券、体育旅游卡、体育旅游年票等便民惠民举措。

(五)进一步夯实体育旅游公共服务区域合作的基础

推进体育旅游公共服务标准的制定和实施。加强区域体育旅游公共服务标准化管理,制定推出体育旅游公共服务建设规范和质量服务标准,推动国家、行业、地方标准在区域内的联动实施,提高体育旅游公共服务标准覆盖率,完善体育旅游公共服务质量保障体系。鼓励区域内具备条件的城市群、毗邻地区加强体育旅游基本公共服务标准统筹,搭建区域内体育旅游基本公共服务便利共享的制度安排。

构建高效的区域体育旅游协作组织。推动建立区域内各行政主管领导、区域内各体育旅游公共部门负责人等不同层级的协调机制,以轮值方式定期召开联席会议,就推进体育旅游公共服务合作建设等问题进行会商,进一步形成体育旅游公共服务保障的组织合力。

配合区域协调发展战略、国家新型城镇化战略的实施,加强跨地区统筹协调,鼓励毗邻地区打破行政区划限制,统筹体育旅游公共服务标准,互联互通相关信息数据,充分发挥地区比较优势,共建共享体育旅游公共服务内容体系,为体育旅游者及城乡居民就近享有体育旅游公共服务提供便利条件。

第二节 淮海经济区体育旅游资源开发布局

淮海经济区作为我国区域战略部署的重要组成部分,其高质量的一体化创新探索对我国区域协调发展具有重要的示范引领作用。"区域合作,旅游先行"早已成为区域发展共识。因此,淮海经济区体育旅游一体化创新实践无疑对区域经济协调以及经济高质量发展具有重要的现实意义。1986年,在著名经济学家于光远先生的倡导下,淮海经济区首届市长专员会议在徐州召开,会议通过了《淮海经济区经济开发联合会章程》,宣告成立淮海经济区。一个以徐州为区位中心、横跨苏鲁豫皖4省20市、覆盖人口过亿的区域性合作组织——淮海经济区正式诞生。淮海经济区是中国最早的区域性经济合作组织之一,最初由苏鲁豫皖4省接壤地区的20个成员市组成。2018年10月,国务院批复《淮河生态经济带发展规划》,意味着淮河生态经济带建设正式上升为国家战略,首次明确了淮海经济区的范围,包括徐州、连云港、宿迁、枣庄、济宁、商丘、淮北、宿州、临沂、菏泽10市,为下一步该区域内各城市间在交通、产业、生态、公共服务等领域融合协同发展拓展了空间。淮海经济区位于欧亚大陆桥东部,东连沿海经济带,西襟中原经济区,南接长三角城市群,北临环渤海经济圈,具有连南通北、承东启西的战略位置。淮海经济区气候条件适宜,南北气温过渡明显,良好的地域条件造就了独特的自然体育旅游资源;悠久的历史文明孕育了深厚的淮海文化底蕴及人文景观,形成了丰富的人文体育旅游资源。由于淮海经济区地理位置优势突出,交通网络密集,开发体育旅游资源有着得天独厚的条件。

体育旅游作为体育与旅游交叉融合的新业态,在我国有巨大的发展空间[①]。随着体育旅游热潮不断升温,2013年淮海经济区第25届市长会议通过了《淮海经济区旅游经济一体合作框架协议》,其中明确提出大力发展休闲旅游及体育旅

---

① 魏火艳.河南省体育旅游资源开发研究[J].体育文化导刊,2011(3):94-96.

游。为进一步贯彻落实《淮海经济区深化文旅协同发展合作协议》,2023年9月第二届淮海经济区文旅协同发展圆桌会议在徐州举行。会议强调,淮海经济区文旅协同发展对于区域经济社会协同发展意义重大,要建立健全"区域联动、条块结合、统分协作、高效顺畅"的运行机制,要共同打造合作平台,努力打造"大美淮海"文旅品牌,实现区域文旅资源共享、市场共享、信息共享,助力淮海经济区文旅经济高质量发展。在实施健康中国、全民健身国家战略的背景下,发展淮海经济区体育旅游有益于完善体育基础设施,提高体育人口数量,不断满足人民群众日益增长的多元化体育健身需要和健康需求。淮海经济区各成员市在历史发展、经济水平、人文环境、自然条件及生活习俗等方面都有着较大的相似性和关联性,是一个相对稳定、较为完整的地域单元[①]。体育旅游资源跨行政区域空间带来的资源相似性或互补性以及联通的便利性,决定了体育旅游资源的边界共生。然而,省际分离的"边界效应"割裂了区域固有的人文地理及经济社会联系。因此,研究跨行政区域的体育旅游资源开发,对于加强区域体育旅游合作、优化区域体育旅游结构、实现区域体育旅游一体化、加快推进区域经济协调发展具有重要的现实意义。

一、淮海经济区体育旅游资源类型

据统计,淮海经济区大约有400多处旅游名胜古迹和风景区。其中,有三孔、京杭大运河等世界自然和文化遗产;云龙湖、云台山等国家级风景名胜区;蒙山、皇藏峪、抱犊崮等国家级森林公园近20处;曲阜、商丘等全国历史文化名城;徐州、连云港等中国优秀旅游城市。此外,还有国家5A级旅游区10余处、4A级旅游区近100处、3A级旅游区更是数不胜数。众多的文化遗产和风景名胜为淮海经济区体育旅游资源开发奠定了坚实的根基。

（一）体育旅游自然资源

1.山体洞穴类体育旅游资源

淮海经济区地处平原,山体海拔较低,大多适合于人们开展登山旅游、徒步行走;部分山系因峡谷峭壁及断崖,更适合开展攀岩、速降、蹦极等极限运动。苏北分布着三大名山——花果山、云龙山、艾山;鲁南分布着风景秀丽的沂山、蒙山、五莲山、浮来山、华山等山体。这些山体峡谷为登山体育旅游的开展提供了良好的山体资源。同时,鲁南地区洞穴资源丰富,中国特大溶洞——临沂地下大峡谷被世界吉尼斯认证为"中国最长的漂流溶洞",洞内冬暖夏凉,

---

① 周婷,仇方道,朱传耿,等.淮海经济区产业联系空间特征分析[J].地理科学,2010,30(6):854-859.

四时宜人;素有"江北第一溶洞"的沂水天然地下画廊、沂水地下萤光湖旅游区、蒙阴地下银河、峄山三十六洞天等各类溶洞都是开展探险、地下漂流的理想之所。

2. 水体风光类体育旅游资源

淮海经济区水体资源丰富,黄河、淮河、京杭大运河分布其中,构成了国家的黄金滩涂。区域内分布着众多游览湖泊及河流,如五大淡水湖之一的洪泽湖,以及骆马湖、微山湖、白马湖、云龙湖、龙子湖、颍州西湖、五里湖、大纵湖、京杭运河、黄河故道生态景区等风景区,这些湖泊河流水域是开发水上体育旅游的基础。区域内的水系或以观湖赏景发展成为游览景点,或以开发潜水、赛龙舟、垂钓、环湖跑、环湖骑行等成为体育旅游项目。坐拥连云港、日照、盐城三位一体的沿海城市构成了连云港海滨浴场、日照金海滩、刘家湾赶海园、日照海滨国家森林公园等一批沿海景观,这些沿海地区是开展沙滩球类、海上快艇、帆船、帆板、冲浪、潜水等体育旅游项目特有的资源。淮海经济区还有诸多知名的温泉,温泉水温适中,泉中溶解了大量的矿物质,具有较高的医疗保健价值,可用于防病、治病、延寿、缓解疲劳等。如被誉为"温泉之城"的临沂、"温泉之乡"的连云港东海以及区域内的30余处温泉假日酒店,都是开展康复疗养、温泉沐浴的理想之地。

3. 生物景观类体育旅游资源

淮海经济区拥有众多的国家级森林公园和自然保护区,皇藏峪国家森林公园、徐州环城国家森林公园、孟良崮国家森林公园、徂徕山国家森林公园、蒙山国家森林公园、抱犊崮国家森林公园等20余处国家森林公园;连云港沿海滩涂自然保护区、泗洪白鹭保护区等多处国家和省级自然保护区。这些国家森林公园和自然保护区因其空气清新而素有天然氧吧之称,同时景色宜人,草地开阔,也是开展骑马、涉猎、定向越野、探险等体育旅游项目的天然理想场所。

(二)体育旅游人文资源

1. 历史文化类体育旅游资源

淮海经济区人文历史遗迹资源非常丰富,且具有一定的地方特色。古人类及古代历史遗址中分布着豫东的天下第一陵太昊陵、女娲城址、太清宫、铁塔、芒砀山、火星台、商丘古城等;苏北的西汉楚王陵、龟山汉墓、戏马台、二郎神文化遗址、明祖陵、古泗州城遗址、东阳城遗址、下草湾古人类遗址等;鲁南曲阜的"三孔"、邹城的"四孟"、九龙山汉代摩崖墓群、仿山墓群、水泊梁山风景区等;皖北的花戏楼、垓下古战场遗址、尉迟寺新石器时代遗址等。淮海经济区自古以来历史文化名人众多,并留下了诸多历史文化遗产。济宁的孔孟文化、商丘的庄子文化、徐州的两汉文化等对于体验诸子文化之旅、探祖寻根之路等文化体育旅游具有鲜明的特色①。

2.军事红色类体育旅游资源

淮海经济区因其位置的特殊性,自古就是兵家必争之地,因此留下了诸多军事战争文化。除了徐州、宿州、宿迁的古战场是开展再现冷兵器时代体验的重要资源外,特别是近代红色文化更具特点。沂蒙地区作为红色经典革命老区形成的沂蒙精神影响了一代又一代中国人;淮海战役、台儿庄战役、孟良崮战役等重大战役都在淮海大地打响;铁道游击队等地方武装,历史伟人刘少奇、彭雪枫等也都在淮海大地留下了诸多红色历史文化印记。当体育旅游者参与体验军事红色文化的同时,更能够深刻感受爱国主义教育和强身健心的双重效果。

3.民俗节庆类体育旅游资源

淮海经济区地域辽阔,民俗资源丰富,如蹴鞠、武术、旱船、高跷、跑驴、斗鸡、秧歌等。旅游节庆活动更是结合当地体育旅游资源,开展形式多样且规模宏大,在国内外产生了一定的影响。如中国曲阜国际孔子文化节、中国徐州汉文化国际旅游文化节、梁山国际水浒文化节等诸多节庆活动,这些民俗节庆活动结合当地的体育旅游资源可以产生更大的社会效益和经济效益。

总的来说,淮海经济区人文类体育旅游资源内涵厚重,为其开发奠定了坚实且特有的文化底蕴。从史前文化、夏商遗址、两汉发源地、明清祠庙行宫、古近大战以及养生中药之都等积淀的文化精髓在淮海大地筑起了一座浩瀚的实体博物馆。

二、淮海经济区体育旅游资源开发布局

淮海经济区囿于行政区划和条块分割,体育旅游资源缺乏统一的规划和整体开发,存在着体育旅游项目重复设置、经营结构不合理、资源利用率低等问题,导致体育旅游资源开发大都处于较低层次。因此,在保持区域相对独立和地方文化特色的同时,从区域整体利益出发,亟待重新策划,加强合作共享,实施体育旅游资源一体化互惠共生势在必行②。

(一)体育旅游资源特色专题开发布局

依据淮海经济区的体育旅游资源类型和分布特点,重点开发专项及综合体育旅游线路产品,在原有体育旅游资源开发的基础上,延长旅游线路,丰富旅游

① 张松奎,王满意.淮海经济区体育旅游资源开发布局研究[J].体育文化导刊,2015(11):111-114.

② 吴泓,顾朝林.基于共生理论的区域旅游竞合研究:以淮海经济区为例[J].经济地理,2004,24(1):104-109.

内容,更大程度上使体育旅游路线连点成线、连线成网,以此形成区域内体育精品旅游。

1. 诸子文化旅游专题

孔子、孟子、庄子、老子、墨子的出生地及主要学术活动地皆在淮海经济区内,因此,可以以济宁、商丘为中心,将"三孔""四孟"及六艺城、孔子还乡祠、老子太清宫、明道宫、庄周陵园、庄子祠等景点进行串联组合,形成诸子游线路。以举办专场体验表演或艺术表演等形式,开发诸子家乡修学游、寻根朝敬游、徒步拜师游等,穿行古代文化长廊,品味儒道文化真谛。

2. 两汉文化及战争旅游专题

刘邦、项羽及大部分帝王将相的出生地以及主要战争发生地集中在淮海大地,同时两汉文化之源汇聚在徐州。因此,以宿州、商丘、枣庄、徐州为中心,将皇藏峪、垓下古战场、泗水亭、九里山古战场、戏马台、项羽故里、虞姬墓、刘邦故里、永城芒砀山、徐州的"汉代三绝"、枣庄汉画像石以及临沂汉墓竹简等景点连接串联,形成两汉文化及战争之旅。以开发体验和情景再现的方式打造"楚汉争霸"体育旅游专题,尽情领略古今大战汉俑豪情。

3. 康体养生旅游专题

以长寿之祖彭祖故里徐州以及以温泉和蒙山国家森林公园著称的临沂为中心,将彭祖园、彭祖井、中药交易会所、华祖庵、临沂汤头温泉、蒙山国家森林公园等景点串联形成养生之旅。以此开发品"药膳"、习"五禽气功"、泡温泉、赏康体民俗活动、探"天然氧吧"等的养生专题体育旅游。

4. 生态田园旅游专题

将济宁的微山湖,临沂的蒙山,宿迁的骆马湖,菏泽的曹州牡丹园,连云港的花果山、云台山、连岛,徐州的云龙湖、云龙山、港上万亩草莓园、大沙河富士苹果园,枣庄的抱犊崮国家森林公园、冠世榴园,宿州的皇藏峪国家森林公园以及京杭大运河航道沿途、黄河故道等景点进行整合,根据度假休闲、观花赏景、园林采摘、山野拾趣、森林沐浴、冲浪探险、河道漂流等主题加以组合,形成以生态旅游和观光度假为特色的专题体育旅游。

(二)体育旅游资源空间开发布局

体育旅游资源开发的空间规划决定着未来发展的趋向与客源市场的空间网络体系,体现了未来规划发展的重点区域、优先发展级别与区域协作的关系,为体育旅游建设和管理起到指导作用①。

---

① 李晓琴,朱创业.旅游规划与开发[M].2版.北京:高等教育出版社,2021.

1. 增长极开发布局

淮海经济区省际毗邻地区由于地缘相邻,体育旅游资源往往跨区域集中分布,因此整合跨区域相似体育旅游资源可获得集聚和规模效益,有利于区域体育旅游增长极的形成。随着城市化的不断推进和体育旅游的快速发展,徐州、济宁、连云港等国家优秀旅游城市或国家历史文化名城已经具备了交通、信息、商业、食宿、休闲等配套相关设施与区内外客源开发的条件,可以作为淮海经济区体育旅游的增长极点。结合城市在区域经济中的"极化-扩散"效应,依托便捷的交通基础设施及体育旅游资源条件的支持,充分发挥增长极在区域体育旅游发展中的优势集聚和扩散功能,从而带动区域周边范围内体育旅游的发展。体育旅游发展好的地区率先形成增长极,而该地区要获得更大的发展空间,必然要谋求与其他地区的合作。以圈状空间逐步向外扩散发展,带动腹地及周边城镇,为淮海经济区体育旅游实现协调发展消除障碍。打造体育旅游增长极,进而带动区域协同发展,是淮海经济区体育旅游高质量发展的必然选择。因此,基于体育旅游经济空间扩展,淮海经济区应积极发挥增长极的扩散效应,辐射带动地区间体育旅游快速发展,共育一体化体育旅游市场。

2. 点-轴开发布局

为推动淮海经济区体育旅游业加快发展速度和提高发展质量,必须重视"核心点"对区域内各地体育旅游业的辐射带动作用,同时还要强调"核心点"与"核心点"以及"核心点"与周边"次级点"之间的联系轴线,即强化体育旅游干线位置突出、投资环境突出、对区域体育旅游经济协调具有推动作用的中心城市的地位,促使沿线不同级别的优势地连接构成带状增长轴。例如,京沪线上的济宁、徐州、枣庄和陇海线上的连云港、徐州、商丘都可以形成以徐州为核心节点的沿铁路枢纽体育旅游带;沿京杭大运河的济宁、徐州、枣庄可以形成以济宁、徐州为核心节点的沿运河体育旅游带;沿海城市日照、连云港、盐城中形成以连云港为核心节点的海滨体育旅游带。

3. 网络结构开发布局

点-轴开发模式的最终落脚点是形成网络结构空间开发布局。在淮海经济区体育旅游发展到特定阶段后,根据淮海经济区体育旅游资源的分布特征、景区地域组合条件、体育旅游资源开发的价值、交通便捷程度及基础设施等条件的差异,同时结合国家开发沿海城市、发掘京杭大运河旅游资源等政策优势,提出淮海经济区体育旅游资源开发以体育旅游核心城市为中心、体育旅游中心城镇为节点、体育旅游重点景区为支点、专题及特色线路为纽带的网络结构进行空间布局,构建"四核三带"的网状体育旅游空间开发模式。即以徐州、济宁、商丘、临沂为四个核心点,以京杭大运河、淮河、滨海沿线为发展带,实现淮海经济区区域体育旅游资源开发优化整合,全面形成"四核三带"的区域空间体育旅游圈。

第三节 淮海经济区体育旅游公共服务协同建设

"体系完善、功能齐全、结构合理、组织优化、内涵丰富、便捷舒适、高效灵活"的区域体育旅游公共服务体系构建,即多层次、立体化、广覆盖的区域体育旅游公共服务体系架构是区域体育旅游公共服务科学合理、有序建设的重要体现。因此,加强和完善体育旅游公共服务规划和建设,不仅有助于为体育旅游爱好者和当地居民提供一个更为安全便捷、优美舒适、宜居宜游的体育旅游环境,提高体育游客的满意度和目的地居民的幸福指数,而且有助于提升体育旅游产业运行效率,带动体育旅游快速高质量发展。

在全面落实全民健身及健康中国国家战略的背景下,推进淮海经济区体育旅游公共服务建设有益于完善体育旅游基础设施,增加体育人口数量,不断满足人民群众日益增长的多元化体育健身和健康需求。如何科学把握淮海经济区体育旅游市场的基础设施、环境条件、消费特征、供需矛盾、公共安全及权益保障等,有针对性地提供高质量的体育旅游公共服务,对推动淮海经济区体育旅游产业快速健康发展具有非常重要的作用。因此,探寻淮海经济区体育旅游公共服务建设问题,研究跨行政区域的体育旅游公共服务发展路径,既是实现淮海经济区体育旅游公共服务供给更好更快发展的必然选择,更是促进我国国民旅游休闲公共服务体系构建的重要组成部分和主要内容,对于加强区域体育旅游合作、优化区域体育旅游结构、实现区域体育旅游一体化、加快推进区域体育旅游产业经济发展具有重要的现实意义。

一、淮海经济区体育旅游公共服务建设现实条件

(一)政府对体育旅游公共服务发展的大力支持

近年来,国务院及国家有关部委相继推出了一系列促进体育旅游发展的相关文件。随着国家体育总局、国家旅游局联合发出的《促进中国体育旅游发展倡议书(2009年)》和国务院颁布的《关于加快发展旅游业的意见(2009年)》的实施,我国政府对体育旅游的发展高度重视。2013年2月,国务院颁布的《国民旅游休闲纲要(2013—2020年)》提出,按照全面建成小康社会目标的总体要求,以满足人民群众日益增长的旅游休闲需求为出发点和落脚点,积极创造开展旅游休闲活动的便利条件,改善国民旅游休闲环境,推进国民旅游休闲基础设施建设,完善国民旅游休闲公共服务,提升国民旅游休闲服务质量。2013年4月通

过的《中华人民共和国旅游法》更加鲜明地提出"国务院和县级以上地方人民政府应当制定并组织实施有利于旅游业持续健康发展的产业政策,推进旅游休闲体系建设。"在国家大政方针的指引下,2016年国家旅游局、国家体育总局共同印发的《关于大力发展体育旅游的指导意见》中明确指出,推动各地加大对体育旅游公共服务设施的投入,加快体育旅游的供给侧改革,提升我国体育旅游服务的现代化、专业化和国际化水平。《"十三五"旅游业发展规划》旗帜鲜明地提出加强旅游基础设施建设,提升公共服务水平,完善旅游公共服务体系,在公共服务设施建设方面取得新突破。《"十四五"文化和旅游发展规划》明确提出了以推动文化和旅游高质量发展为主题,以深化供给侧结构性改革为主线,以改革创新为根本动力,以满足人民日益增长的美好生活需要为根本目的的指导思想。为加快推进国民旅游休闲高质量发展,2022年7月印发的《国民旅游休闲发展纲要(2022—2030年)》旨在进一步优化我国旅游休闲环境,完善相关公共服务体系,提升产品和服务质量。由此可见,党和政府出台的这些政策性法规文件,不仅充分体现了党和政府对国民休闲重要性的深刻认识,而且体现了党和政府对推动体育旅游公共服务发展的决心和信心。

淮海经济区作为苏鲁豫皖四省边界的交接地带,休闲体育旅游的发展也得到了区域内成员市的重视并出台了相应的扶持政策。随着休闲体育旅游热潮不断升温,淮海经济区各成员市及核心成员市自2007年以来先后达成多项共识并签订多项联合开发区域旅游的相关文件(表7-1),明确提出大力推动区域旅游业的融合协调发展。这些政策文件及合作协议的颁布实施为促进淮海经济区体育旅游公共服务可持续发展奠定了坚实的制度和政策保障。成员市政府积极响应全民健身国家战略号召,在加快旅游业协同共建共享的合作框架下,才能更好地推动淮海经济区体育旅游公共服务体系构建,不断满足体育旅游者及当地居民的体育旅游产品与服务需求。

表7-1　淮海经济区关于促进旅游及体育旅游发展的相关文件

政策文件	签署机构	时间	主要内容
《淮海经济区旅游合作宣言》	淮海经济区成员市	2007年	推动区域旅游业的合作发展
《旅游合作协议》	淮海经济区核心成员市	2011年	加快区域旅游目的地打造
《淮海经济区核心城市旅游联盟》	淮海经济区核心成员市	2012年	推动区域旅游产业提档升级
《淮海经济区旅游经济一体化合作框架协议》	淮海经济区成员市	2013年	充分利用自然风光,发展休闲旅游

表 7-1(续)

政策文件	签署机构	时间	主要内容
《淮海经济区文化旅游联盟》	淮海经济区成员市	2019 年	加强淮海经济区文化旅游合作,推进区域文化旅游事业共建共享
《淮海经济区文旅协同发展纲要》	淮海经济区成员市	2020 年	推动区域文旅融合协同发展,激发淮海经济区文旅发展活力
《淮海经济区深化文旅协同发展合作协议》	淮海经济区成员市	2023 年	推动区域文旅融合协同发展

(二)淮海经济区拥有丰富的体育旅游资源及合作基础

淮海经济区气候条件适宜,南北气温过渡明显,良好的自然环境条件造就了山体洞穴类、水体风光类、生物景观类等独特的体育旅游自然资源;悠久的历史文明孕育了深厚的淮海文化底蕴及人文景观,形成了历史文化类、军事红色类、民俗节庆类等丰富的体育旅游人文资源。为整合和优化区域内丰富的体育旅游资源,淮海经济区开始逐步打造诸子文化专题旅游、两汉及战争文化专题旅游、康体养生专题旅游、田园生态专题旅游、登山涉水专题旅游等区域体育旅游精品线路。由于淮海经济区地理位置优势突出、交通网络密集、体育旅游资源丰富,得天独厚的优势条件为淮海经济区发展体育旅游产业奠定了坚实的根基。

淮海经济区地缘相近、资源共享优势明显。具体表现为体育旅游目的地地域相邻,交通便利,自然环境与气候条件相似,体育旅游资源的分布与特色交相辉映,能够实现体育旅游资源共轭互补,提升体育旅游产品复合价值和质量;文化传统及风俗习惯相仿,社会经济及人员交往密切,虽为四省分治,但极易融为一体,数千年来延续着长期的商旅往来,跨区域体育旅游资源共享的便利性和通达性决定了构建体育旅游空间合作的可能性。区域内的人们在长期的生活交往过程中形成了一定的合作基础,成员市政府部门也有协同发展休闲旅游的一致共识,并已成功推出一山(泰山)两汉(两汉文化)三孔(孔府、孔庙、孔林)等黄金旅游线路,积累了宝贵的旅游开发与合作经验,因而区域内成员市政府之间的长期合作具有很大的潜力。为了合理优化淮海经济区体育旅游空间布局,要注重深入挖掘区域内的特色文化旅游资源,充分利用河、湖、海等水域优势资源,加强体育旅游公共服务基础设施建设,促进体育旅游产品与服务组合多样化,不断推进历史文化游、观光度假游、健身生态游、休闲养生游等全面协调发展。

（三）淮海经济区体育旅游公共服务建设面临的困境

在我国全面建成小康社会、迈入新发展阶段后，人民群众多样化、个性化的体育旅游需求日益快速增长，体育旅游已经成为人们重要的休闲健身生活方式，体育旅游产业已经形成了一定的市场规模，取得了一定的经济效益和社会效益。但由于淮海经济区经济基础相对薄弱，导致体育旅游公共服务建设总体投入不足，体育旅游基础设施建设滞后、数字一体化协同建设力度不够、产业融合驱动乏力、产品结构单一、体制机制不畅等问题仍然比较突出。

1. 经济基础相对薄弱

总体上看，尽管淮海经济区地理位置优势突出，交通发达便利，自然及人文旅游资源丰富且具有突出的特色，发展体育旅游具有得天独厚的优势，然而淮海经济区与长三角、珠三角和环渤海地区相比，整体经济实力相对比较薄弱，区域内核心成员市一体化合作发展的深度和广度还需加强。淮海经济区作为沿海的经济断裂带，由于主要依靠4省交界的10个成员市的行政推动，缺乏市场合作的依存度，创新活力明显不足，成为区域经济发展的软肋。现阶段淮海经济区旅游业正处在方兴未艾的阶段，从体育旅游产业支撑角度看，淮海经济区地处经济低谷，经济贡献率小，整个区域第三产业比重低于全国平均水平，因此，加快区域内经济发展以及调整产业结构势在必行。

2. 体育旅游基础设施建设及体育旅游资源开发欠缺

囿于行政区划和条块分割，区域内的重要基础设施建设的规模和数量并不占优。针对淮海经济区交通基础设施而言，尽管国内交通区位优势明显，但是城市间高速公路和快速干道仍在建设中，景区间公路连接等级较低，无论国外还是国内客源市场，淮海经济区游客接待份额少。目前淮海经济区只有徐州观音国际机场，并且少量的航班也只是直达韩国、新加坡、中国香港、泰国、日本等地，尚未实现与欧美等发达国家的直航，国际航运薄弱，直接影响体育旅游者的通达性，不利于开拓欧美及亚洲其他国家和地区的体育旅游市场。尽管淮海经济区内的文化旅游资源数量较多，但是由于缺乏统一的整体规划及开发建设，其等级和知名度在国内并不突出，体育旅游产品及服务质量层次不高。以徐州旅游经济圈的汉文化旅游资源为例，尽管两汉文化独具特色，但汉代三绝（汉墓、汉兵马俑、汉画像石）在国内并不是徐州旅游经济圈所独有，在陕西、湖北、湖南等地均有发掘和出土，许多汉文化遗产在规模和等级上远高于淮海旅游经济圈。徐州素来以"兵家必争之地"著称，战争文化无论数量还是规模在国内都是首屈一指，但战争遗迹中保存完整、价值较高的并不多。因此要加大政策、资金及人力投入力度，加强区域协作统筹规划，开发建设高质量的战争文化旅游资源。

3. 体育旅游产业融合驱动乏力

产业融合的基础是资源的有效整合,体育旅游产业融合加速了区域间资源重组,是驱动区域体育旅游资源边界共生的动力源。当前,淮海经济区产业融合存在不足,对区域共生体育旅游资源的市场配置作用有限,难以激发共生体育旅游资源的有效驱动。主要表现为:体育旅游市场资源共享、项目共建等融合发展的力度和深度不足;前期缺乏统一的规划布局,淮海经济区区域内的非合理化竞争使得体育旅游产品融合发展存在同质化倾向;区域内缺乏整体人才统一部署和规划,各地体育旅游人才需求存在重叠与竞争,未能形成区域内的体育旅游人才合作共享与协同配置。

4. 体育旅游公共服务数字一体化建设不足

公共服务一体化资源数字化供给、网络化服务是实现体育旅游公共服务普及、均等、高效的有效途径,但由于地区之间以及体育、文化和旅游部门之间涉及体育旅游的各项公共服务数据在区域内互通、技术上相容等方面存在地区差异和技术壁垒,无法顺畅兼容共享,导致了不同程度上的"信息孤岛"现象。如淮海经济区体育旅游公共服务一体化的"一码通域"尚未实现区域内全覆盖,大众数字身份多场景互通互用尚待进一步优化。此外,淮海经济区体育旅游公共服务建设中存在服务意识差及服务项目重复设置、产品结构不合理、资源利用率低、体育旅游专业人才匮乏、对外宣传力度小等诸多问题。

总之,由于淮海经济区囿于省际"边界效应"的行政区划和条块分割,体育旅游资源及公共服务缺乏统一的整体规划和合作开发,导致体育旅游公共服务建设的后劲不足。因此,在保持成员市政府相对独立和地方特色的同时,从区域整体利益出发,亟须加强合作交流,实施淮海经济区体育旅游公共服务建设一体化互惠共生。

二、淮海经济区体育旅游公共服务协同建设策略

伴随着国家"一带一路"倡议的深入实施和供给侧结构性改革的逐步推进,处于"一带一路"交汇点的淮海经济区体育旅游公共服务建设面临重大机遇。牢固树立和贯彻落实"创新、协调、绿色、开放、共享"的发展理念,强化区域体育旅游公共服务建设的政策导向、经济基础、文化内涵、资源优势及地域特色,充分发挥体育旅游公共服务在区域体育旅游一体化建设中的重要作用。

(一)以供给侧结构性改革推进体育旅游公共服务建设

在经济发展新常态背景下,我国经济社会发展呈现出消费引领、供给驱动的特征。"十四五"时期,我国体育旅游业持续保持强劲的市场发展势头,当前旅游业发展的突出问题主要是供给不足和供给结构不合理。《"十三五"旅游业发展

规划》《"十四五"文化和旅游发展规划》都明确提出,要牢固树立和贯彻落实"创新、协调、绿色、开放、共享"的发展理念,加快推进旅游供给侧结构性改革。推进供给侧结构性改革,是以习近平同志为总书记的党中央深刻把握我国经济发展大局做出的战略部署,是适应和引领经济发展新常态的重大创新。旨在提高供给体系的质量和效率,充分发挥市场在配置资源中的决定性作用,增强供给结构对需求变化的适应性和灵活性。

基于我国供给侧结构性改革发展规划的时代背景,充分考虑淮海经济区经济基础和体育旅游产业发展现状及现实需求,为优化体育旅游公共服务供给结构,促进体育旅游供给侧结构性改革,满足体育旅游爱好者对淮海经济区体育旅游公共服务的需求,不断推动体育旅游产业持续健康发展,对淮海经济区体育旅游公共服务的重新定位、合理规划及精准治理尤为重要。为推动体育旅游供给侧结构性改革,适应淮海经济区经济社会的发展,区域内的体育、旅游、财政、城建、环保等行业和部门应统筹协作,主动适应国内外体育旅游者的需求,优化体育旅游要素配置和服务供给,为体育旅游者提供优质的区域体育旅游发展环境。鼓励淮海经济区在体育旅游建设中不断创新发展理念和发展模式,引导区域内各地充分利用各类体育公园、体育旅游景区、户外运动基地、体育产业园区等,融入和强化体育公共服务元素和功能,打造形式多样的体育旅游公共服务体系。以改革和创新统揽体育旅游公共服务建设工作全局,建立改革创新发展试验区,总结经验、培育典型,在区域内大面积推广实施。

(二)以精品旅游景区为核心优化体育旅游公共服务基础设施

《"十三五"旅游业发展规划》和《"十四五"文化和旅游发展规划》对我国旅游业发展提出了推动精品景区建设、全面提升以 A 级景区为代表的观光旅游产品与服务、着力加强 3A 级以上景区建设、优化 5A 级景区布局的战略部署。这无疑为淮海经济区推进重点景区的体育旅游公共服务建设提供了思路和启迪。按照个性化、品质化需求,实施体育旅游公共服务质量标杆引领计划和服务承诺制度,建立完备的体育旅游公共服务基础设施,推出优质体育旅游服务品牌,不断提高体育游客满意度。

运用 ArcGIS 9.0 空间结构分析中的 Density 工具,对淮海经济区近 400 家 A 级旅游景区进行密度分析,以点状要素标记在已配准好地理坐标的淮海经济区域上(图 7-1)。淮海经济区 A 级旅游景区高密度分布地区主要为沿海、沿淮河以及沿京沪铁路线地区,主要包括连云港、徐州、济宁等主要核心城市,并且在这些旅游景区密度较高的城市中又呈现出核心-边缘结构,从城市中心向周围扩散。城市中心地带是城市政治、经济、文化、体育、旅游、产业等发展的重点区域,因其具有经济水平高、交通条件好、旅游服务设施完善等优势,因此,在城市核心区及周边分布的旅游景区及景点较为密集。整体而言,淮海经济区 A 级旅游景区空间分布东部地区相对比较集中①。

体育旅游业发展需要以交通便利及可达性为支撑,交通条件对体育旅游景区的发展至关重要,快速便捷的旅游交通能够大大节省体育旅游者出行路途中占用的时间,交通条件越发达的地区越有利于发展体育旅游业。从图 7-1 中可以发现,A 级景区多分布在京沪铁路、淮河、陇海铁路沿线地区。今后应利用好交通优势,充分挖掘旅游资源,推动旅游业发展。以淮海经济区内 A 级景区中的世界级景区、国家级景区为依托,以省级景区为增长极,以市级景区为协调极,以区域内核心成员城市间高速公路、快速干道和旅游线路为骨架,调整旅游产品结构和产品创新。加快机场、港口、高速铁路、高速公路、城市轨道等城市通道和基础设施、旅游服务设施的配套与衔接,加速建设旅游廊道和门户节点,形成区域统一、高效、便捷的交通网络和服务网络,实现区域精品旅游的联动接轨。

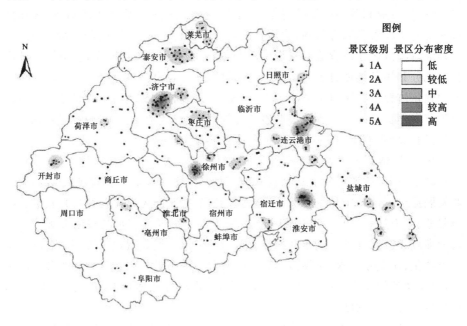

图 7-1　淮海经济区 A 级旅游景区空间分布密度图

着力塑造特色鲜明的区域体育旅游目的地形象,打造主题突出、传播广泛、社会认可度高的体育旅游目的地形象,建立多层次、全产业链的品牌体系,提升

---

　　① 周慧慧,史春云,仇方道,等.淮海经济区 A 级旅游景区的空间结构研究[J].江苏师范大学学报(自然科学版),2015,33(2):22-26.

区域内各类体育旅游品牌影响力。以品味特色文化、观光旅游、度假休闲、康体养生、体育观赏、生态旅游等为重点,处理好观光与度假休闲、专项旅游产品的合理配置,形成特色化休闲旅游产品形式和完善体育旅游公共服务体系。

（三）以区域成员市合作为基础培育多元主体协同推进

政府是宏观政策的制定者和资源调配的供给者,让市场在整合资源中起决定性作用,通过竞争促进产业升级,推动资源优化配置[①]。首先,在淮海经济区成员市政府,特别是核心成员市政府层面,在体育旅游公共服务建设中要求做到思路清晰、职责明确,突出引领作用,更多地承担体育旅游政策供给、服务保障、监督管理等职能。其次,加强政府各相关部门的协同配合。体育旅游公共服务建设是一个复杂的系统工程,涉及体育、旅游、土地、文化、宣传、财政等多个部门,通过政府管理部门之间建立工作联席制度,加强统筹协调配合。再次,创新政策制度供给。区域内的核心成员市在充分发挥好政府主导作用的基础上,还要制定长期的体育旅游公共服务发展政策。在体育旅游公共服务建设中,创新制度供给是发挥政府作用的重要举措,特别是在项目审批、土地征用、财政资金、基础设施、安全保障、人才培训、旅游宣传等方面出台相关政策,切实做好服务工作,提高政策供给侧的质量和效率。政府坚持政策引导和服务保障,坚持产业和民生导向,在规划编制、建设指导、平台搭建等方面发挥积极作用。

在市场经济条件下,建设淮海经济区体育旅游公共服务要遵循市场决定资源配置规律,坚持以市场为主导,让企业成为建设主体,引导社会力量积极参与,形成多元主体协同推进建设。鼓励各类市场主体通过资源整合、改革重组、收购兼并、线上线下融合等投资体育旅游业,促进体育旅游投资主体多元化。首先,引入市场竞争机制。在体育旅游公共服务建设中引入市场竞争机制,就是要运用财政、金融、税收等经济杠杆,实行优胜劣汰,优化产业结构和资源配置,促进体育旅游特色产业转型升级。其次,培育多元化市场供给。政府通过制定相关优惠政策及措施培育和吸引有竞争力的体育旅游骨干企业和大型体育旅游集团参与体育旅游公共服务建设,将公众消费需求与市场供给形成对接,强调市场在资源配置中的决定性作用,激发市场活力,聚集优势产业,促进规模化、品牌化、网络化经营,扩大体育旅游公共服务有效供给。落实中小体育旅游企业扶持政策,引导其向专业、精品、特色、创新方向发展,形成以体育旅游骨干企业为龙头、大中小体育旅游企业同步参与的供给格局。坚持以供给侧结构性改革为主线,充分发挥市场机制的作用,突出企业主体,从供给侧和需求侧两端发力,采取政

① 陈宇峰,黄冠.以特色小镇布局供给侧结构性改革的浙江实践[J].中共浙江省委党校学报,2016,32(5):28-32.

企联合、区域联合的投资及经营方式,调动社会力量的积极性和创造性,鼓励采取多元化供给模式推进淮海经济区体育旅游公共服务建设。

总之,实施区域体育旅游协调发展战略,是贯彻新发展理念、建设现代化经济体系的重要组成部分。淮海经济区体育旅游公共服务一体化聚焦人们美好生活需要,着眼业态高质量发展,是区域协调发展的题中之义。体育旅游业作为新型融合产业,在一体化进程中不仅面临产业融合不足带来的挑战,而且面临区域体育旅游公共服务协同发展等诸多困境。在扎实推进淮海经济区一体化发展背景下,亟需体系化、长效化、制度化的体制支撑和保障区域体育旅游公共服务一体化融合,以此助力淮海经济区体育旅游高质量发展。

第八章　体育旅游小镇建设
规划与公共服务实践

第一节　基于体旅融合的体育旅游小镇建设规划

体育旅游小镇以区域性空间再造和根植于体育旅游产业的城镇化新模式成为各地政府竞相开发的热点。我国体育旅游小镇在初级探索阶段彰显出概念内涵不清、地域空间不明、产业定位不准、地方债务风险加剧、变相投资异化严重、创业创新人才缺失等苗头性问题。基于 2019 年 3 月国家体育总局印发的《运动休闲特色小镇试点项目建设工作指南》的解读，对体育旅游小镇建设规划进行甄别和反思，由此提出体育旅游小镇建设的修正之道：遵循"选择、规划、培育、融合、品牌"的基本发展逻辑，立足于以文化促产业、以产业兴城镇、以城镇聚人才，秉承"匠人营国"的精神，保持战略耐心和定力，重视"预见"与"主张"，科学有序地推进体育旅游小镇"产城人文"融合发展。

一、研究缘由

改革开放 40 多年来，我国政治、经济、文化以及社会环境等层面都发生了惊天巨变，在"大众创业、万众创新"的时代背景下，体育旅游小镇也应运而生。随着人们从实物型消费向观赏型、参与型消费的转变，加之国家及地方自上而下密集出台的一系列法规政策的大力推进，在政策利好、全民健身与休闲需求日益增长的大好形势下，全国各地掀起了一股轰轰烈烈的建设体育旅游小镇的热潮。

我国最早的体育旅游小镇的雏形可以追溯到 2007 年在云南昆明建立的奥林匹克体育小镇。2015 年 6 月，在中国智慧体育产业联盟成立大会上计划将浙江富阳打造成智慧体育小镇，从此，吹响了建设体育旅游小镇的号角。得益于浙江体育小镇的成功实践，2016 年 9 月，江苏省体育局正式提出了建设"体育健康特色小镇"。自从浙江提出特色小镇建设规划以来,仅在 2016 年我国投入建设的体育旅游小镇已经超过 100 多个;从 2017 年 5 月 9 日体育总局办公厅印发《关于推动运动休闲特色小镇建设工作的通知》,正式从国家层面启动体育旅游小镇建设工作,到 2017 年 8 月 10 日国家体育总局正式公布全国第一批 96 个运动休闲特色小镇的试点名单,也不过短短 3 个月的时间。反观其推进速度不可谓不快,像足球小镇、马拉松小镇、武术小镇等在全国落地生根,呈现出数量多、规模大、投资高的基本特征。依托体育旅游小镇的建设和培育,探索推进小城镇发展的大胆尝试,建设产、城、人、文融合发展的现代化开放型小镇,是我国"自上而下"的顶层设计与"自下而上"的基层探索相结合、推进新型城镇化与实行体育产业跨界融合的有效路径。在体育旅游小镇探索中,浙江、江苏等省份走在了全国的前列。京津冀地区也借力举办 2022 年冬季奥运会的契机,着力打造冰雪旅游特色小镇集群,构建冬季体育旅游之都。体育旅游小镇以区域性再造和根植于体育产业的城镇化新模式成为各地政府竞相开发的热点。我国居民日益增长的体育运动需求与旅游需求成为体育旅游小镇发展的基础,体育旅游小镇的休闲功能化也会进一步催生体育旅游的热潮,推动我国旅游市场向深度休闲游转型。

西方发达国家在体育旅游小镇建设方面起步较早,主要依托于自身独特的自然资源,围绕小镇历史传统和核心优势确立发展模式,并经过上百年的培育与建设,积累了丰富的经验,形成了一批闻名全球的体育旅游小镇特色品牌,如英国的温布尔登网球小镇、法国的沙木尼登山户外运动小镇、新西兰的户外运动圣地皇后镇、瑞士的达沃斯冰雪运动小镇等。与国外世界知名体育旅游小镇相比,我国体育旅游小镇是伴随新型城镇化建设和特色小镇培育的新生事物,其探索试点的初级阶段在发展路径选择、规划内容设计、政策方案制定等方面还存在诸多亟待解决的理论与实践问题。

2019 年 3 月,为指导和推进国家级运动休闲特色小镇试点项目规范、健康、高质量发展,针对整体进展、存在问题和实际需求,国家体育总局办公厅印发了《运动休闲特色小镇试点项目建设工作指南》的通知。面对我国体育旅游小镇建设的热潮,为了更好地贯彻落实工作指南精神,基于文件解读与实地调研,阐明了对我国体育旅游小镇建设中出现的一些苗头性问题的警觉与忧虑,并对体育旅游小镇建设长期规划进行反思,由此提出体育旅游小镇建设的修正之道。

二、体育旅游小镇建设问题倾向

由于我国体育旅游小镇尚处于创建的初级探索阶段,它们在各自的创新创业中不可避免地存在定位不清、模式混乱、急于求成、同质化建设等一系列问题,有些地方的建设甚至存在政府债务风险加剧和地产化严重的倾向,这些都违背了体育旅游小镇建设的初衷,将不同程度地阻碍和影响我国旅游小镇的未来走向及发展前景。因此,在体育旅游小镇轰轰烈烈的建设热潮中,我们在拥有激情、自信和期盼的同时,需要保持一种冷静与矜持,存有一份警觉与远虑。

（一）概念不清,空间不明,定位不准

1. 概念内涵不清

国内对于体育旅游小镇概念的界定与辨析研究并不多。体育旅游小镇作为特色小镇的一种形式,由于针对的体育主题和产业特色不同,在名称使用和内涵建设方面可谓形色各异。"体育旅游小镇"的称谓在政府部门下发的政策文件中也没有正式的官方界定,包括2016年7月三部委联合发布的《关于开展特色小镇培育工作的通知》,有关部门在列举小镇类型时更多地提到了健康休闲特色小镇。2016年,江苏省体育局印发《关于开展体育健康特色小镇建设工作的通知》,首次使用"体育健康特色小镇"这一新概念。此后,2017年5月,国家体育总局办公厅印发《关于推动运动休闲特色小镇建设工作的通知》,这是国家层面首次明确提出"运动休闲特色小镇"这一新概念,简称"体育小镇",自此,我国体育小镇建设热潮方兴未艾。同年,国家体育总局公布首批试点建设的96个运动休闲特色小镇名单。但无论使用哪种名称,我们暂且把其作为特色小镇的分支隶属于与体育运动或休闲健康相关的小镇的范畴。笔者认为,现在政府主管部门并没有使用"体育旅游小镇"来思考相关问题,运动休闲或体育健康特色小镇的提法并非恰如其分。第一,"运动休闲"或"体育健康"本身就是特色,无须再加"特色";第二,从目前体育小镇的规划建设来看,"运动休闲特色""体育健康特色"只是体育功能的一个方面,其特色并非仅仅局限于与体育息息相关的"运动休闲""体育健康",根本涵盖不了体育的内涵和外延。

本研究侧重于满足公众打卡出行游玩、健身休闲娱乐的考量,从体育小镇的知名度、影响力、吸引力、品牌效应以及体育旅游产业发展的角度更加倾向于"体育旅游小镇"的提法。其一,在词义内涵上,体育旅游较运动休闲、体育健康的内涵更为丰富,意义更为深远,也更加契合新时代人们体育健身生活方式的新需求、新变化、新动向;其二,从产业发展的角度,体育小镇就是体育与旅游产业及其他相关产业发展的综合体,是具有一定社区功能的体育旅游产业集聚区,更能体现小镇中体育与旅游业的完美融合。因此,体育旅游小镇可以理解为具有明确的产业定位与文化内涵,生产、生活、生态等功能叠加融合,呈现体育旅游产业特色化、功能集成化、环境生态化、机制灵活化,具有明确空间边界的体育旅游功能载体平台。体育旅游小镇结合当地的自然风光、人文历史等元素,通常集中了一系列的体育活动设施,如高尔夫球场、滑雪场、登山及水上项目运动中心等。

小镇区域内还配备各种旅游设施,如酒店、餐厅、商店等,为前来目的地参与体育运动及休闲娱乐的人们提供全方位的便捷服务。

2. 地域空间不明

在城镇体系规划中,有些地方对于行政建制镇、小城镇、特色小镇、体育特色小镇等易于混淆的概念区别尚未搞清,也没有很好地把握体育旅游小镇的面积小而全、比较优势明显、生产生活生态融合等特点,致使对体育旅游小镇概念内涵和空间范畴把握不准,存在认识盲区。2017年12月,国家发展改革委等4部门发布的《关于规范推进特色小镇和特色小城镇建设的若干意见》中指出"特色小镇是在几平方公里土地上集聚特色产业、生产生活生态空间相融合、不同于行政建制镇和产业园区的创新创业平台",进一步理清了特色小镇的内涵和功能。作为特色小镇的分支,从字面上理解"体育旅游小镇"就是"小镇"的空间规模不能太大。国家体育总局前副局长赵勇在全国运动休闲特色小镇建设工作培训会上强调了运动休闲特色小镇非建制镇,比建制镇还小,是一个生态环境良好,生产、生活、配套服务设施相对齐全的新兴社区。但是,在2017年获批的96个运动休闲特色小镇中,直接以行政建制镇为申请单位的项目只有22个,占总数的22.9%;江苏体育健康特色小镇建设主体特别强调了原则上以建制镇为主。笔者认为,只要小镇本身拥有体育旅游特色资源禀赋并具备培育潜质,没有必要把其空间区域扩大到建制镇,甚至更大的地理空间范围。科学推进体育旅游小镇建设布局,走小而特、小而精、小而专的发展之路。

为了规避体育旅游小镇出现的盲目发展、贪大求全和过度投资等现象,2019年3月,国家体育总局办公厅及时出台了《运动休闲特色小镇试点项目建设工作指南》,特别强调了正确理解运动休闲特色小镇的概念内涵,不能盲目把体育场馆、体育基地、旅游景区、美丽乡村以及行政建制镇戴上运动休闲特色小镇"帽子"。同时,提出了构建"两区格局"的合理布局,运动休闲特色小镇试点项目可规划核心区,范围约3~4平方公里;核心区周边可以规划拓展区域。

3. 产业定位不准

体育旅游小镇并未基于自身既有资源和特色建立。据统计,全国近60%的运动休闲特色小镇是依靠传统产业升级而成的,其中以旅游、文化、休闲等为主体产业的运动休闲特色小镇占总数的45%,依靠高端制造业、健康产业等新兴产业为主体的运动休闲特色小镇仅占30%[①]。当前,在一些体育旅游小镇的建设过程中,个别地方政府采取盲目效仿的做法,跟风套用浙江等经济发达地区的

---

① 张泽君,张建华,张健.我国运动休闲特色小镇发展"热"背后的冷思考[J].体育文化导刊,2019(1):77-82.

模式,不顾自身资源及经济实力等客观条件限制,提出大而全、广而空的体育小镇建设口号,使得这些小镇实际运营中定位模糊,缺乏特色产业。造成这种现象的原因一是"贪功冒进",即地方政府出于政绩或眼前利益的考虑,没有经过详细论证就仓促上马,战略失误造成了项目落地后难以生根的困难;二是项目选择偏差,体育旅游小镇的发展要基于当地特色资源、特色产业,或者体育小镇开发主体能够带来产业价值较高、带动效应较大的品牌资源考量。但是,当前相当规模的小镇空有名头而无实质资源支撑,且知名企业资本亦不愿意介入开发,进而导致体育旅游小镇发展缺乏内源驱动力,产城融合成为空谈,商业模式难以为继,甚至重现前期大规模开发建设造成的"空城""鬼城"现象。

以中国首个国际慢城小镇为例,江苏南京高淳区桠溪慢城小镇是江苏省首批命名的 8 个体育健康特色小镇之一,也是当地政府着力打造的一处重大产业项目。桠溪国际慢城位于高淳区东北部,处于游子山国家森林公园东麓,是一处整合了丘陵生态资源而形成的慢生活休闲度假目的地。慢城小镇自 2012 年 10 月开工建设,2016 年下半年完工,建设耗资 3 亿多元,建筑面积约 10 万平方米,共有建筑约 50 栋。慢城小镇主要包括精品商业、青年旅社、餐馆、健身中心、艺术工作室等功能区,是一个融合购物、旅游、居住和工作的综合体项目。这个耗费巨资打造的慢城小镇几乎是一座空城,大量建筑都在闲置。究其原因,主管单位的领导宣称他们对小镇的招商定位只能做高端的、要能给慢城灵魂的、符合整个慢城品位档次的。江苏省企业管理咨询协会会长成志明认为,慢城小镇长时间一直闲置,已经说明在自身定位上有问题。打着"国际慢城"的旗号,以曾经的"上海方案"为例打算把小镇打造成一个高大上的商业综合体,这本身就和慢城强调的慢生活的内涵背道而驰。如果客户想要到高大上的商业综合体去消费,也不会选择偏远的城乡郊区。小镇的客户是谁?客户想得到什么样的价值满足?这种价值满足是否与小镇提供的人文、自然等资源匹配?这些都是思考这一定位问题的逻辑主线。

基于上述分析,我们反对将体育旅游小镇建设搁置于"高端制造业、创意产业、领军人才"等高大上的海市蜃楼式的定位中。因此,在体育旅游小镇的建设过程中要倡导培育务实的特色体育旅游产业。从镇域实情出发,立足于区位特征进行体育产业定位,选择适合自身主导优势和比较优势的体育旅游特色产业进行打造方为上策。

(二)资金需求大,债务风险高

体育旅游小镇的开发建设需要雄厚的资金保障和支撑。然而,我国体育旅游小镇在开发模式及资金筹措等方面存在现实困境。一是体育旅游小镇建设仍受传统城镇化建设融资模式的影响,以政府出资或垫资为主,通过金融渠道吸引社会资本较为薄弱,当前 PPP 项目签约率达不到预期,社会资本到位率不够理想;二是体育旅游小镇投融资平台不完善,缺乏具体的信贷扶持、价格调整、税收优惠等金融政策,缺乏对社会投资主体的引入;三是体育旅游建设资金需求量较大,并且亟需资金筹措快速高效,加之投资初期回报率低,进一步加剧了融资难度,从而也减缓了体育旅游小镇相关工程建设进度。在体育旅游小镇建设的市场投资中,专业性投资机构少,对于体育旅游小镇的功能与特色了解比较肤浅,况且投资项目之间缺乏相互支撑,未能形成良性回环,从而导致体育旅游小镇建设的投资存在很大的不确定性[①]。

我国很多区域地方政府财力明显较弱,却又急不可待地在这波热潮中占有一席之地,于是采用平台公司举债的模式筹集开发资金,造成了地方政府债务的持续加重;部分采用政府和社会资本合作模式或者企业主导模式开发的特色小镇项目并不是完全市场化运作,政府要为企业的投资以分期付款的方式进行兜底,这种模式实质上也变相增加了地方政府债务。许多小镇的财政收入远远低于政府及企业投入体育小镇开发的资金,必然存在举债建设的可能,以及因对存量债务和新增债务缺乏统筹、对偿债资金来源缺乏考虑而滋生出脱离本地财政实力及投资企业的承受能力大搞体育旅游小镇建设的现象,由此会极大地增加地方财政赤字和企业举债投资的风险[②]。这完全背离了国家体育总局工作指南中的"严防政府债务风险"的刚性约束。

对于体育小镇的开发,国家体育总局原副局长赵勇提出,要保证首批命名的 96 个运动休闲特色小镇在 3 年内基本建成,单体投资达到人民币 20 亿元以上,其中体育产业方面的投资达到 50% 左右。由此来看,首批 96 个体育小镇仅仅基础总投资额就要高达 2 000 亿元。以莱茵体育投资建设体育小镇为例,自 2017 年以来,莱茵体育在体育领域的重要投入为布局体育小镇,先后签署了桐庐国际足球小镇、萧山律动浦阳小镇、成都葛仙山运动休闲小镇三大特色小镇项目和黄山国际户外运动基地。2017 年上半年,莱茵体育在该业务已经投入超过 200 亿元,就打造桐庐国际足球小镇一项就斥资 30 亿元,为杭州亚运会足球项目的承办权提前布局。高额的投资背后留给莱茵体育的却是业务难以支撑巨大的资金缺口。莱茵体育多次通过抛售地产业务获取资金,以加大体育行业的投资。从长远来看,莱茵体育投资的体育小镇建设完成后能否达到预期收益尚不得而知。

① 司亮,王薇.我国体育小镇空间生产的理论框架及实践路径[J].沈阳体育学院学报,2017,36(5):53-58.

② 张杰.特色小镇发展的警惕与规划反思[J].规划师,2018,34(11):121-125.

（三）顶层设计不足，异化现象严重

体育旅游小镇建设必须以全面科学的规划为基础，参与主体应通盘筹划发展的全局性、综合性、战略性和前瞻性。然而我国体育旅游小镇大都出于行政绩效和经济增长考虑，没有经过详细论证，片面追求建设速度，缺乏"产城人文"四位一体的顶层设计及合理规划，导致体育旅游小镇建设异化为动机不纯的各种综合开发项目，造成整体运作管理混乱。总结此种现象背后的原因，一是政策红利的盲目争取。在摊大饼式的产城开发项目逐渐暴露弊端后，体育旅游小镇成了新型城镇化背景下政府鼓励发展的新模式，对于体育旅游小镇项目具有土地、财税、金融、审批等多方面的优惠，于是地方政府以体育小镇的名义立项建设产业园区、体育基地、旅游景区等。二是以体育小镇建设为由头的地产开发。在国家不断出台房地产市场调控政策的背景下，众多房地产企业在融资难、拿地难等困境下纷纷进行战略升级或转型，建设特色小镇为房地产企业提供了转型的契机①。近年来，随着宏观调控吃紧、土地成本上升、行业竞争加剧、利润趋于微薄，房企纷纷加码体育产业谋变，试图通过体育产业给房企带来的品牌效应，借机以体育旅游小镇开发建设为由头变相投资，大力包装和规模开发房地产项目，结果却未能发掘出体育小镇在健身休闲、文化旅游、产业升级等方面的价值，这与政府推行的供给侧结构性改革背道而驰。依靠房地产开发的思维模式来换取资金反哺体育产业的运营是不切实际的。这也违背了国家体育总局工作指南中提出的"严控房地产化倾向、严格节约集约用地、严守生态保护红线"的限定要求。

目前来看，特色小镇的参与主体主要有地方政府、上市公司、产业经营公司，以及涉及风投、创投、产业基金的投资类公司等。周鲁耀等认为，虽然在中央政策上符合了多元化主体参与，但是由于涉及主体利益较多，往往建设中容易在投资意向和项目规划上出现矛盾，甚至直接导致体育旅游小镇建设陷入停滞和"烂尾楼"现象②。在多方主体参与体育小镇建设的利益攸关中，地方政府要寻求政绩，投资人力求把项目作为新的经济增长点，地产商可能借机转型，项目运营方希望通过盈利获得收益等。首先，在体育旅游小镇前期规划、资格审批、资本引入等方面，政府职能部门应加强政策引导，做好顶层设计；其次，在体育旅游小镇建设及管理过程中，政府职能部门应充分面向市场，真正将自己放在供给侧本源

① 段永辉,陈旭斌.房地产企业布局特色小镇的宏观环境分析及建议[J].建筑经济, 2019,40(3):76-79.

② 周鲁耀,周功满.从开发区到特色小镇:区域开发模式的新变化[J].城市发展研究, 2017(1):51-55.

的位置,结合实际完善各项配套政策和管理制度,构建适应市场需求的资源调配机制①。

体育旅游小镇的建设需要政府科学的规划设计、企业高涨的投资热情、经营者出色的运营能力。只有充分发挥多元合作主体的积极性、主动性及创造性,通过利益相关共同体共生发展,构筑体育旅游小镇良性运营的产业链,才是实现体育旅游小镇长足发展的内源驱动力,才能把体育旅游小镇打造成一个承载人们美好生活的地方。

(四)创业创新人才缺失

科学高效的运作管理及经营方式是保障体育旅游小镇持续健康发展的命脉。体育旅游小镇建设的核心是推进体育产业转型升级,而转型升级的基础是技术创新,技术创新的关键是人才,尤其是具有整体策划、整合资源、精通融资、统筹协调等创新创业能力的精英人才,是体育旅游小镇建设必备的软件条件,也是确保体育旅游小镇招商引资获取成功的基础条件。让专业的人才干专业的事情,方能大大提升小镇建设的工作能力和工作成效。

当前,创新创业人才匮乏已成为制约我国体育旅游小镇快速、高效发展的瓶颈,主要体现为管理与运行模式创新层面的动力不足。我国体育旅游小镇建设起步晚,且相关配套体制不完善,致使其建设初期对发展规划、运营管理、法律保障、资本运营、文化创意等领域复合型人才的需求量与供应量出现明显反差。具体表现为体育人才区域分布失衡,专业化运营与管理人才数量不足,商业化运营管理人才缺乏相关体育旅游专业知识储备,不能有效把握和预测体育产业市场发展规律。体育产业实行跨界融合已是共识,我国目前还没有专门培养运营体育旅游小镇相关的综合性体育产业人才的机构。各地参与规划设计体育小镇的决策者、管理者大多缺少专业背景,对小镇的历史传统缺乏了解,甚至缺少人文情怀②。体育事业长期在体制内封闭运行,和其他经济产业部门少有深层次交流与合作,导致体育体制内人士不懂其他相关产业,其他产业人士不懂体育,造成体育产业跨界复合型人才缺乏。以江苏省为例,目前只有个别单位成立了体育旅游小镇运营管理有限公司,其负责人也是管委会综合办公室的负责人兼任的,并非专职管理人员。

经济结构的合理性和社会文化环境的包容性决定了体育旅游小镇能否引进

---

① 林凤蕾.浙江省体育产业融合发展路径研究:以体育特色小镇为例[J].浙江体育科学,2018,40(3):29-32.

② 李寅峰,马惠娣."特色小镇"建设热中的冷思考:"特色小镇"建设中的文化汲取与传承[J].治理研究,2018(3):113-121.

外来人才。首先,一些地方因在评价、激励、晋升等方面的人才政策缺位,导致体育旅游小镇内的创新创业人才缺失;其次,一些体育旅游小镇之所以存在创业人才难请、创新人才难留,还要归因于所处地区的公共服务资源匮乏,小镇建设规划不具备一定的社区居住功能,无法满足日常生活中的物质文化消费需求,不具备选才的条件与资本,不具有吸引和留住人才的能力①。尤其是一些山高谷深、交通闭塞、方言难懂、文化落后的地区,不仅外面的人难以招揽进来,就连本地的人才也是外流严重,这也更进一步加剧了人才流失的恶性循环,违背了安居才是乐业之道。

三、体育旅游小镇建设规划布局

基于体育旅游小镇建设初期存在的缺憾与弊端,如何立足于当地资源禀赋、传承体育旅游小镇地域文化、营造空间形态、塑造特色体育文化和特色体育产业品牌值得我们反思②。遵循新时代我国新型城镇化发展规律,立足特色小镇建设的初衷,做好体育旅游小镇发展的顶层设计,坚持以文化促产业、以产业兴城镇、以城镇聚人才,循序渐进地推进体育旅游小镇"产城人文"融合发展。

(一)遵循客观规律,保持战略耐心

一个成熟的、享誉世界的体育旅游小镇的发展成熟绝非一朝一夕的事情,而应是百年大计,久久为功。体育旅游小镇建设是中国新时代转变经济发展方式、实现供给侧结构性改革以及乡村振兴战略的重要举措和组成部分。因此,坚守生态底线、优化制度环境、集聚产业要素、强化发展后劲,促进体育旅游小镇健康可持续发展尤为重要③。

体育旅游小镇作为新兴的城镇规划类型,其编制过程肇始于城市规划强调的统筹与空间安排的思维范式,同时,自上而下的一系列红利政策及外部市场的种种诱惑,促使体育旅游小镇未来发展取向的偏离,呈现绝对的理想主义,甚至带有小镇管理者、规划设计者的乌托邦色彩。因此,在编制体育旅游小镇规划时需要重视"预见"与"主张",强调社会价值取向和居民意愿。"预见"即根植于体育旅游小镇客观发展规律的把握与宏观判断,"主张"即涉及小镇居民及其社会

---

① 王竞一.新时代特色小镇创新创业存在的问题及对策研究[J].当代经济管理,2019,41(8):64-68.

② 叶小瑜,谢建华,董敏.国外运动休闲特色小镇的建设经验及其对我国的启示[J].南京体育学院学报(社会科学版),2017,31(8):64-68.

③ 倪震,刘连发.乡村振兴与地域空间重构:运动休闲特色小镇建设的经验与未来[J].体育与科学,2018,39(5):56-62.

发展的价值取向。体育旅游小镇的资源开发、经济增长及产业发展必须服从小镇的自身发展逻辑和客观发展规律,服务于提升当地居民的生活品位、满足人们对美好生活的向往。它不应成为政府追求政绩的工具,更不应该单单奢望把体育旅游小镇建设作为刺激经济增长的手段,以致出现脱离实际的模仿照搬和粗制滥造,"千镇一面"的同质化尴尬难求解蔽①。

推进体育旅游小镇建设是全生命周期的持续积累过程,需要时间。任何一蹴而就的特色,都不能称为特色,特别是体育旅游小镇的文化和精神内涵特色绝非短时期内可以塑造而成,因此必须保持长久耐心和定力②。因此,体育旅游小镇建设要充分考虑我国不同区域内的资源禀赋和体育产业基础,立足于当地居民的实际需求和社会价值取向,按照"生产、生活、生态"融合理念,切实做到因地制宜,突出特色,合理规划,有序推进,逐步纳入精准化治理,让体育旅游小镇真正成为体育产业跨界融合的新模式。

（二）合理布局空间规划

体育旅游小镇的成功源于科学合理的战略分析、规划设计和精准定位。布局选址要考虑区域是否拥有传统文化底蕴、稳定的群众基础、优越的地理区位以及便捷的交通条件,同时兼顾生态条件、城市辐射、产业集聚等环境因素,进而在符合政府相关政策和规划的要求下,细致做好功能分区、生活配套、生态空间等设计,既要满足产业发展的要求,更要符合宜居的功能③。

2019年3月,国家体育总局办公厅印发的《运动休闲特色小镇试点项目建设工作指南》中注重强调"三边一线"的布局结构:运动休闲特色小镇的选址应以临近城镇周边、景区周边、高铁站周边以及交通轴沿线为宜,相对独立于城市和乡镇建成区的中心,便于满足家庭出行健身、休闲以及自驾游的需求。体育小镇最终是要把人吸引过来,特别是创业创新型高端人才的聚集,首要满足的就是便捷的交通和宜居的环境。因此,体育旅游小镇的选址布局应充分考虑可达性,考虑国内及区域内纵横交错的交通网络、经济发展状况以及城市群落分布等。尤其是在我国体育旅游小镇建设规划初期的具体选址,首先要关注自然环境优越的城市近郊区,甚至直接选址在景区内或周边,这里拥有相对理想的人文生活环

---

① 王松,张凤彪,崔佳琦.传统体育文化融入运动休闲特色小镇建设研究[J].体育文化导刊,2018(5):79-83.

② 胡昌领.体育特色小镇的功能定位、建设理念与精准治理研究[J].体育与科学,2018,39(3):69-74.

③ 段永辉,陈旭斌.房地产企业布局特色小镇的宏观环境分析及建议[J].建筑经济,2019,40(3):76-79.

境和公共服务配套设施。近郊是城市短途旅游和日常休闲的集中游憩带,也是城市人口、产业溢出的承接带,能够最大限度地为城市的产业和人口转移创造条件,进而有利于推进农业人口的就地城镇化,为城市传统产业的转型升级提供发展新空间,促进区域经济整合和城乡基本公共服务均等化。产业集聚作为一种产业演化中的地缘现象,不仅能够提升区域内的城镇化水平,而且还能推动其周边地区城镇化的发展,具有空间溢出效应,从而更好地实现生产、生活、生态融合发展。我国东部沿海地区具有特殊的区位优势、便利的交通条件、繁荣的乡镇企业,在产业基础、科技要素、人才集聚等方面具有诸多优势特征,发展体育旅游小镇具有一定的优势条件。如果不考虑体育旅游小镇的交通位置、区域内经济发展和小城镇的实际条件,大规模盲目推进体育旅游小镇建设,不但不能形成特色,反而会造成千篇一律,导致恶性竞争,进而浪费大量的社会资源[①]。

体育旅游小镇规划布局是一个综合的决策过程,是一个运用多种制度、政策与技术手段,通过复杂的多元博弈与行政程序,实现多元目标的社会发展过程,也是综合解决体育旅游小镇产业发展、社会发展、环境发展等诸多层面利益冲突的决策过程。

(三)科学把控体育旅游主导产业

目前我国体育旅游小镇产业发展定位呈现出"同质化"迹象,违背了国家体育总局提出的"因地制宜"的发展方针。体育旅游主导产业的选择事关体育旅游小镇发展的长久与兴衰。因此,首先,在体育旅游小镇前期总体规划阶段就要注重核心运动项目引领,选择基础条件好、发展空间大的运动项目作为特色发展方向,做精、做细、做强龙头运动项目,避免产业定位过于宽泛。需要注意的是,体育项目本身不是产业,从产业视角来看,每一种运动项目都只是元素,是打造产业产品的原材料,不是产品本身,我们要以这个项目为原料加工成体育旅游产品和体育产业链。其次,甄选特色发展方向后,就要引入科学的体育旅游产业评估机制,借助社会第三方力量进行客观分析和理性研判,比较相关产业的适宜度和发展潜力,精准定位具有比较优势的体育旅游特色产业,锁定具有拓展潜力的高附加值产业链环节,为体育旅游产业选择的科学决断提供依据。最后,制订切实可行的顶层设计方案,凝心聚力发展核心体育旅游产业,选取稀缺性的优质资源打造优质的体育旅游产品与服务[②]。

相比自然生长起来的国外知名体育小镇,我国体育旅游小镇则是新型城镇

---

① 韦福雷.特色小镇发展热潮中的冷思考[J].开放导报,2016(6):20-23.
② 王依,牛海鹏.特色小镇的发展进程及发展建议[J].中国环境管理,2018,10(5):75-78.

化背景下催生的时代"宠儿"①。体育产业基础和体育产品开发明显处于短板，资源规划和运营模式等诸多方面还需要进一步探索。体育旅游小镇的产业建设必须围绕"品牌效应"下功夫，融入民族特色和地域文化的符号信息；结合市场需求，打造功能聚集的体育产业平台；小镇的体育旅游产业运营应实现"人无我有、人有我优"的优化模式；体育旅游小镇的产业管理还需要充分吸纳优秀的管理人才。只有这样，体育旅游小镇才会创造出以体育旅游特色产业为核心的企业品牌，从众多体育旅游小镇中脱颖而出，真正实现产业兴镇。

（四）发挥特色体育旅游文化品牌效应

体育旅游小镇的"特色"并不仅仅局限于体育产业上，体育旅游小镇真正的特色应由当地人们的风情、风俗、风貌等传统文化经过时间的洗礼自然融合而成的独具魅力的小镇生活形态。特色产业是支撑特色小镇存续的根基，特色文化是保持特色小镇活力的魂魄，也是旅游小镇独特的地域名片，体现了小镇的稀缺性和独特性。只有人们的心智空间在浓厚的体育氛围中感受到独特的地方文化底蕴，才会对体育旅游小镇产生流连忘返的情感。发掘体育旅游小镇所释放的文化元素、精神元素，实现文化传承与再造是体育旅游小镇建设的灵魂。有效地开发和利用文化资源，可以充分展现小镇的独特风姿，既有利于体育产业文化品牌的塑造，也有利于为人们提供高品质的精神体验和享受。

在体育旅游小镇的建设中，需要充分发挥文化的传承与传播作用，使体育旅游小镇的文化功能在品牌效应中发挥得淋漓尽致。深入挖掘传统文化资源，将文化优势转化为社会经济发展的优势。以民俗民间体育文化资源为依托，打好运动休闲牌；以丰富的历史文化资源为切入点，打好文化旅游牌。坚持小镇文化底蕴积淀聚合，把强化文化特色、传承历史文脉、彰显文化魅力贯穿体育旅游小镇建设始终，同时融入现代体育文化的时尚元素和流行思潮。独特的地域文化、生活方式与社会演变都决定了体育旅游小镇建设必须整合历史传承与现实创新的关系，促进传统文化与休闲文化融合成为小镇的特色之举。体育传统和体育文化是体育小镇的历史文脉和体育灵魂；现代体育文化中的时尚特点与文化再造也是体育小镇开发的重要吸引物，最终导向镇域特色文化内涵的升华。体育旅游小镇文化之魂的缔造应立足于小镇自身，立足于小镇的岁月积淀，并非过于关注外来强行介入因子的考量。

---

① 刘灏,张宏杰.新型城镇化视域下运动休闲特色小镇建设机制及路径研究[J].南京体育学院学报(社会科学版),2017,31(4):14-17.

四、体育旅游小镇建设再思考

总而言之,相较于西方发达国家,我国的体育旅游小镇建设才刚刚起步。源远流长的民族文化、幅员辽阔的秀美河山、丰富多彩的生态资源是我们的比较优势,所以在体育旅游小镇的建设与发展中我们完全可以"避其锐气、击其惰归"。体育旅游小镇的建设不能一蹴而就,不应求全求大,应该遵循"选择、规划、培育、融合、品牌"的基本发展逻辑,发挥独特的资源禀赋优势,科学合理规划小镇的空间布局,找准自己的核心产业卖点,壮大体育核心产业竞争力,打造自己的特色品牌。此外,要让我国的体育旅游小镇建得好、立得稳、走得远,必要采取"特色产业"与"特色文化"齐驱并进的发展战略,以自然资源为基础,以体育产业为引擎,以文化底蕴为灵魂,注重产业文化内涵和整体形象的提升①。

建设体育旅游小镇,既承载着民众对美好生活的向往,也是实现乡村振兴的重要途径,更是我国城镇化建设的新方向。未来我国体育旅游小镇的持续健康发展还有很长的路要走。让我们秉承"匠人营国"的精神,努力开创新型城镇化与体育旅游小镇建设的美好未来,以不辜负人民对美好生活的需要,无愧于这个伟大的时代。

第二节　江苏体育小镇公共服务建设经验与启示

特色小镇概念最初来自浙江省,2015年4月浙江省人民政府印发《关于加快特色小镇规划建设的指导意见》,首次对特色小镇的概念内涵进行定义,这一模式随后开始在全国范围内引起效仿。得益于浙江特色小镇创建的启迪,2016年9月,江苏省在全国率先启动了体育健康特色小镇建设,堪称体育旅游小镇建设的典范和创举。基于国内外城镇化建设经验与相关理论研究成果,聚焦一直走在改革开放前沿、民营经济活跃和区域块状经济特色显著的江苏,依托江苏省创建体育健康特色小镇的契机,试图剖析江苏小城镇建设的创新之举——体育小镇的发展之道及取得的成效,总结江苏体育小镇及体育旅游公共服务建设的实践探索及经验启示,期许江苏省体育小镇的示范引领能够给我国体育旅游小镇公共服务建设提供有益借鉴和启示。

---

① 代方梅."品牌基因"理论视角下体育特色小镇品牌构建研究[J].湖北大学学报(哲学社会科学版),2018,45(6):22-23.

一、江苏体育小镇建设内涵与特征

江苏作为经济大省、文化大省和体育大省,地处长三角和"一带一路"交汇点,区位优势明显,经济基础雄厚,创新要素集聚,人文环境优越,体育事业发达,具备天然的建设体育小镇的地域条件和资源优势。基于我国新型城镇化建设和特色小镇培育的时代背景,充分考虑江苏省体育产业发展的现状及现实需求,江苏省体育局于 2016 年 9 月发布了《省体育局关于开展体育健康特色小镇建设工作的通知》,以创新省地合作共建模式在全国率先启动了体育健康特色小镇建设,在全国形成体育类特色小镇建设的引领和示范。这是江苏改革创新体育发展理念和发展方式、推动体育产业转型升级、打造富民强省新载体的一项重大创举。

江苏打造的体育健康特色小镇是以体育健康为主题和特色,集产业、健身休闲、运动体验、体育赛事、旅游及文化展示等功能于一体,产业定位明确、体育内容丰富、文化内涵鲜明、宜业宜居宜游的新型空间载体,具有以下三大特点:一是从区域空间来看,行政区划主体原则以建制镇为主,也可以依托开发区、旅游区、科技城等建设,主要是通过在这些区域内融入和强化体育元素和功能,拉长体育产业和服务链条,形成相对集中的以体育为特色的项目链、产业群和消费圈,成为体育服务的新空间;二是从发展形态来看,体现小而特,统筹生产、生活和生态空间布局,实现产业、资源、服务等有效集聚,形成宜业宜居宜游的体育健康特色区域;三是从功能要素来看,体育小镇要在体育主体功能基础上,提升产业功能,融合旅游、休闲、文化等功能,形成内聚成核、外联成网的小镇生态系统。由此可见,江苏体育健康特色小镇作为体育产业供给侧结构性改革的实践探索,是实现体育旅游产业跨界融合的创新之举。

在推进体育健康特色小镇建设中,江苏牢牢把控体育与产业集群、集聚、集约化发展思路,突出体育健康主题、强化产业支撑带动、坚持文化沉淀聚合、加强政企协同推进,把"体育+"作为一个延伸的产业移植到小镇品牌建设中,积极打造"体育+"等不同模式和形态的体育小镇,形成具有影响力的体育特色产业集群和地区品牌[①]。因此,江苏体育产业品牌的形成与发展适应了供给侧结构性改革的要求,也构成了体育健康特色小镇建设的重要内容。通过整合体育特色产业元素,以信息经济、环保、健康、旅游、时尚、金融、高端装备、文化等八大产业和历史经典产业为依托,江苏省分别在 2016 年 10 月、2017 年 4 月、2019 年 3 月以省地合作共建模式先后创建了三批 21 个承载了创新理念、创新产业的体育小

---

① 张鸿雁.论特色小镇建设的理论与实践创新[J].中国名城,2017(1):4-10.

镇,体育特色产业通过多种跨界融合模式进行推广和实施:体育＋旅游,如南京汤山温泉康养小镇、仪征枣林湾运动休闲特色小镇、武进太湖湾体育休闲小镇等;体育＋养生,如南京浦口的老山有氧运动小镇、高淳桠溪体育慢城小镇等;体育＋时尚运动,如徐州贾汪时尚运动小镇等;体育＋文化,如江阴新桥马术运动文化小镇;体育＋科技,如苏州太仓电竞小镇。江苏具有优越的地理位置、雄厚的经济实力、丰富的自然与人文资源,一大批城镇具备较好的特色产业资源,区域内的众多小城镇事先孕育着"体育＋"特色小镇的发展规划。产业融合背景下的江苏体育小镇具有明确的体育产业定位,契合了当下体育旅游产业跨界融合的时代要求,将来能够进一步满足社会公众的休闲与消费需求。

二、江苏体育小镇公共服务建设实践探索

江苏省的体育小镇虽然具有各自不同的生态环境、历史文脉和体育旅游产业基础,但内在的创新价值理念和体育旅游功能决定了在空间结构上具有一定的规律性和相似性,在体育旅游公共服务表现形式和运行模式上具有一定的稳定性和前瞻性,呈现出江苏地缘特色的体育小镇发展之路。

（一）以合理的结构布局为出发点,充分发挥体育小镇空间溢出效应

科学合理的空间结构布局是体育小镇建设和满足公众体育旅游公共服务需求的关键因素,也是吸引众多体育旅游爱好者前往目的地打卡的关键所在。科学合理的空间布局有利于体育小镇完善结构功能,发挥最大的综合效益。布局选址要考虑区域是否拥有传统的文化底蕴、稳定的群众基础和便捷的地理区位,同时兼顾生态环境、城市辐射、产业集聚等因素,进而在符合政府相关政策和规划要求下,细致做好功能分区、生活配套、生态空间设计,既要满足产业发展的要求,更要符合宜居、宜游的功能[①]。

在具体选址上,江苏省体育小镇在城区、郊区和乡村等不同区域均有分布,多数位于自然环境优越的城市近郊区,有的甚至直接选址在景区内或周边,拥有相对理想的人文生活环境和公共服务配套设施。从江苏被纳入的体育特色小镇的区域分布看,大都位于苏南及南京都市圈核心城市地带,它们具有特殊的区位优势、便利的交通条件、厚实的经济基础以及繁荣的乡镇企业。近郊是城市短途旅游和日常休闲的集中游憩带,也是城市人口、产业双溢出的承接带。在近郊区建设体育小镇,能够最大限度地为城市的产业和人口转移创造条件,进而有利于推进农业人口的就地城镇化,为城市传统产业的转型升级提供发展新空间,促进

---

① 段永辉,陈旭斌.房地产企业布局特色小镇的宏观环境分析及建议[J].建筑经济,2019,40(3):76-79.

区域经济整合和城乡基本公共服务均等化,具有较强的空间溢出效应,从而更好地实现生产、生活、生态融合发展①。

(二) 以公共服务功能为着力点,不断优化体育小镇旅游基础设施

体育小镇配套设施建设是一项与民生息息相关的基础工程,是衡量当地宜居程度和吸引游客关注度的重要指标,具有长期性、复杂性和系统性等特点,完善的服务配套设施是体育小镇产城融合发展的前提②。公共服务职能是特色小镇建设的根本,优质的公共服务相当于体育小镇发展的催化剂③。新型城镇化归根到底就是人的城镇化,首先要打造宜居、宜业、宜游的生活小镇,要让当地居民及体育游客充分享有体育小镇建设的成果。

江苏常州武进太湖湾体育休闲小镇秉承"科学规划、统一管理、严格保护、绿色发展"的思路,始终把促进景区发展、打造区域品牌和提升社会综合效益作为重要抓手和载体,不断推进各项体育基础设施建设。太湖湾先后投入近100亿元,完善各类基础设施建设,并先后打造了全国龙舟竞赛基地、国家电子竞技运动基地、雪堰垂钓基地、江苏电竞青训基地等多个体育休闲运动基地。同时,太湖湾协同雪堰镇镇政府,进一步加快"旅游+体育"项目的推进,着力打造太湖湾露营谷、新建公共体育休闲空间、完善漫步和骑行道路、提升公共配套设施等。江苏省南京市江宁区汤山温泉康养小镇的公共基础设施建设已经比较完善,景区生态停车场、消防站、旅游公共卫生间、污水处理中心和旅游导览系统等相关基础配套设施也已经建设完成,游客服务中心、温泉疗养、管养中心和智慧汤山等高级配套服务设施已经投入运营,同时,为推进旅游大数据中心二期、三期及多期建设,又在积极构建与全域旅游发展相适应的大数据服务体系。可以说,汤山温泉康养小镇的公共服务体系建设已经达到国家级旅游度假区的标准。

(三) 以高端体育赛事为支撑点,进一步提升体育小镇旅游品牌形象

高质量体育赛事是体育小镇发展的重要推进器,也是游客前往目的地参赛、观赛的催化剂,高层次的大型体育赛事能够以其强大的吸引力和辐射力在文化内容、城镇空间、城镇形象等方面激发体育小镇发展的活力,是体育小镇建设的重要载体。随着我国体育国际化进程的推进和国内高端体育竞赛的蓬勃发展,

① 张环宙,吴茂英,沈旭炜.特色小镇:旅游业的浙江经验及其启示[J].武汉大学学报(哲学社会科学版),2018,71(4):178-184.

② 鲁志琴."产城人文"视角下体育特色小镇发展"顶层设计"问题反思[J].天津体育学院学报,2018,33(6):522-527,552.

③ 周莉雅,李晓清.江苏特色小镇创建的思考与启示[J].中国经贸导刊,2017(14):11-12,20.

近年来,江苏积极引入国内外大量高端体育赛事落户体育小镇。江苏省通过承接高端体育赛事能够带动体育小镇综合服务能力提升,树立体育小镇的品牌形象,形成国内外体育赛事文化的互动交流,带动体育产业孵化,最终形成体育赛事特性更加鲜明的体育小镇。

在江苏首批命名的体育小镇中,南京汤山温泉康养小镇加快引进具有国际性、全国性的体育活动载体平台,丰富各类交流和展示活动,加大宣传和品牌营造力度,推动体育小镇国际化发展。2017 年,在汤山成功举办了 2017 国际排联沙滩排球 U21 世界锦标赛、全国沙滩排球大满贯赛、"一带一路"沙滩排球世界巡回赛等国际品牌和全国体育赛事。其中,国际排联沙滩排球 U21 世界锦标赛为国际 A 类赛事,覆盖全球 80 多个国家和地区,收看人群超过 5 亿人;全国沙滩排球大满贯赛是我国沙滩排球赛事中积分最高、奖金最高的赛事,也是我国沙滩排球赛事中水平最高的赛事;"一带一路"沙滩排球世界巡回赛响应国家建设"一带一路"的倡议,已纳入国际排联的沙滩排球赛历中,是国际排联的双星赛事。通过举办多项国际及国内品牌赛事,进一步宣传了汤山元素、传播了汤山声音,不断提升汤山体育特色小镇外界的知名度和影响力。2018 年 10 月,南京国际越野跑挑战赛在南京老山有氧运动小镇成功举办,共吸引来自国内外近 1 000 名山地越野运动爱好者参赛,不仅获得了社会各界以及越野圈的高度评价,也带动了南京老山的旅游产业,取得了良好的社会效益。经过多年的沉淀和积累,南京国际越野跑挑战赛已然成了江苏省内顶级的越野赛事,为推动人们参与运动健身、户外登山以及专业山地越野跑的积极性做出了较大贡献。近年来,扬州仪征市枣林湾运动休闲特色小镇先后承办了国际自行车公开赛,区域性国际象棋、围甲联赛和越野汽车赛等大型赛事活动,而一年一度的围甲联赛枣林湾专场以及中国象棋公开赛已经成为枣林湾地区的两大品牌赛事。

高端体育赛事犹如一张名片,能够高效快捷地亮化体育小镇的体育特色文化,从而吸引和汇聚来自世界各地的体育旅游爱好者。江苏运用赛事驱动型体育小镇建设模式,期待通过更多国际化高端赛事的引入,发挥体育赛事品牌效应,让江苏的体育小镇成为国内同类小镇的建设标杆,最终成为像依云小镇、温布尔登小镇式样和享誉世界的体育旅游小镇。

（四）以特色资源为切入点,逐步强化体育小镇的特色体育旅游产业

得天独厚的资源禀赋是体育旅游小镇发展的重要载体和基本依托,资源禀赋涵盖自然资源和人文资源,其中自然资源即地理环境,是决定体育小镇"特色"的根本,在此基础上所孕育和融合出来的人文资源禀赋也同样是体育小镇发展

的依托[①]。国外体育小镇主要依托于自身独特的自然资源,围绕小镇历史传统和核心优势确立发展模式,并经过多年的培育与建设,逐步形成小镇的品牌特色[②]。法国沙木尼小镇以户外登山运动享誉全球、爱尔兰香侬高尔夫球小镇将高尔夫球作为香侬小镇最具特色的运动休闲项目、瑞士达沃斯小镇以冰雪运动为龙头等,均逐渐走出了一条集旅游、商贸、体育、会展等为一体的多业态融合发展的道路。

森林、湖泊、湿地、温泉、岛屿、山脉等丰富的自然资源为江苏省体育小镇的体育旅游产业发展提供了独具特色的环境条件和资源优势,也是体育小镇可持续发展的支撑,同时,优越的环境、丰富的物种、独特的地势、深邃的文化也是吸引投资主体与体育旅游消费者的重要因素。南京汤山温泉康养小镇位于江苏省南京市的郊区,是全国四大温泉疗养区之一,也是国家级旅游度假区。汤山温泉康养小镇依托优越的区位优势和丰富的温泉资源,突出围绕"温泉＋体育健康"的核心主题和产品特色,不断丰富体育小镇"温泉养生、体育健康、民俗文化、休闲体验"等旅游体育内涵,推动温泉与体育游乐、健康养生、旅游度假、文化创意、会议会展等产业融合发展,构筑以"温泉＋体育健康"为核心的完整体育健康产业链,开发多种高端休闲度假产品,致力于打造富有浓郁温泉体育健康文化氛围的体育健康特色小镇。江苏扬州仪征市枣林湾运动休闲特色小镇充分利用"三山、五湖、二泉、一河"的独特生态资源和地处南京都市圈核心圈层的区位优势,聚力发展以生态为底色的运动休闲、文创文旅、养心养生等大健康产业,已经建成了国内最大的山地户外运动公园、华东最大的户外汽摩运动基地、江北重要的温泉养生度假基地等龙头项目。

（五）以政企合作为契合点,打造体育小镇公共服务投资运营模式

政府与市场协同合作是进入稳定成熟期的体育特色小镇发展的典型特征[③]。江苏省在体育小镇公共服务建设中,坚持政府引导和市场化运作,建立了良好的政企协同对接机制,既凸显企业主体地位,充分发挥市场在资源配置中的决定性作用,又加强政府引导资金扶持和服务保障,在规划编制、建设指导、项目培育、平台搭建等方面发挥了积极作用。

① 高振峰.我国体育特色小镇品牌竞争力的培育机制研究[J].体育与科学,2019,40(2):47-53.

② 叶小瑜,谢建华,董敏.国外运动休闲特色小镇的建设经验及其对我国的启示[J].南京体育学院学报(社会科学版),2017,31(5):54-58.

③ 王学彬,项贤林.体育特色小镇建设:域外经验与中国路径[J].上海体育学院学报,2018,42(4):62-67.

为加大特色小镇建设及公共服务指导,江苏省政府部门在智力支撑、企业项目对接等方面做好协调,并积极做好政策资源的整合对接。江苏省体育局先后与莱茵体育、阿里体育、苏宁体育等大型知名企业合作,开展布局体育健康特色小镇项目。江苏各有关市、县和乡镇政府也高度重视小镇建设工作,努力为小镇建设创造良好的旅游环境。江苏省淮安市施河体育小镇所在的淮安区委区政府成立了体育健康特色小镇建设工作领导小组,形成发改、住建、体育等多部门联动工作机制,并由区政府牵头,成立了融资平台,采用 PPP 模式,引入金融资本、社会资本等共同参与小镇公共服务建设;江苏扬州仪征市将枣林湾运动休闲特色小镇纳入全市总体发展规划和枣林湾生态园省级旅游度假区总体规划,枣林湾生态园管委会与中体产业集团达成战略合作,PPP 项目概算投资约 30 亿元,着力共同打造枣林湾体育健康特色小镇;由中国国际露营大会"露营之家伙伴计划"与南京市高淳区政府、高淳国际慢城管委会三方采用 PPP 模式,共同打造体育休闲旅游融合发展的高淳桠溪慢城小镇和旅游休闲度假项目,成为地方政府与社会资本共同打造体育休闲旅游小镇的特色名片及服务供给侧产品开发的平台。江苏省通过政府部门与企业开展项目合作,早在 2018 年中期评估中,第一批 8 个共建小镇累计完成项目总投入 207.12 亿元,达到五年总目标值的 85%;第二批 5 个共建小镇累计完成项目总投入 114.087 亿元,达到五年目标值的 80%。

从长远来看,江苏体育小镇的规划布局和开发建设不仅有助于提升区域内城镇化水平,而且能够改善和优化体育旅游公共服务发展环境,产生正向空间溢出效应,辐射和引导周边地区产、城、人、文有机融合与多维提升,最终推动体育旅游产业向多元开放的生产、服务、消费多点支撑的体育小镇经济转型。

三、江苏体育小镇公共服务建设经验启迪

总结江苏体育小镇及体育旅游公共服务快速发展的原因,其超前的思维意识、独特的资源禀赋以及雄厚的经济实力等都是不可忽略的重要因素。此外,江苏推进体育小镇公共服务发展的一系列政策与措施,更是值得推广的宝贵经验,希望对我国体育旅游小镇公共服务建设有所启迪和借鉴。

(一)保持战略耐心,强化发展后劲

一个成熟的、享誉世界的体育小镇的建成及体育旅游公共服务的发展绝非一朝一夕,而是百年大计,久久为功。体育小镇建设是我国新时代转变经济发展方式、实现供给侧结构性改革以及乡村振兴战略的重要举措和组成部分。坚守生态底线、优化制度环境、集聚产业要素、强化发展后劲,促进体育小镇健康可持

续发展尤为重要①。体育小镇的资源开发、经济增长、产业发展、公共服务建设必须服从于小镇的自身发展逻辑和客观发展规律,服务于提升当地居民的生活品位及体育旅游者的幸福指数,不断满足人们对美好生活的向往。

在江苏省体育局《省体育局关于开展体育健康特色小镇建设工作的通知》的基本原则中,首先就强调了"坚持惠民优先、坚持突出特色"。推进体育小镇建设是全生命周期的持续积累过程,需要时间。任何一蹴而就的特色,都不能称为特色,特别是体育小镇的文化和精神内涵特色绝非是在短时期内可以缔造成功的,必须保持持久耐心和定力②。对于我国众多的小城镇,除了选择试点探索体育小镇建设之外,主要精力应该放在打基础上,特别是欠发达地区小城镇,重点通过政府及社会投入改善其公共服务基础设施;处于正在规划建设中的体育小镇应该以体育为入口,为大众创建美好的生活场景,最后出售一种健康、绿色、情感化的生活方式。因此,体育小镇建设要充分考虑我国不同区域内的资源禀赋和体育旅游产业基础,立足于当地居民的实际需求和社会价值取向,按照"生产、生活、生态"融合理念,切实做到因地制宜,突出特色,合理规划,有序推进,逐步纳入精准化治理,让体育小镇真正成为体育与旅游产业跨界融合的新模式。

(二)坚持政府引导,强化市场主体

坚持政府引导、企业主体、市场化运作和专业化经营是保障体育特色小镇公共服务持续健康发展的关键。政府是宏观政策和资源调配上的"供给者",让市场在整合资源中起决定性作用,通过竞争来促产业升级,推动资源优化配置③。在政府层面,首先,做到职权分明。政府在体育小镇公共服务建设中要突出引导作用,更多地承担政策供给、服务保障、统筹协调、监督管理等职能。其次,加强政府各相关部门的协同配合。体育小镇公共服务建设是一个复杂的系统工程,其资源配置涉及体育、住建、发改、旅游、财政等多个部门,通过政府管理部门之间建立工作部际联席会议制度,加强统筹协调,齐抓共管,完善小镇建设工作顶层设计。最后,创新政策制度供给。在体育小镇公共服务建设中,创新制度供给是发挥政府作用的重要举措。特别是在项目审批、土地征用、财政资金、基础设施、安全保障、人才引进等方面出台相关政策措施,做好服务工作,真正把政府部

---

① 倪震,刘连发.乡村振兴与地域空间重构:运动休闲特色小镇建设的经验与未来[J].体育与科学,2018,39(5):56-62.

② 胡昌领.体育特色小镇的功能定位、建设理念与精准治理研究[J].体育与科学,2018,39(3):69-74.

③ 林凤蕾.浙江省体育产业融合发展路径研究:以体育特色小镇为例[J].浙江体育科学,2018,40(3):29-32.

门的职责放在供给侧本源的位置。

在市场经济条件下,体育小镇公共服务建设要遵循市场决定资源配置的规律,坚持以市场为主导,让企业成为建设主体,形成公平竞争,进行市场化运作。首先,引入市场竞争机制。在体育特色小镇公共服务建设中引入市场竞争机制,就是要运用财政、金融、税收等经济杠杆,实行优胜劣汰,优化产业结构和资源配置,促进体育旅游产业转型升级。其次,培育多元化市场供给。政府鼓励和吸引社会力量参与体育小镇公共服务建设,将公众消费需求与市场供给对接,强调市场在资源配置中的决定性作用,吸引具有较强实力的企业参与投资,聚集优势产业,扩大体育旅游产业的有效供给。坚持以供给侧结构性改革为主线,从供给侧和需求侧两端发力,调动社会力量的积极性和创造性。

总之,体育小镇公共服务建设需要政府科学的规划设计、企业高涨的投资热情以及经营者出色的运营能力。只有充分发挥合作主体的积极性、主动性及创造性,通过利益相关共同体共生发展,构筑体育小镇良性运营的产业链,才是实现体育小镇公共服务长足发展的内源驱动力,才能把体育小镇打造成一个承载人们美好生活的地方。

(三)拓展融资渠道,创新体育旅游公共服务发展模式

引导金融机构结合自身业务和旅游企业生产经营特点,优化融资管理,丰富投融资产品,支持体育旅游小镇公共服务建设运营。拓宽融资渠道、创新体育旅游公共服务发展模式、带动产业价值提升是体育小镇运营的重要一环。目前我国体育小镇公共服务建设模式基本上主要有:政府主导型、企业主导型和政企合作型(PPP模式)。方春妮等认为,随着国家对体育产业发展政策倾斜,社会资本参与体育小镇公共服务开发的积极性越来越高,政企合作(PPP)模式将是体育特色小镇建设的主导模式①。江苏省体育小镇建设主要采取了PPP融资模式,与传统的投融资模式相比,政府和社会资本合作,一方面能让体育产业项目获得较为充足的社会资金,缓解政府的财政压力,规避了地方政府依靠传统"事业型"投资模式的诸多缺陷;另一方面,利用企业的先进管理经验和技术手段能够使体育小镇的未来经营更加优质高效。尽管国家出台了PPP项目的相关政策,但制度环境、风险保障、投融资回报机制等方面的缺位与错位,导致社会资本参与的积极性并不高。从社会资本的角度看,在一系列的契约框架内执行经济

---

① 方春妮,赵清双.论政企合作(PPP)模式下的我国体育特色小镇之创新发展[J].体育研究与教育,2018,33(1):29-32.

收益与社会效益合约,社会资本最为关注的是投融资的回报机制或范式[①]。因此,体育特色小镇公共服务的可持续发展,关键在于地方政府和社会资本如何解决 PPP 模式开发体育小镇过程中所产生的诸多利益博弈问题[②]。

体育小镇公共服务建设与发展需要雄厚的资金保障,因此,融资渠道应全面化,筹措方式应多样化。各地政府应给予社会投资需要的顶层设计的政策文件支持与制度环境保障,打破行政区划限制,打破资金进入壁垒,积极引导社会各类资金进入,在更大的区域范围内形成政府、市场(企业)、社会非营利组织共建共享的运营模式,做到风险共担、收益共享。

(四)聚焦产业优势,凝练鲜明主题

在江苏省体育小镇建设中,各地市大都结合自身的经济基础、资源禀赋、体育旅游产业水平和潜力等,选取相对基础实、优势大、特色亮的产业领域,通过精心规划、找准定位、有序建设,避免了同质竞争,基本形成了省内体育小镇的差异化和错位发展。体育旅游特色产业通过聚焦自身优势,锁定产业主攻方向,延伸产业链、提升价值链,形成消费链条和服务网络,促使江苏体育小镇逐步趋向产业集群、集聚、集约化发展。发挥体育旅游特色产业的支撑带动作用是建设体育小镇的关键。无论是以冰雪运动著称的达沃斯小镇,还是以高尔夫球运动享誉全球的香侬小镇和温泉疗养闻名于世的依云小镇,这些成功的体育小镇都有相似的孵化路径,即以自身独特资源为导向,围绕核心优势建立发展模式。这就启示我国体育小镇公共服务建设应立足自身的资源禀赋,确立特色体育产业,凝练小镇运动项目主题,并利用高端赛事、体育节庆和运动体验活动等为载体进行主题拓展,不断丰富和强化小镇特色鲜明的主题形象。

通过多方努力,江苏省推进体育小镇建设取得了一定的成效,很多工作富有创造性、创新性、远见性,产生了很好的经济效益和社会效益。相比自然生长起来的国外知名体育小镇,江苏省体育小镇则是新型城镇化背景下催生的时代"宠儿"[③]。由于江苏省体育小镇建设刚刚起步,体育旅游产业基础和产品开发仍然存在短板,资源规划和运营模式等诸多方面还需要进一步探索。江苏省各地体育小镇的建设也是优劣不一,并非十全十美,和国外著名的体育特色小镇相比,

① 李明.PPP 公共体育服务项目国家治理思想、生成机制和存续逻辑:从公共管理学视角谈起[J].武汉体育学院学报,2017,51(2):24-30.

② 李明.PPP 模式介入公共体育服务项目的投融资回报机制及范式研究:对若干体育小镇的考察与思考[J].体育与科学,2017,38(4):86-93.

③ 刘灏,张宏杰.新型城镇化视域下运动休闲特色小镇建设机制及路径研究[J].南京体育学院学报(社会科学版),2017,31(4):14-17.

有的体育小镇实质上根本就没有什么特色品牌和特色产业;就其体育运动项目的选择而言,大部分体育小镇以当地自然环境和运动传统为依托,尽可能地扩大体育运动项目建设的内容,然而,这也容易造成建设合力分散、主题定位不够等系列突出问题;在普遍面临体育旅游产业基础差、公共服务落后、经济欠发达的苏北地区的体育小镇建设存在先天不足,面临诸多困难与挑战。因此,如果不考虑区域内的经济实力和小城镇的基础条件,大规模盲目推进体育小镇建设,不但不能形成特色,反而会造成千篇一律,导致恶性竞争,进而浪费大量的社会资源①。目前,我国尚未出现任何一个享誉国内外运营成熟的体育小镇标杆模式。对于处于建设热潮中的江苏及全国的体育旅游小镇,今后如何更好地发展才能实现体育旅游产业带动当地经济发展的目标,助力新型城镇化和健康中国建设,满足人民对美好生活的需求,这些都是我们必须面对和值得深思的问题。

---

① 韦福雷.特色小镇发展热潮中的冷思考[J].开放导报,2016(6):20-23.

第九章　赛事体育旅游公共服务实践

第一节　亚运会驱动下杭州赛事体育旅游公共服务建设

在新时代新形势背景下,旅游业将实现由高速增长阶段转向优质发展阶段,旨在满足公众高品质、个性化的旅游需求,实现人们对美好生活的向往。体育赛事旅游是大众以游览观赏或积极参与各类体育赛事为主要动机,从而达到愉悦身心、休闲享乐的旅游活动。依据大众在赛事旅游的参与方式不同,可将赛事体育旅游分为观赏型赛事体育旅游和参与型赛事体育旅游两大类。赛事体育旅游作为一种新兴的健康与休闲生活方式,越来越受到人们的青睐。全面建成小康社会以来,人们对赛事体育旅游产品与服务的需求已经从"有没有"到"好不好",从"缺不缺"到"精不精",对赛事体育旅游的个性化和品质化需求更加凸显。杭州体育旅游资源丰富、区域经济发达、交通网络密集,是我国旅游发展程度较好的城市。"十四五"期间,杭州市体育局先后出台了《杭州市体育发展"十四五"规划》《杭州市"十四五"体育产业发展规划》等政策文件,提出大力支持和鼓励体育旅游发展。为加快推进国民旅游休闲高质量发展,更好满足人民群众的美好生活需求,《国民旅游休闲发展纲要(2022—2030年)》进一步提出优化旅游休闲环境,完善相关公共服务体系,提升产品和服务质量。随着杭州亚运会的举办,在政府政策和"亚运效应"的双重加持下,为推动杭州赛事体育旅游快速健康发展,力求优化赛事体育旅游产品结构,开发多样化的赛事体育旅游产品,提供高质量的赛事体育旅游公共服务,满足不同旅游消费需求①。

---

①　孙贻蕙,王子豪,童建民.体育强省建设背景下杭州市公共体育设施配置与优化研究[J].浙江体育科学,2023,45(1):10-14.

一、亚运会举办与杭州体育旅游发展的机遇与挑战

2023年9月,举世瞩目的第19届亚运会在杭州精彩亮相。亚运会是杭州有史以来举办的规模最大的体育赛事,它为体育旅游产品开发与服务质量提升带来了前所未有的机遇与挑战[①]。在亚运会期间,杭州迎来了五湖四海的宾朋齐聚西子湖畔,共享了这场酣畅淋漓的体育文化盛会。紧紧抓住举办亚运会的重大机遇,借助这一国际体育赛事的习习东风,杭州全市上下积极营造浓厚的赛事体育旅游氛围,大力推进《"十四五"文化和旅游发展规划》的贯彻实施。以满足来自世界各地的体育旅游爱好者多元化体育旅游需求为出发点和落脚点,奋力打造高质量的赛事体育旅游产品和服务,营造良好的城市人文环境,不断推进城市现代化和国际化,向与会嘉宾及国内外游客展现了杭州这座亚运之城的独特魅力。

赛事体育旅游与体育赛事本身的关联度极高,体育赛事的知名度、影响力、赛事质量等对赛事体育旅游的影响极大。塑造杭州体育旅游全新风尚、打造赛事名城、提升城市健康品牌形象,赛事体育旅游产品开发是基础,服务质量是关键。为了持续吸引全球的体育旅游消费者前来参赛、观赛、游览、休闲度假以及观光娱乐,必须树立良好的赛事体育旅游目的地形象。杭州体育旅游产品开发从宏观政策、区位交通、经济保障以及基础设施上都有着巨大的优势[②]。随着体育旅游和体育产业转型升级,一批新开发的体育旅游资源陆续在杭州涌现,尤其是借助亚运会大型体育比赛开发的赛事体育旅游产品成为杭州体育旅游发展的重要组成部分。亚运氛围刺激下的全民健身需求也不再满足于那些传统的体育旅游项目,特别是像攀岩这样与亚运会赛事相关的旅游项目,人气也是水涨船高。位于临安高虹镇龙上村的狮子山攀岩小镇,就是在亚运东风吹拂下逐渐兴起的体育旅游胜地之一。同时,亚运会的举办也为杭州体育旅游基础设施建设提供了升级改造的机会。自亚运会申办成功以来,杭州市委、市政府按照亚运会举办标准不断完善各类体育基础设施和大力推进体育旅游公共服务建设。杭州市各地借助亚运会的知名度与影响力,将当地最具特色的体育旅游文化产品和服务设施通过多种形式与亚运盛会整合,向国内外旅行社和主要客源地进行宣传推广,极大地促进了世界各地的体育旅游爱好者对属地的关联性想象和体育

---

①　浦义俊,邰崇禧.苏南水乡体育旅游资源开发研究[J].体育文化导刊,2016(7):118-121.

②　金淑丽."八八战略"视角下2022年杭州亚运会体育旅游开发模式研究[J].当代旅游,2021,19(10):77-78.

旅游期望。从杭州城市中心的大型体育设施到山村小镇的度假胜地,都是按照承办亚运会不同比赛项目的要求和标准,以体育旅游产业为核心打造当地特色亚运小镇,以保证杭州体育旅游的可持续发展及体育旅游目的地形象的塑造。

二、杭州发展赛事体育旅游的现实条件

(一)得天独厚的体育旅游资源

凡是能够激发体育旅游者的旅游动机,为体育旅游业的经营活动所利用,并由此产生经济价值的各种环境因素和条件,均属于体育旅游资源的范畴[①]。体育旅游资源是体育旅游业存在和发展的基本条件,也是体育旅游者对旅游目的地的选择首先考虑的重要因素之一。

杭州是中国著名的旅游胜地,因其依山傍水、自然风景秀丽、人文历史厚重,素有"人间天堂"的美誉。西湖的自然山水风光、钱江潮的天下奇观与城市融为一体,优美的自然环境、旖旎的人文风光、众多的旅游景观为发展体育旅游提供了良好的先天条件。杭州市辖区内拥有2个国家风景名胜区——西湖风景名胜区和"两江两湖"风景名胜区;2个国家自然保护区——天目山、清凉峰自然保护区;7个国家森林公园——千岛湖、大奇山、午潮山、富春江、青山湖、半山和桐庐瑶琳国家森林公园;1个国家级旅游度假区——之江国家旅游度假区;全国首个国家级湿地——西溪国家湿地公园等众多的国家级旅游胜地。杭州旅游资源丰富、类型广泛、价值独特、蜚声中外。杭州山川地貌多样,著名的山体景观有天目山、大明山等山脉及众多的高山峡谷,为登山、攀岩、越野等体育旅游活动提供了广阔的天然场所;水域景观同样是杭州一大特色,钱塘江、西湖、千岛湖、京杭大运河等为开展冲浪、漂流、垂钓等水上体育旅游项目提供了良好的水体资源[②]。杭州还拥有众多享誉中外的历史名胜古迹,与钱江观潮、旅游博览会、休闲博览会等多项独具特色的大型活动相互融合,为开展体育旅游提供了绝佳的人文环境[③]。

近年来,千岛湖大力培育山地运动、水上运动、探险运动、航空运动等体育旅游新业态,不断丰富运动休闲功能,有效地促进了全域旅游和经济发展的提档升级。2022年,由国家体育总局、文化和旅游部认定的国家体育旅游示范基地中,杭州千岛湖获评国家体育旅游示范基地。目前,千岛湖境内有体育旅游景区2

---

① 董二为.体育旅游发展路径初探:基础与案例[M].北京:科学出版社,2021.

② 易涛.基于 ASEB 栅格法杭州度假体育旅游自然资源开发及对策的研究[D].杭州:杭州师范大学,2018.

③ 宋凯.杭州市体育旅游项目设置研究[D].杭州:浙江大学,2017.

个、体育训练基地 4 个、体育俱乐部 40 家、体育示范基地 3 个。近三年，千岛湖体育旅游产业创造价值年增长率达到 15%。据不完全统计，千岛湖游客中"体育旅游者"占比高达 24%。以自行车、铁人三项为代表的六大亚运比赛项目落户千岛湖畔，继续塑造"千岛湖不止于湖"的品牌形象，努力打造世界级湖泊森林度假目的地。同年，杭州大明山滑雪体育旅游线路入选全国"2022 年春节假期体育旅游精品线路"，自 2016 年入选浙江省运动休闲旅游精品线路以来，成为全国 2022 年春节假期 14 条体育旅游精品线路之一。大明山万松岭滑雪场不仅是浙江省运动休闲旅游优秀项目，也是杭州市推动体育产业和推广普及群众冰雪运动的成功案例。

（二）优越的地理区位和便捷的交通设施

杭州地处长江三角洲南翼，与上海、宁波呈三足鼎立之势，是中国最大的经济核心区——长江三角洲区域重要中心城市和中国东南部交通枢纽，不仅是浙江省会城市，又是浙江省政治、经济和文化中心。悠久的古都历史和优美的风景名胜使其成为全国重点风景旅游名城。杭州聚集了大量商业、金融、工业及生产服务设施，具备了开展城市观光、购物娱乐、学术交流、休闲旅游等一系列活动的条件和优势。申办亚运会以来，以海陆空立体多元的大背景为支撑，杭州不仅加快了外部交通网建设，同时也推进了内部公共交通网络建设，加快了干线公路与景区公路连接线以及相邻区域景区间公路建设，地铁建设以及城市轨道交通建设飞速发展。著名的奥体博览城地处钱塘江南岸、杭州绕城公路圈中心，与杭州钱江新城隔江相望，毗邻杭州萧山国际机场、杭甬高速公路、杭金衢高速公路及浙赣、萧甬铁路，地理位置优越，交通便利。杭州地铁在亚运会前形成了 13 条线路、516 千米的地铁网，实现 10 城区全覆盖。与杭州地铁接轨且已开通运营的市域线路有杭海城际铁路、绍兴交通轨道 1 号线等。加上景观公路、骑行绿道、景观步道等配套布局，优越的交通和完善的设施条件提高了体育旅游目的地的通达性，为发展杭州体育旅游提供了便利条件，也更有利于杭州体育旅游资源科学有序地开发和服务质量的稳步提升。

（三）雄厚的体育产业基础

杭州市体育产业"十四五"规划中明确提出将杭州市打造为赛事之城和户外运动之城，推动赛事经济和体育旅游集聚发展。杭州亚运会成为杭州市体育产业发展的重大机遇，2020 年杭州市体育产业总值达 717.84 亿元，增加值 223.76 亿元，体育产业增加值率达 31.17%，较 2019 年增长 4.83%。2018—2020 年，杭州市体育产业规模始终处于全省领先地位，产业总体量大，且产业基础夯实。由于产业结构不断优化，2020 年体育服务业增加值占比达到 77.1%，同比提高了 1.58%。体育本体产业近年来快速增长，2020 年实现了增加值 135.9 亿元，同比增长 9.13%,展现出活跃的市场活力。此外,杭州产业集聚发展效应显著,产业品牌打造、产业联动和产业融合为产业发展提供了强大推动力。杭州市淳安县千岛湖山水户外运动、建德市航空运动、临安区山地冰雪运动等产业集聚示范区的形成以及体育产业与旅游产业的融合,促使体育产业能够发挥最大的经济效益和社会效益,同时也带动了体育旅游服务业的发展。"十四五"期间,杭州市共建设国家体育产业示范基地项目和单位 8 个、国家级或省级体育旅游精品线路10 条、省级运动休闲基地 5 个、运动休闲乡镇 3 个,培育省级运动休闲旅游优秀项目 30 个以上,体育产业的引导和带动为体育旅游发展创造了新的发展平台。

得益于杭州得天独厚的地理位置、良好的自然环境和气候条件、雄厚的经济实力、独特的文化内涵、先进的科技手段、完备的配套设施以及杭州市政府多年来对城市的精心规划和当地市民的携手共进,使得杭州发展体育旅游具备了较强的实力和能力,也为体育旅游公共服务稳步推进与长久发展奠定了良好的根基。

(四)杭州赛事体育旅游公共服务存在的短板

1. 借助大型体育赛事开发体育旅游公共服务的经验不足

杭州具有丰富的人文和自然资源,是一座发展迅速的旅游城市,但缺少举办国际大型体育赛事的经验,更缺乏借助大型体育比赛开发体育旅游产品与服务的经验。目前从杭州的体育旅游开发情况来看,体育旅游更多集中在自然体育旅游资源的开发上,而对体育人文资源的开发相对忽视,尤其是将亚运会大型体育赛事作为诱因开发的体育旅游产品与服务。尽管杭州自从 2015 年成功申办亚运会以来承办了 2018 年第 14 届世界游泳锦标赛、杭州国际马拉松赛等大型体育赛事,但是具有深远影响力、能带动体育旅游产业发展并能进行体育旅游资源深度开发的体育品牌项目和经典体育旅游产品相对匮乏,大多数体育旅游资源的开发仅仅停留在表面,没有深入围绕体育赛事将体育旅游产品与服务进行深度挖掘和精心打造,体育赛事旅游资源的开发与服务质量的提升没有得到足够的重视,亚运会等大型体育赛事蕴藏的体育旅游潜力尚未得到淋漓尽致的开发。

2. 缺乏蜚声中外的赛事体育旅游品牌效应

近年来,杭州一直把旅游形象定位为"最具幸福感和江南个性的国际风景旅游城市与东方休闲之都",但是始终没有发挥令人满意的品牌效应。体育旅游产品内容单一、品牌意识薄弱,没有形成知名品牌,对城市体育旅游品牌经营的重要性认识不足。在杭州旅游业发展过程中,更多的是从各地的风景区及风景点去关注旅游发展与旅游营销,即便是品牌也是景区、景点的品牌,分散的景区品牌不利于传播和传承。这种普通单一的景色产品很难给游客植入深刻的旅游体验,更难以让游客烙下游后意犹未尽之感。杭州体育旅游项目的开发大多数是以健身为目的,没有围绕某一产品进行文化内涵的深度挖掘。杭州市体育局和文化广电旅游局并没有针对杭州体育旅游品牌开发和建设问题加强联动合作,也没有制定规范有序的政策文件,缺乏行之有效的建设规划意见和塑造品牌的专业意识,导致体育旅游资源开发形式匮乏,同质化现象严重,体育旅游品牌吸引力不足。杭州体育旅游相关管理办法无法及时跟进,使得其体育旅游的开发与研发处于一种无序的状态,这种缺乏有效规划与指导的体育旅游难以形成强有力的品牌效应①。

3. 赛事体育旅游公共服务体系建设有待完善

随着体育旅游消费者对体育旅游品质化的追求,杭州体育旅游部分基础设施建设无法满足服务需求的增长。特别是在旅游旺季需求旺盛时期,当地的交通、住宿、餐饮、购物、娱乐等服务设施就会出现供不应求的现象,严重影响了杭州市体育旅游的发展,也与城市现代化水平严重脱节,致使体育旅游者缺乏沉浸式体验内涵,导致体育旅游产业延伸价值不足。由于散客游、自助游等成为来杭州体育旅游者的主打形式,游客对于公共交通服务、电子票务服务、标识导航系统、旅游安全服务、旅游权益服务等城市公共服务的需求也在不断增加。在体育旅游消费需求不断升级态势下,如果不增强杭州体育旅游创新发展能力,不完善自助游公共服务体系,则无法实现游客在杭州的自助旅游体验。杭州的体育及旅游部门尚未设立对体育旅游公共服务体系建设进行综合管理和统筹协调的专门机构。体育旅游服务还存在发展不均衡、机构不配套的现象,缺乏横向和纵向的网络体系支撑。目前体育旅游业大多只注重个别服务要素的发展,或只孤立发展旅游业本身,相关行业之间、部门与部门之间缺乏有效的联动。同时,体育旅游公共服务缺乏属地与主要客源地的沟通,缺乏与相关行业之间有效合作与共赢机制。

三、杭州赛事体育旅游公共服务质量的提升策略

(一) 以举办亚运会为契机,全面优化赛事体育旅游公共服务建设

大型体育赛事对举办城市体育旅游业的发展具有直接、显著的刺激和推动作用。成熟的体育赛事集体育赛事组织、赛事策划、赛事管理、旅游观光、购物娱乐、经贸治谈、科技文化、城市形象展示等多种大型活动于一体,往往能够对举办城市及周边地区产生巨大影响。国际体育赛事的成功举办不仅提升城市形象和

---

① 陈宝珠,金淑丽.全域旅游背景下杭州体育旅游资源的开发研究[J].旅游论坛,2018,11(4):98-104.

知名度、增加旅游吸引力、扩大客源市场,同时也为城市体育旅游注入新鲜血液,收获巨大的体育旅游经济效益,进而助推体育旅游业的发展。秉持"办好一个会、提升一座城"的理念,持续放大亚运会效应,不断提升赛事城市品质。精彩纷呈的亚运会让世界的目光聚集在享有"人间天堂"美誉的杭州这座城市,赛事的影响力、比赛的级别、观赏的精彩度等吸引了来自世界各地成千上万的教练员、运动员和体育旅游爱好者汇聚在西子湖畔,既融合了体育活动本身的魅力,又满足了游客对休闲旅游活动的切实所需。在亚运会举办期间,围绕杭州市布局的"三区一圈"(即旅游景区、度假区、街区和商圈),成为客流最集中和消费最大的旅游休闲新空间,也让城市漫游有了更多的现实可能。加之新闻媒体、互联网络等的宣传报道,提高了体育赛事的宣传力度和城市的知名度,创造了近悦远来、主客共享的美好休闲生活新空间。杭州亚运会与城市体育旅游的互动发展,将会进一步扩大城市体育旅游的品牌效应。强烈的市场刺激,必将会吸引更多的投资商、运营商等市场主体倾向于体育赛事以及与体育旅游相关的产品开发和服务供给的投资运作。

近年来,杭州市政府及体育主管部门不断推进体育场地设施的建设,制定了《杭州市体育设施专项规划(2019—2035年)》。以亚运会为抓手,在建设亚运会场馆、奥体中心的同时,鼓励杭州市各行政区将体育旅游与市民休闲结合起来,建设一批休闲绿道、自行车道、登山步道等体育旅游公共设施。在亚运会筹备期间,杭州市政府按照亚运会既定的标准和要求对城市基础设施进行统一的规划布局和升级改造,进一步完善城市旅游基础设施,加快体育旅游景区的旅游咨询中心、游客集散中心、旅游公厕、旅游交通标识标牌、智慧旅游公共服务平台等旅游公共设施建设,加强绿道、骑行道、郊野公园、停车设施等微循环休闲设施改造,合理布局自驾车、旅居车停车场等服务设施,为赛事期间人流量的承载能力以及提升游客城市体验感提供优越的城市硬件条件。得益于杭州自身得天独厚的旅游环境,以大型体育赛事为依托,将大型体育赛事与体育旅游资源交互融合,大力提升杭州市体育旅游产品与服务质量。理性看待体育赛事对主办地社会经济的影响,通过总结现有办赛经验,举办更多更大既能促进公民参与体育运动、吸引更多体育游客、提升主办地影响力,又能提升当地经济社会收益的体育赛事。

(二)以特色旅游资源为依托,因地制宜打造优质的赛事体育旅游品牌

体育旅游产品的开发要注重品牌意识,通过品牌塑造、品牌推广、品牌营销

来树立体育旅游品牌形象,不断提升杭州区域特色的体育旅游产品与服务质量[①]。充分利用西湖景区的水体自然资源优势,大打"西湖牌",做足"水"文章。以举办大型活动为依托,让西湖更加灵动起来,树立以"大美西湖"为主题的体育旅游品牌[②]。以杭州千岛湖和杭州大明山滑雪为示范和引领,继续打造更多的国家级体育旅游示范基地和国家体育旅游精品线路。利用杭州市众多的山地丘陵、丰富的森林资源以及良好的自然景观建设体育旅游度假村、体育旅游主题公园,开发攀岩、蹦极、探险、定向运动、野外拓展等体育旅游及户外运动项目。总之,在杭州市体育旅游资源环境主题突出、文化氛围浓厚、特色鲜明、整体形象清晰、空间规模适度的基础上,努力打造优质的赛事体育旅游品牌。

自从 2015 年成功申办亚运会以来,杭州承办了一些高级别大型体育赛事,在一定程度上促进了体育旅游业的发展。利用大型体育赛事作为发展杭州体育旅游的重要载体和体育产业的重要业态,集聚高端要素,培育赛事体育旅游品牌。杭州作为亚运会主赛场,尤其重视对亚运会场馆、体育竞赛设施及旅游服务基础设施建设的投入力度。随着杭州国际博览中心、主体育场、网球中心、游泳馆、综合训练馆、"杭州之门"双塔等相继建成及投入运营,积极培育本土体育赛事品牌,充分发挥体育赛事凝聚人气的独特优势,形成"一日比赛,多日停留;一人参赛,多人旅游;单人竞赛,多人消费"的体育旅游新模式,围绕比赛设计参赛、观赛、游览及相关的赛事体育旅游及文化休闲活动品牌。推动杭州体育赛事和体育旅游活动一体化谋划、一体化开展,结合重大、特色赛事,培育"跟着赛事去旅行"品牌项目,打造一批具有国际影响力的体育旅游精品线路、大型赛事和重点基地,通过多种营销手段不断提升杭州体育旅游的知名度和美誉度。

杭州市体育旅游品牌塑造应该立足本地优质体育旅游资源特色及环境特点,深入挖掘体育旅游文化资源,拓展充满生机和活力的创新意识和创新能力,扩大宣传和影响力度,打造城市体育旅游新形象,特别强调独特的体育旅游体验、独特的服务产品和独特的环境享受,借此契机创建独特的品牌效应,试点培育世界级体育旅游精品名城。

(三)以游客需求为导向,建立体育旅游公共服务长效运营机制

2020 年以来,我国旅游面临前所未有的困境和挑战。以习近平同志为核心的党中央高度重视旅游业纾困解难,多次做出恢复发展的重要指示和批示,国务院也出台了一系列普惠性纾困政策、针对性帮扶举措。随着 2023 年旅游经济呈

① 闫奇,马爱萍,王欣.后 G20 时代杭州旅游品牌构建[J].教育教学论坛,2019(2):76-77.

② 顾静霞.杭州西湖滨水体育旅游资源与发展思路研究[D].杭州:杭州师范大学,2017.

现出的"谨慎偏乐观"态势,旅游产业边界不断拓展,"微度假""反向旅游"等新业态、新模式继续涌现,游客对于享有优质的旅游产品与服务更加迫切。因此,需要新的市场主体为游客提供个性化产品与服务体验。在此背景下,杭州体育旅游发展既要顺应社会经济及大众旅游需求的新趋向,又要创新推出体育旅游新产品、新服务、新模式,努力满足体育旅游者的精神文化需求。为此,体育和旅游部门应树立合作意识,加强双方的业务往来和深度合作,建立长效合作及运营管理机制。立足杭州市政府"旅游全域化"战略理念,以需求侧管理促进供给侧改革,以需求牵引供给、供给创造需求的动态均衡理念统筹体育旅游公共服务资源,优化产业结构,切实强化科学合理的顶层设计,有力维持和维护赛事举办地城市体育旅游的可持续发展,为杭州后亚运时期的体育旅游公共服务高标准、高水平、高质量发展提供有力支撑和保障。

第二节　赛事体育旅游安全事故典型案例剖析
——以"白银马拉松事件"为例

近年来,我国各类体育赛事开展的数量和规模呈井喷式增长,但相关的体育旅游安全事故也呈逐年上升趋势,诸如"5·22白银越野马拉松跑事故""4·21桂林龙舟赛翻船事故"等特大群体性赛事体育旅游事故,受到了社会各界的广泛关注。频发的赛事事故不仅威胁到人民群众的生命财产安全,也会对体育旅游产业的健康发展产生极大的社会影响。从广义上看,体育旅游安全范畴与旅游安全范畴是一致的。从狭义上看,体育旅游因其高风险的特性,体育旅游安全与其他类型旅游安全比较起来,特别是赛事体育旅游安全,更加强调体育游客参赛观赛过程中的生命安全。习近平总书记指出:"安全是发展的前提,要树牢安全发展理念。"国务院在《大型群众性活动安全管理条例》中也明确了群体性体育运动安全管理的具体要求。因此,加强对群体性体育赛事安全事故的研究,对于体育旅游产业健康发展及体育旅游安全服务有力保障具有重要的现实意义。

目前,政府放开了对于地方举办马拉松赛事的限制,而且马拉松赛事的举办在一定程度上对于城市知名度与经济发展有巨大的促进作用,所以各地纷纷举办各种类型的马拉松比赛。2021年5月22日,第四届"黄河石林山地马拉松百公里越野赛暨乡村振兴健康跑"在白银市景泰县黄河石林大景区举行,比赛期间遭遇突发降温、降水、大风等极端恶劣天气,导致重大公共安全责任事件的发生,造成21名参赛选手死亡、8人受伤。事件发生后,习近平总书记等中央领导同志做出重要指示,要求做好应急救援、伤员救治、善后处理、事件调查等工作,深刻吸取教训,加强风险防范,完善体育赛事组织管理,依法依规严肃追究责任。马拉松赛事是一项规模较大的系统性群体比赛项目,涉及多个环节和多个部门,包括城市安全部门、卫生部门、消防部门、体育部门、交通运输部门、宣传系统等多个部门协同监管。赛事运营的后勤保障、人员接待、现场秩序维护、资源开发等内部协作,都需要大量的资金投入,也需要大量专业人员提供后勤安全应急救援的保障,特别是马拉松赛事安全服务保障是重中之重。大型群众性体育活动的安全风险系数较高,主办方赛前应进行必要的风险评估,制订系统性的防范应对预案,加强防范赛事风险的发生,以及风险发生后的应急机制的启动。因此,大型体育赛事需要建立严密周全的安全保障系统,进一步压实群体性体育赛事安全管理工作,不断完善赛事体育旅游领域安全风险防控制度和措施。

一、赛事基本概况

景泰黄河石林百公里越野赛是白银市景泰县地方特色体育赛事,自 2018 年至 2020 年已经举办了三届。第一届越野赛于 2018 年 5 月 20 日举办,是由中国田径协会认证的 A 类赛事,获评赛事等级为"铜牌赛事""自然生态特色赛事";第二届于 2019 年 6 月 8 日举办,也是中国田径协会认证的 A 类赛事;第三届于 2020 年 9 月 29 日举办,未获得中国田径协会认证。第四届黄河石林山地马拉松百公里越野赛暨乡村振兴健康跑于 2021 年 5 月 22 日举办,包括 5 公里乡村振兴健康跑、21 公里越野赛、100 公里越野赛三个组别,其中乡村振兴健康跑参加 1 700 人(不含游客);21 公里越野赛报名人数 120 人,实际参赛 93 人;100 公里越野赛报名 187 人,实际参赛 172 人。需要说明的是,本届赛事并未向中国田径协会申报认证。

二、事故定性与成因

（一）事件性质

这是一起由于极限运动项目百公里越野赛在强度难度最大赛段遭遇大风、降水、降温的高影响天气,赛事组织管理不规范、运营执行不专业,导致重大人员伤亡的公共安全责任事件。

（二）直接原因

1. 天气变化原因

5 月 22 日上午 9 时赛事开始后,大多数参赛选手穿着短袖短裤,未随身携带冲锋衣等保暖装备。上午 10 时 30 分左右赛事区域开始降水,12 时左右 131 名参赛选手通过 2 号打卡点,进入 2 号打卡点至 4 号打卡点之间的赛段,该赛段全长 14 千米,海拔高度最高为 2 230 米。13 时前后 3 号打卡点附近气温降至

4 ℃左右,平均风力可达 6～7 级,最大阵风 8～9 级,伴有累计降水量 3～5 毫米,部分赛段可能出现霰(冰粒)。由于受大风、降水影响,体感温度下降到－5～－3 ℃,至 15 时前大部分时段体感温度低于 0 ℃。参赛选手经历了持续最低体感温度时段,加之野外高原环境和衣着单薄等多种因素,导致部分参赛选手因急性失温导致死亡。

2. 工作不力原因

赛事举办机构风险防范意识不强,在赛前收到气象部门气象信息专报和大风蓝色预警后,未采取有效的应对措施;未按照高海拔赛事标准,将防风保暖装备列入强制装备清单;赛道补给点设置不合理,在最难最险的高海拔赛段(2 230 米)未设置医疗救助和补给点;未采取加强和改善通信条件的措施,导致最危险时刻通信联络不畅。赛事承办执行和运营单位组织、管理、运营水平低,未按规定制订专项应急预案和安保措施,应急救援力量准备严重不足;在收到请求救援、大范围退赛信息后,前期救援统筹不够、组织不力。

(三) 间接原因

1. 赛事组织管理不规范

白银市委市政府、景泰县委县政府对此次重大赛事活动,均未召开专题会议研究;白银市委市政府作为主办单位,在开赛前 3 天才下发《活动方案》,致使相关部门及单位准备不足,未能采取有效落实措施;景泰县县委、县政府作为承办单位,《实施方案》只上报未下发,导致部分相关部门职责任务不清;景区管委会《执行方案》照抄照搬,未制订专项应急预案和安保方案;晟景公司组建的赛事运营机构专业人员力量严重不足,11 名工作人员负责 43 项赛事工作,其中最多的 1 人负责 9 项,赛事医疗、安保、志愿者服务 3 个总指挥均由 1 名临时聘用人员担任。由于赛事组织管理不规范,导致事前风险防范不足,事发后应对处置不力。

2. 安全监管措施不落实

白银市、景泰县体育赛事管理部门未认真落实体育赛事行业安全监管责任,在此类赛事的事前审批取消后,忽视安全监管责任,未落实事中事后监管措施;未主动为赛事的竞赛组织、参赛保障、安全管理等方面提供业务指导、技术支持和咨询服务。市、县两级相关职能部门未按照大型群众性活动要求,对赛事执行运营单位制订的安保方案、采取的安保措施等实施有效监管,导致源头隐患和安全风险未得到及时发现和整改。

3. 救援力量准备不到位

赛事组委会及其办公室和运营单位在《实施方案》和相关预案中,没有做出应急救援力量部署,仅以口头协议的形式调动社会救援力量参与安保和救援工作,应急救援人员、物资准备不足,导致在紧急情况发生后,才增派力量、物资、车辆开展救援。

4.安全保障条件不充分

赛事场地设在黄河石林大景区范围内,已经连续三年举办百公里越野赛,赛道通信、医疗等安全保障设施建设严重滞后的问题一直未得到改善。在已知部分区域(赛道)网络信号存在弱覆盖或无覆盖的情况下,未采取改善通信条件的具体措施,未在3号打卡点最高处架设对讲机中继信号站,造成求助信息、人员伤亡情况不能及时传递,事发初期救援指挥通信不畅,影响救援效率。医疗急救保障准备不充分,在3号打卡点仅有2名工作人员,未设置医疗人员和救护设备,未能及时有效实施救援。

三、事故主要深刻教训

（一）"两个至上"理念树得不牢,防范化解风险意识不强

白银市委市政府、景泰县委县政府及相关市县部门贯彻落实习近平总书记以人民为中心的发展思想的坚定性、自觉性明显不足,人民至上、生命至上的理念树得不牢。对百公里越野赛这样的极限运动项目潜在的安全风险认识不足,没有进行应有的风险评估,没有制订系统性的防范应对预案,思想上麻痹大意、工作上马虎松懈,风险防范的责任不落实、措施不精准,关口层层失守,造成重大人员伤亡,酿成公共安全责任事件,教训十分惨痛。

（二）统筹发展与安全不力,安全发展水平不高

白银市作为资源枯竭型城市,推动产业转型升级,加快地方经济发展的愿望比较强烈,推动大景区建设和旅游业发展成为重要选项,但是对新兴产业、新兴行业如何实现安全发展研究不深入,安全措施跟进不及时。对百公里越野赛这样的群众性体育赛事活动,在推介地方特色、打造旅游品牌方面的作用看得比较重,忽视了安全这一最基本的要素和保障,没有把"安全第一"落到实处,"三管三必须"责任体系不严密,各级领导干部履行"一岗双责"意识不强,抓安全的措施落实不力,安全发展的整体水平不高。

（三）落实"放管服"改革要求不到位,事中事后监管不力

市、县两级体育主管部门对"放管服"改革政策落实有差距,对大型体育活动取消行政审批后一放了之,放而不管、放而不服,忽视监管、放松监管,对赛事活动实施方案、应急预案、安保措施的落实监督管理不到位,事中事后监管流于形式,导致百公里越野赛这样的高风险项目在打卡点设置、强制装备、安全保障、救援力量准备等关键环节出现重大缺失。

（四）形式主义、官僚主义问题突出,工作作风不严不实

作为赛事主办单位和承办单位,白银市、景泰县党委政府只挂名不监管,不

进行专题研究,不安排部署,不分析解决安全问题,履职不到位,尽责不充分,传导压力、督促落实不力。白银市、景泰县及景区管委会的赛事机构叠床架屋,方案互抄互搬,缺乏针对性和可操作性。市、县两级相关部门制订的方案简单笼统、职责不清,对涉及赛事安全的关键环节、重点工作措施不精准,监督责任、管理责任、落实执行责任未履行到位,致使赛事组织不力,事发后仓促应对,影响了事故救援时效。

四、赛事体育旅游安全服务保障措施与建议

赛事体育旅游安全事件的发生是由于存在赛事体育旅游风险,而该风险未被排除甚至未被意识到而造成安全事故,可见赛事体育旅游安全事件与赛事体育旅游风险之间存在密切的联系。由于赛事体育旅游风险是赛事体育旅游安全事件的成因,因此,体育旅游安全事件的防范应从风险管理入手,而体育旅游风险管理的关键是运用科学的技术和手段对体育旅游风险进行全面系统的识别和预测,并对风险后果进行评估,在此基础上采取恰当的对策予以处理,力求做到"防患于未然",以获得最大的安全服务保障。由于赛事体育旅游安全服务保障属于社会公共服务体系的范畴,因此,重大体育旅游安全事件的防控和一旦发生安全事故的紧急救援,必须是由以政府为主体的社会联动机制共同参与和解决。通过制定体育旅游安全与应急法规制度、安全预警信息发布制度、突发事件的信息报告制度、安全标准化建设、规范安全服务流程、应急预案体系以及完善救援处置机制,提升体育旅游安全风险防范与保障措施。

(一)强化安全发展的思想自觉、政治自觉、行动自觉

习近平总书记指出:"安全是发展的前提,发展是安全的保障。"各级党委政府必须时刻牢记习近平总书记的谆谆教诲,坚持人民至上、生命至上,把保护人民生命安全摆在首位,增强防范和抵御各种风险的能力,全面提高公共安全保障水平。在日常工作中坚持底线思维,将防范化解重大风险作为头等大事抓紧抓好。进一步落实"党政同责、一岗双责、齐抓共管、失职追责"的安全生产工作要求,必须加强和创新社会治理,完善公共安全应急体系,及时消除各类风险隐患,确保国家安全和人民安居乐业。必须建立健全统筹发展与安全的责任体制,织密织牢安全发展的责任体系,坚持一级抓一级、层层抓落实,筑牢夯实安全发展的根基。

(二)加强对体育赛事活动监管服务

省、市、县三级体育主管部门要深刻反思检查此次事件发生的原因,提出有针对性的整改措施,强化体育赛事安全的行业监管责任,切实提高体育赛事安全管理工作水平。要将风险评估作为举办赛事活动的重要前置条件,制订安全工

作方案及相关预案,落实各项具体措施;建立体育赛事活动专家库,选派专家现场指导,进行必要的业务培训;健全完善体育赛事标准体系,进一步厘清政府监管与行业自律的边界,提高承办运营大型体育赛事活动的准入门槛,扭转目前赛事运营良莠不齐的混乱局面;按年度公布《体育赛事活动服务指导目录》,通过政府购买服务、提供专业技术指导和资金支持,推动赛事活动健康发展。

（三）增强应对突发公共安全事件能力

"5·22白银越野马拉松跑事故"的发生既反映出各种安全风险因素交织叠加的客观现实,也暴露出防范应对的短板弱项。各级党委政府都要从中汲取深刻教训,充分认识公共安全领域因素的复杂性、多变性以及风险叠加带来的严重危害性;深入研究、认识和把握新形势下公共安全事件发生的规律、特点,建立完善党委政府主导、单位社区和社会组织协同、广大人民群众积极投入的新型社会动员机制,确保一旦发生公共安全事件能够科学、沉着应对,果断采取有效处置措施,尽量让损失和影响降到最低限度。

（四）切实强化大型群众性活动安全管理

各级政府及有关部门要严格按照国务院《大型群众性活动安全管理条例》,严格履行大型群众性活动审批程序和重大活动报备制度。建立完善大型群众性活动社会稳定风险、设施安全风险、网络舆情风险等各类风险的评估预判机制,将风险隐患消灭在萌芽状态,防患于未然。健全纵向到底、横向到边的大型群众性活动安全责任管控和落实体系,提高大型群众性活动的安全管理水平。

（五）完善应急预案管理和救援处置机制

"5·22白银越野马拉松跑事故"中各层级、各行业普遍存在无应急预案、预案不完善、未演练甚至事后编补伪造预案的问题,既影响风险防范,也制约救援处置。各级各有关部门要按照国家规范要求,结合各自职能和工作实际,抓紧制订完善各类突发事件总体预案、专项预案和部门预案,规范应急联动机制和响应程序,强化指挥协同,提升应急处置效能。要针对自然灾害、事故灾难、公共卫生事件、社会群体性事件的特点及可能出现的突发事件,开展针对性应急演练,配备必需的救援力量和物资,增强应急救援的科学性、协同性、时效性。

（六）持之以恒改进作风

各级党委政府要锲而不舍落实中央八项规定及其实施细则精神,强化守土有责、守土负责、守土尽责的担当精神,坚决整治形式主义、官僚主义顽瘴痼疾,坚决克服会议一开了之、文件一发了之的虚浮作风,切实培厚优良作风的土壤。结合党史学习教育,统筹发展和安全,更加注重从党的防灾减灾史、安全生产史中总结经验、把握规律、获取滋养,为推动高质量发展营造良好环境。用好督查"利器",定期不定期对安全生产、公共安全等开展集中检查、随机抽查和日常督查,深入查摆政策落实、工作落实和责任落实中的梗阻问题,限期推动整改解决,逐项进行对账销号,真正做到踏石留印、抓铁有痕。

　　体育旅游安全是旅游发展的生命线,没有安全就没有体育旅游。它不仅关系到体育旅游者的生命财产,而且关系到体育旅游目的地的整体形象,是体育旅游经济运行的重要保障,是坚持"以人为本"安全理念的必然要求[①]。随着赛事体育旅游大众化、产业化、规模化发展,体育旅游者更加注重体育旅游活动的自主性、灵活性和多样性,更加注重体育旅游品质和安全,特别是对体育旅游目的地的安全保障服务的需求更加强烈。加之全球政治、经济形势的不稳定,各种风险与不安全因素日益突出,由此引发的各种体育旅游安全事件难以避免、时有发生。而体育旅游安全事件一旦发生,不仅给体育旅游者和家庭带来灾难,也会产生严重的不良社会影响,阻碍我国体育旅游业的快速健康发展。第四届黄河石林山地马拉松百公里越野赛触目惊心的安全事故经验教训表明:我们绝不能尽情陶醉在赛事体育旅游发展带给我们参赛、观赛的喜悦与享受中,也不能因为赛事体育旅游安全事件只是小概率事件而忽视安全服务保障工作。因此,各部门各组织要牢牢守住安全发展这条底线,切实担负起安全生产工作主体责任,抓好重大赛事安全管理工作,加强赛事体育旅游安全保障体系建设,有针对性地制订赛事体育旅游安全服务工作方案和应急预案,切实建立和发挥"熔断机制"的作用。

第十章　体育旅游公共服务研究局限与发展建议

第一节　体育旅游公共服务研究不足

体育旅游公共服务受社会经济发展水平、公共基础设施建设、体育旅游资源禀赋、体育旅游客源市场、体育旅游供给与需求变化、体育旅游产业规模结构、市场经济完善程度、民间资本发育程度、国家和地方体育旅游法规政策以及体育旅游整体发展环境等诸多因素的影响与制约,是多种因素综合作用及合力推动的结果。鉴于我国体育旅游公共服务实践处于初级发展阶段,对体育旅游公共服务体系框架构建、体育旅游公共服务供给机制及供给模式等问题的理论研究尚处于探索阶段。基于以上问题的考量,本书主要从理论层面进行分析探讨,理论研究对实践指导的回应亟待加强。全书力争对体育旅游公共服务理论构建问题进行较为系统的探讨,希望相关研究成果能对体育旅游公共服务实践探索提供些许帮助与指导,以弥补体育旅游公共服务领域研究的不足。但囿于笔者的理论素养、知识积累、研究思维和学术水平,本书还有诸多地方需要进一步斟酌、改进和完善。

本书构建的体育旅游公共服务体系,是建立在大量借鉴国内外已有研究成果和实践经验基础上的理论总结,研究只在抽象地概括出一般的规律性东西,努力突破就事论事的局限,力求做到学术研究方面的创造性转化和创新性发展。当然,这些努力仍然存在着某些缺陷和不足,过于偏重理论层面的分析探讨,尤其对我国体育旅游公共服务多种可能的供给模式选择的研究,缺乏足够的典型案例材料支撑,也没有进行系统分类研究或实践验证。由于对体育旅游公共服务发展理念和理论精髓认识不够深刻,相关理论研究侧重于定性分析,实践论证不够系统全面。另外,缺少对体育旅游公共服务内容体系中的体育旅游交通服务、体育旅游信息服务、体育旅游安全服务、体育旅游惠民服务、体育游客权益保障服务等方面逐一进行深入研究。这些问题和不足之处有待于在今后的研究过程中通过加强实证资料的收集整理和深入分析，并结合国内外体育旅游公共服务建设实践经验加以解决。因此，对体育旅游公共服务理论与实践研究还有待进一步完善和深化。

需要说明的是，由于体育旅游公共服务几乎是一个全新的研究领域，目前该领域的专著并不多见。鉴于笔者学术水准和研究能力所限，本书并非试图解决体育旅游公共服务领域所有问题或更加深层次问题，只是致力于探索体育旅游公共服务相关理论、知识框架及剖析典型个案，希望能为相关领域的学者进行更加深入和全面的研究抛砖引玉。本研究借鉴了公共产品、公共服务、文化和旅游公共服务等领域的许多研究成果，在文中尽可能做了注释和说明，谨此向原作者的辛勤付出和做出的学术贡献深表感谢。另外，本书研究的成果和得出的结论一定会有很多需要进一步商榷和推敲的地方，也一定存在一些不足和错漏之处，敬请业界和学界的专家、学者不吝赐教，予以批评指正。

第二节　体育旅游公共服务发展建议

"十四五"时期是我国"促消费、扩内需"的关键阶段。近年来，随着人们健康健身意识的快速提升和旅游消费需求由观光向体验持续升级，以体育参与、体育休闲为主的体育旅游活动逐渐成为大众消费的新趋向。2023年是贯彻落实党的二十大精神，以中国式现代化全面推进中华民族伟大复兴的开局之年，也是坚持以文塑旅、以旅彰文，推进文化和旅游深度融合的破题之年。我国体育旅游市场继续延伸自春节、"五一"及"十一"以来"高开稳走、加速回暖、理性繁荣"的递升态势，体育旅游公共服务也迎来了从市场复苏到高质量发展的历史机遇。国家政府部门因势利导，2023年9月，国务院办公厅印发了《关于释放旅游消费潜力推动旅游业高质量发展的若干措施》的通知，着力强调了"加大优质旅游产品和服务供给，激发旅游消费需求"。深入贯彻落实习近平总书记关于文化和旅游工作的重要论述和中央政治局会议精神，终结萧条、走向繁荣，管控预期、释放潜力，提振信心、扩大投资，丰富优质的体育旅游产品与服务供给，重构体育旅游业高质量发展新格局，不断满足广大体育旅游者个性化和品质化的体育旅游公共服务需求，发挥体育旅游业对推动经济社会发展的重要作用，将是今后体育旅游工作的主基调。

一、重塑体育旅游公共服务发展新格局

经过21世纪前20年消费促进大众旅游全面发展的阶段,也经历了金融危机、非典型肺炎、新冠肺炎一轮又一轮外部冲击的体育旅游业,需要在复盘检视的基础上认真思考并重构体育旅游公共服务发展"为什么""依靠谁""做什么"等发展理论问题,并以此重塑体育旅游公共服务发展新格局。在全面建设社会主义现代化强国的进程中,把握国家大力推进文化和旅游融合发展的重要历史机遇,加强对文化和旅游公共服务统筹规划和整体设计。我们必须正视体育旅游公共服务的经济和社会的双重属性,由经济入,从文化出,将发展聚焦于人民的体育旅游权利上来。让人民群众有时间去旅游、有地方去旅游,在旅游的过程中游得起、游得满意,应当也必须是文化系统、旅游系统、体育系统、服务系统和所有涉旅工作的本质规定和内在要求。为此,我们要以体育游客满意度为导向,形成需求牵引供给、供给创造需求的更高水平动态平衡,坚持扩大开放、推进供给侧结构性改革,以更加高效的行政管理手段和市场运作方式,推进文化、体育和旅游深度融合,进一步拓展体育旅游公共服务的广度和深度,提升产品质量和服务水平,把体育旅游业真正培育成国民经济的支柱产业和人民群众更加满意的现代服务业。

二、树立以人民为中心的体育旅游公共服务发展理念

中国式现代化要求丰富人民精神世界,实现全体人民共同富裕,促进人与自然和谐共生。体育旅游要将推进人的全面发展和精神层面的共同富裕作为新时代的发展目标,不仅要强调经济属性,也要强调文化内涵;不仅有产业功能,也有事业目标;不仅要市场供给,也要公共服务。没有什么力量能够阻挡体育旅游公共服务高质量发展的进程,也没有什么力量能够阻止人民对美好旅行生活的向往。让更多人有得游、游得起、玩得好,推动全体人民精神生活的共同富裕,让更多的体育旅游爱好者在休闲旅行中体验文化之美,增强文化自信,应当成为新时代体育旅游业必须坚守的价值取向。坚持以人民为中心的体育旅游公共服务发展理念,将"游客满意度高不高""市场主体竞争力强不强""发展动能新不新"作为新时代体育旅游公共服务高质量发展的衡量指标,在质的有效提升基础上寻求量的合理增长。进一步加强需求侧管理,以需求侧管理促进供给侧改革,特别是要下更大的力气研判城市和农村居民的体育旅游公共服务需求及变化。无论是各级政府主导的体育旅游目的地建设,还是各类市场主体主导的体育旅游投资和商业运营,都要发展绿色旅游、文明旅游、人文旅游。要牢牢树立品质发展的理念,提供更加优质的体育旅游产品和服务。在中国式现代化建设征程上,民

族复兴和人民幸福的中国梦将为体育旅游公共服务高质量发展注入全新内涵。

三、加强体育旅游公共服务质量监管体系

加强体育旅游服务质量监管、提升体育旅游服务质量是推进体育旅游业供给侧结构性改革的主要载体,是体育旅游业现代治理体系和治理能力建设的重要内容,是促进体育旅游消费升级、满足人民群众多层次体育旅游消费需求的有效举措,也是推动体育旅游业高质量发展的重要抓手。质量监管是规范体育旅游企业行为、落实体育旅游企业质量责任的重要手段。加强体育旅游公共服务质量监管,综合运用市场监管和综合执法手段,规范体育旅游市场秩序,净化体育旅游消费环境,促进体育旅游产品与服务质量整体提升。

第一,加强组织领导。各级体育、文化和旅游行政部门要高度重视体育旅游公共服务质量监管和提升工作,将其作为推动地方体育旅游业高质量发展的重要内容,纳入地方各级人民政府质量工作总体部署和考核内容。结合实际,创造性开展工作,加大先行先试工作力度。进一步完善领导机制和协调机制,加强与市场监管等有关部门的有效合作。制订具体落实方案,确保体育旅游服务质量监管和提升工作取得实效。

第二,加强监督评估。各级体育、文化和旅游行政部门加强对体育旅游服务质量监管和提升工作落实情况的跟踪评估,加强体育旅游服务质量评价指标、模型和方法研究,建立和完善以体育游客为中心的体育旅游服务质量评价体系。研究制定激励政策,完善激励机制,对旅游服务质量监管和提升工作取得良好成效的单位和个人实施正向激励,对各地落实情况进行监督,开展第三方评估,并适时将第三方评估结果向社会公布。

四、健全体育旅游公共服务保障体系

体育旅游公共服务保障体系建设既是衡量体育旅游发展和组织管理水平的重要标志,也是提升体育旅游公共服务供给质量和水平的重要举措。提高体育旅游公共服务品质,增强体育旅游公共服务能力,优化体育旅游吃、住、行、游、购、娱等基本要素的便捷、舒适和优质服务水平,增加人民群众体育旅游消费满意度,是实现体育旅游公共服务保障体系构建的必然选择。健全体育旅游公共服务保障体系是加快弥补体育旅游公共服务短板,推动体育旅游公共服务高质量发展的基本要求。我国体育旅游公共服务保障体系构建是一个系统工程,需要国家政府部门进行顶层设计以及地方政府、体育、文化和旅游学术界集思广益。

首先,加大政策支持保障。建立健全体育旅游公共服务综合推进机制,明确

体育旅游公共服务建设管理责任部门,增强旅游部门综合协调和行业统筹能力。围绕体育旅游服务质量发展目标,加大对体育旅游服务质量提升的政策扶持力度,推动政府部门向社会购买优质的体育旅游公共服务。将体育旅游服务质量教育纳入体育旅游教育培训体系,引导建立高等院校、科研院所、行业协会和体育旅游企业共同参与的体育旅游服务质量教育网络。

其次,完善财政保障制度。落实体育旅游公共服务中央与地方财政事权和支出责任划分改革要求,优化财政支出结构,加大中央和地方财政对基层政府提供体育旅游公共服务的财力支持力度。将更多体育旅游公共服务项目纳入政府购买服务指导性目录,完善财政、融资和土地等配套优惠政策。进一步完善政府购买体育旅游公共服务的绩效管理。加大金融支持力度,综合利用债券、保险、信贷等方式,为体育旅游公共服务项目融资提供支持。

再次,强化体育旅游人才队伍建设。体育旅游人才是提升体育旅游服务质量的重要支撑。要贯彻尊重知识、尊重人才、尊重创造、尊重技术、尊重服务的思想,提高体育旅游人才的服务水平和能力,激发体育旅游人才的创新活力。实施更加开放的体育旅游人才引进政策,鼓励各地制定有利于体育旅游服务质量人才引进的政策措施。进一步完善统一开放、竞争有序的体育旅游人才资源市场,积极探索体育旅游人才服务新模式,促进体育旅游公共服务人才有序流动和合理配置。充分发挥高等学校、职业学校、科研院所作用,大力培养体育旅游公共服务人才。健全体育旅游公共服务从业人员教育培训制度,定期组织职业培训和业务轮训,提高体育旅游公共服务专业化水平。

此外,完善体育旅游服务相关标准。完善体育旅游公共服务标准体系,推动各层级体育旅游服务公共标准协调发展。提升体育旅游服务标准制修定水平,增强体育旅游服务标准的科学性、先进性、有效性和适用性。重点加强体育旅游新产品新业态、在线体育旅游服务、体育旅游服务质量评价等领域的标准制定。在具备一定发展基础、形成一定规模和可复制可推广经验的基础上,有序制定涉及体育旅游新业态、新模式等方面的标准。支持和引导市场主体和各类社会机构积极参与体育旅游服务标准制定,鼓励行业协会、学会、研究会等完善团体标准,激发企业制定发布标准的积极性。

构建完善的体育旅游公共服务保障体系,实现保障体系构建的科学性、针对性和有效性,才能更加有效地推动我国体育旅游公共服务高质量发展。在保障体系构建上做到规划设计更加精细化,管理模式更加科学化,进一步创新保障体系构建的新视野、新思路、新格局,不仅是各级政府部门需要解决的现实问题,也是学术界需要重点关注的研究方向。

参考文献

[1] 陈宝珠,金淑丽.全域旅游背景下杭州体育旅游资源的开发研究[J].旅游论坛,2018,11(4):98-104,124.

[2] 陈昆仑,牛笛,赵杰,等.中西方户外运动项目分类对比与启示[J].体育学刊,2022,29(6):99-104.

[3] 陈晓霞.淮海经济区旅游资源开发分析[J].职业时空,2010(4):3-5.

[4] 陈宇峰,黄冠.以特色小镇布局供给侧结构性改革的浙江实践[J].中共浙江省委党校学报,2016,32(5):28-32.

[5] 程蕉.体育旅游中的法律问题研究研究[M].广州:暨南大学出版社,2018.

[6] 代方梅."品牌基因"理论视角下体育特色小镇品牌构建研究[J].湖北大学学报(哲学社会科学版),2018,45(6):22-23.

[7] 董二为.体育旅游发展路径初探:基础与案例[M].北京:科学出版社,2021.

[8] 董范,曹志凯,牛小洪.户外运动学[M].2版.武汉:中国地质大学出版社,2014.

[9] 窦志强.文化旅游公共服务价值初探[M].北京:文化发展出版社,2020.

[10] 段永辉,陈旭斌.房地产企业布局特色小镇的宏观环境分析及建议[J].建筑经济,2019,40(3):76-79.

[11] 方春妮,赵清双.论政企合作(PPP)模式下的我国体育特色小镇之创新发展[J].体育研究与教育,2018,33(1):29-32.

[12] 高振峰.我国体育特色小镇品牌竞争力的培育机制研究[J].体育与科学,2019,40(2):47-53.

[13] 顾静霞.杭州西湖滨水体育旅游资源与发展思路研究[D].杭州:杭州师范大学,2017.

[14] 韩兆柱,单婷婷.网络化治理、整体性治理和数字治理理论的比较研究[J].学习论坛,2015,31(7):44-49.

[15] 汉斯·J.沃尔夫,奥托·巴霍夫,罗尔夫·施托贝尔.行政法:第一卷[M].

高家伟,译.北京:商务印书馆,2007.

[16] 胡昌领.体育特色小镇的功能定位、建设理念与精准治理研究[J].体育与科学,2018,39(3):69-74.

[17] 胡英清,姚婷.区域整合视角下广西北部湾发展休闲体育旅游的分析[J].商场现代化,2012(9):39-41.

[18] 黄海燕,张林.体育旅游[M].北京:高等教育出版社,2016.

[19] 纪宁.体育旅游产业系统运行研究[D].天津:天津大学,2019.

[20] 姜付高.体育旅游概念的哲学思辨[J].首都体育学院学报,2005,17(4):30-31.

[21] 蒋全虎,陈家起,高奎亭,等.新时代我国户外运动产业高质量发展思考[J].体育文化导刊,2023(9):76-83,90.

[22] 金淑丽."八八战略"视角下2022年杭州亚运会体育旅游开发模式研究[J].当代旅游,2021,19(10):77-78.

[23] 句华.公共服务中的市场机制:理论、方式与技术[M].北京:北京大学出版社,2006.

[24] 李军鹏.公共服务学:政府公共服务的理论与实践[M].北京:国家行政学院出版社,2007.

[25] 李萌.以文旅融合推动长三角旅游高质量发展[EB/OL].(2019-03-12)[2023-05-19].https://www.sohu.com/a/300679113_120058409.

[26] 李明.PPP公共体育服务项目国家治理思想、生成机制和存续逻辑:从公共管理学视角谈起[J].武汉体育学院学报,2017,51(2):24-30.

[27] 李明.PPP模式介入公共体育服务项目的投融资回报机制及范式研究:对若干体育小镇的考察与思考[J].体育与科学,2017,38(4):86-93.

[28] 李蕊.论公共服务供给中政府、市场、社会的多元协同合作[J].经贸法律评论,2019(4):124-132.

[29] 李爽.旅游公共服务供给机制研究[D].厦门:厦门大学,2008.

[30] 李爽.旅游公共服务体系建构[M].北京:经济管理出版社,2013.

[31] 李仙飞.西方公共服务有效供给基础理论研究:兼谈其在日本研究型大学建设中的应用[M].北京:北京师范大学出版社,2012.

[32] 李晓琴,朱创业.旅游规划与开发[M].2版.北京:高等教育出版社,2021.

[33] 李岩.不完全契约理论视角下的政府失灵分析[J].经济与管理,2013,27(3):17-21.

[34] 李寅峰,马惠娣."特色小镇"建设热中的冷思考:"特色小镇"建设中的文化汲取与传承[J].治理研究,2018(3):113-121.

[35] 林凤蕾.浙江省体育产业融合发展路径研究:以体育特色小镇为例[J].浙江体育科学,2018,40(3):29-32.

[36] 林志刚,李杉杉,吴玲敏.2022年北京冬奥会推动京津冀冰雪旅游公共服务协同发展策略研究[J].中国体育科技,2021,57(9):20-28.

[37] 刘大洪,李华振.政府失灵语境下的第三部门研究[J].法学评论,2005,23(6):11-16.

[38] 刘灏,张宏杰.新型城镇化视域下运动休闲特色小镇建设机制及路径研究[J].南京体育学院学报(社会科学版),2017,31(4):14-17.

[39] 刘健,王美娟,刘林星.我国无居民海岛休闲体育旅游公共服务保障体系构建研究[J].山东体育学院学报,2022,38(4):110-118.

[40] 刘江.逻辑学:推理和论证[M].广州:华南理工大学出版社,2004.

[41] 柳伯力.体育旅游概论[M].北京:人民体育出版社,2013.

[42] 柳伯力,陶宇平.体育旅游导论[M].北京:人民体育出版社,2003.

[43] 卢青,颜秉峰.山东休闲体育旅游公共服务体系构建研究[J].山东体育学院学报,2014,30(5):28-33.

[44] 鲁志琴."产城人文"视角下体育特色小镇发展"顶层设计"问题反思[J].天津体育学院学报,2018,33(6):522-527,552.

[45] 罗永义,林民牛.对体育旅游概念的思考[J].四川体育科学,2009,28(2):11-13.

[46] 倪震,刘连发.乡村振兴与地域空间重构:运动休闲特色小镇建设的经验与未来[J].体育与科学,2018,39(5):56-62.

[47] 皮常玲,王璐,王红英,等.基于学科从属规律与"家族相似性"的体育旅游学科属性辨析[J].上海体育学院学报,2020,44(9):1-11.

[48] 浦义俊,邰崇禧.苏南水乡体育旅游资源开发研究[J].体育文化导刊,2016(7):118-121.

[49] 邱建国,徐瑶,任保国,等.《国民旅游休闲纲要》实施目标下我国健身体育旅游公共服务体系的构建[J].北京体育大学学报,2015,38(11):36-42.

[50] 史登登.户外运动相关概念辨析与界定[D].沈阳:沈阳体育学院,2013.

[51] 司亮,王薇.我国体育小镇空间生产的理论框架及实践路径[J].沈阳体育学院学报,2017,36(5):53-58.

[52] 宋杰,孙庆祝,刘红建.基于WSR分析框架的体育旅游系统影响因素研究[J].中国体育科技,2010,46(5):139-144.

[53] 宋凯.杭州市体育旅游项目设置研究[D].杭州:浙江大学,2017.

[54] 孙贻蕙,王子豪,童建民.体育强省建设背景下杭州市公共体育设施配置与

优化研究[J].浙江体育科学,2023,45(1):10-14.

[55] 孙永生.户外运动[M].沈阳:辽宁人民出版社,2023.

[56] 谭白英,邹蓉.体育旅游在中国的发展[J].体育学刊,2002,9(3):22-25.

[57] 陶宇平.体育旅游学概论[M].北京:人民体育出版社,2012.

[58] 王竞一.新时代特色小镇创新创业存在的问题及对策研究[J].当代经济管理,2019,41(8):64-68.

[59] 王立平,孙妍,王磊.当前我国大众户外运动发展现状研究[J].山东体育学院学报,2012,28(4):19-23.

[60] 王岭磊.顾客需求视域的北京市体育旅游供给优化研究:基于北京市居民调查结果[D].北京:首都体育学院,2022.

[61] 王璐,皮常玲,郑向敏.体旅融合视域下体育旅游研究结构与层次的建构逻辑[J].天津体育学院学报,2023,38(3):329-335.

[62] 王萍,朱志强.体育旅游可持续发展研究[M].北京:北京体育大学出版社,2022.

[63] 王松,张凤彪,崔佳琦.传统体育文化融入运动休闲特色小镇建设研究[J].体育文化导刊,2018(5):79-83.

[64] 王学彬,项贤林.体育特色小镇建设:域外经验与中国路径[J].上海体育学院学报,2018,42(4):62-67.

[65] 王依,牛海鹏.特色小镇的发展进程及发展建议[J].中国环境管理,2018,10(5):75-78.

[66] 王莹.乡村旅游公共服务市场化供给研究[M].杭州:浙江工商大学出版社,2016.

[67] 韦福雷.特色小镇发展热潮中的冷思考[J].开放导报,2016(6):20-23.

[68] 维德,布尔.体育旅游[M].戴光全,朱竑,译.天津:南开大学出版社,2005.

[69] 魏火艳.河南省体育旅游资源开发研究[J].体育文化导刊,2011(3):94-96.

[70] 文瑜.中国体育旅游经济及案例研究[M].北京:经济科学出版社,2021.

[71] 吴晶兵,贾康.政府与市场合作供给公共产品的理论分析和制度设计[J].江西社会科学,2023,43(5):157-171.

[72] 吴国清.区域旅游公共服务一体化:机制·模式·测评[M].北京:科学出版社,2017.

[73] 吴泓,顾朝林.基于共生理论的区域旅游竞合研究:以淮海经济区为例[J].经济地理,2004,24(1):104-109.

[74] 吴玲敏.论体育旅游公共服务体系构建[J].同行,2016(11):407.

[75] 吴志鹏.城乡一体化进程中基本公共服务均等化问题研究[D].上海:上海

师范大学,2009.

[76] 武恩钧.我国健身体育旅游公共服务体系动力机制构建研究[J].山东体育科技,2013,35(5):115-118.

[77] 夏敏慧.海南体育旅游开发研究[M].北京:北京体育大学出版社,2005.

[78] 夏敏慧,田晓玉,王辉,等.体育旅游者行为特征的研究:以海南为例[J].沈阳体育学院学报,2015,34(1):56-60,77.

[79] 谢彦君,吴凯,于佳.体育旅游研究的历史流变及其具身体验转向[J].上海体育学院学报,2021,45(11):16-30.

[80] 徐菊凤.旅游公共服务:理论与实践[M].北京:中国旅游出版社,2013.

[81] 徐勇.中国体育旅游发展研究[M].武汉:华中科技大学出版社,2016.

[82] 闫奇,马爱萍,王欣.后 G20 时代杭州旅游品牌构建[J].教育教学论坛,2019(2):76-77.

[83] 严馨.新疆冰雪体育旅游服务体系构建研究[D].北京:北京体育大学,2018.

[84] 叶莉萍.价值共创视角下杭州市体育旅游产品与服务研究[J].当代体育科技,2019,9(7):233-235.

[85] 叶小瑜,谢建华,董敏.国外运动休闲特色小镇的建设经验及其对我国的启示[J].南京体育学院学报(社会科学版),2017,31(5):54-58.

[86] 易涛.基于 ASEB 栅格法杭州度假体育旅游自然资源开发及对策的研究[D].杭州:杭州师范大学,2018.

[87] 尤来菊,梁徐静,汤际澜,等.苏州发展体育旅游供给侧改革路径探讨[J].广州体育学院学报,2017,37(2):49-52.

[88] 于秋芬,付波,李玉君.齐齐哈尔市冰雪体育旅游公共服务供给模式创新研究[J].齐齐哈尔师范高等专科学校学报,2022(2):95-97.

[89] 于素梅.小康社会的体育旅游资源开发研究[J].体育科学,2007,27(5):23-35.

[90] 余昕.西部体育旅游与休闲[M].成都:西南交通大学出版社,2012.

[91] 袁新锋.公共体育服务质量影响因素与改进策略研究[D].济南:山东大学,2020.

[92] 约瑟夫·E.斯蒂格利茨.政府为什么干预经济:政府在市场经济中的角色[M].北京:中国财富出版社,1998.

[93] 曾博伟.旅游公共服务通论[M].北京:中国旅游出版社,2022.

[94] 曾博伟,张晓宇.体育旅游发展新论[M].北京:中国旅游出版社,2018.

[95] 翟方,岳贤锋,朱钦楠.中国体育旅游研究特征与趋势:基于 CiteSpace 知识图谱分析[J].山东体育科技,2023,45(4):25-32.

[96] 詹姆斯·M.布坎南.民主财政论:财政制度和个人选择[M].穆怀朋,译.北京:商务印书馆,1993.

[97] 张鸿雁.论特色小镇建设的理论与实践创新[J].中国名城,2017(1):4-10.

[98] 张环宙,吴茂英,沈旭炜.特色小镇:旅游业的浙江经验及其启示[J].武汉大学学报(哲学社会科学版),2018,71(4):178-184.

[99] 张吉献.旅游学概论[M].北京:机械工业出版社,2012.

[100] 张健,蒋依依.中国体育旅游发展报告:2019—2020[M].北京:社会科学文献出版社,2020.

[101] 张杰.特色小镇发展的警惕与规划反思[J].规划师,2018,34(11):121-125.

[102] 张松奎,王满意.淮海经济区体育旅游资源开发布局研究[J].体育文化导刊,2015(11):111-114.

[103] 张晓磊,李海.长三角体育旅游一体化发展:逻辑、困境与策略[J].体育文化导刊,2023(9):84-90.

[104] 张宇,陈享光.政治经济学[M].北京:中国人民大学出版社,2003.

[105] 张泽君,张建华,张健.我国运动休闲特色小镇发展"热"背后的冷思考[J].体育文化导刊,2019(1):77-82.

[106] 赵琳.黑龙江省滑雪旅游公共服务困境与优化对策研究[D].哈尔滨:哈尔滨体育学院,2022.

[107] 珍妮特·V.登哈特,罗伯特·B.登哈特.新公共服务:服务,而不是掌舵[M].丁煌,译.北京:中国人民大学出版社,2004.

[108] 中国人民大学哲学系逻辑教研室.形式逻辑[M].北京:中国人民大学出版社,1980.

[109] 周慧慧,史春云,仇方道,等.淮海经济区 A 级旅游景区的空间结构研究[J].江苏师范大学学报(自然科学版),2015,33(2):22-26.

[110] 周莉雅,李晓清.江苏特色小镇创建的思考与启示[J].中国经贸导刊,2017(14):11-12,20.

[111] 周鲁耀,周功满.从开发区到特色小镇:区域开发模式的新变化[J].城市发展研究,2017(1):51-55.

[112] 周婷,仇方道,朱传耿,等.淮海经济区产业联系空间特征分析[J].地理科学,2010,30(6):854-859.

[113] 朱洪军,何子豪.新时期我国体育旅游多元主体治理研究[J].山东体育学院学报,2021,37(4):1-9.

[114] 朱竞梅.开发体育旅游项目问题初探[J].体育与科学,2000,21(2):25-27.

[115] 朱晓娜.滇西南休闲体育旅游市场开发模式和策略研究[J].市场论坛,

2012(8):84-86.

[116] 邹再进,罗光华.旅游公共服务[M].北京:社会科学文献出版社,2015.

[117] ATKINSON A B,STERN N H.Pigou,taxation and public goods[J].The review of economic studies,1974,41(1):119.

[118] DAVID H.An enquiry concerning the principles of morals[M].London: Oxford University Press,1975.

[119] HAN J H,NELSON C M,KIM C.Pro-environmental behavior in sport event tourism: roles of event attendees and destinations[J]. Tourism geographies,2015,17(5):719-737.

[120] HUDSON S,HINCH T,WALKER G,et al.Constraints to sport tourism:a cross-cultural analysis[J].Journal of sport and tourism,2010,15(1):71-88.

[121] MARTYN H.The influence of sports on international tourism[J].Business and society,1969,9(2):38-44.

[122] VAN RHEENEN D,CERNAIANU S,SOBRY C.Defining sport tourism:a content analysis of an evolvingepistemology[J].Journal of sport and tourism, 2017,21(2):75-93.

[123] WILLIAMS A V,ZELINSKY W.On some patterns in international tourist flows[J].Economic geography,1970,46(4):549.